Abgrenzung und Verflechtung

FRANK MÖLLER · ULRICH MÄHLERT (Hrsg.)

Abgrenzung und Verflechtung

Das geteilte Deutschland in der zeithistorischen Debatte

Herausgegeben im Auftrag der
Bundesstiftung zur Aufarbeitung der SED-Diktatur
und des Deutschlandfunks

METROPOL

Bildquelle Umschlag:
Mario Lange, Berliner S-Bahn-Museum.

ISBN: 978-3-940938-03-9

Ansbacher Straße 70 · D–10777 Berlin
www.metropol-verlag.de

Druck: Offsetdruck Wende GmbH, Berlin

Inhalt

Vorwort

Deutsche Nachkriegsgeschichte wurde noch bis vor wenigen Jahren vorwiegend als voneinander getrennte Geschichte zweier deutscher Teilstaaten geschrieben. Entsprechend fanden sich in den gesamtdeutschen Geschichtsdarstellungen die Kapitel zur DDR und zur Bundesrepublik meist unverbunden nebeneinander gestellt. Versuche einer Verzahnung blieben die Ausnahme. Die Ursache dafür liegt ebenso in konzeptionellen und methodischen Schwierigkeiten wie auch in der lange Zeit währenden Asymmetrie des Zugangs zu den notwendigen Archivalien.

Gleichwohl haben in den vergangenen Jahren Bemühungen zugenommen, diese methodisch verengte deutsch-deutsche Geschichtsschreibung aufzubrechen und damit der getrennten Entwicklung beider deutscher Teilstaaten ebenso gerecht zu werden wie ihren gegenseitigen Verflechtungen. Dies nicht zuletzt auch deshalb, weil die Lesart der westdeutschen Historie als lineare Erfolgsgeschichte eines „langen Weges nach Westen“ (Heinrich August Winkler) sowie ihres östlichen Pendants als reine Misserfolgsgeschichte des „SED-Staates“ in ihrer einfachen Dichotomie die Komplexität von Politik und Lebenswirklichkeiten zu sehr einebnet und daher kaum befriedigen kann.

Der Weg von der geteilten deutschen Geschichtsbetrachtung hin zu einer „asymmetrisch verflochtenen Parallelgeschichte“ (Christoph Kleßmann) ist allerdings leichter proklamiert als beschritten. Die Jahrzehnte der deutschen Teilung spiegeln sich nicht nur in den zeithistorischen Erzählungen, sondern auch in der Forschungslandschaft, die sich mit der doppelten deutschen Nachkriegsgeschichte befasst. Seit den 1950er-Jahren hat sich in der Bundesrepublik eine eigenständige „DDR-Forschung“ herausgebildet, die vor und seit 1989 nur wenig mit ihren eigentlichen „Mutterdisziplinen“ verbunden war und ist. Nicht zuletzt deshalb beklagte Jürgen Kocka im Jahr 2003 eine fortgesetzte „Verinselung“ der DDR-Forschung und konstatierte, dass sie nur dann an wissenschaftlicher und intellektueller Relevanz gewinnen könne, wenn es ihr stärker als bis dahin gelänge, „ihre Fragen und Antworten mit anderen Erinnerungs- und Forschungsbereichen in Verbindung zu setzen, mit den großen Fragen der europäischen Geschichte des 20. Jahrhunderts – sei es vergleichend, sei es durch Verflechtungsgeschichte".

Anlass für Kockas kritische Anmerkungen war das Erscheinen der Festschrift „Bilanz und Perspektiven der DDR-Forschung", welche die Bundesstiftung zur Aufarbeitung der SED-Diktatur dem Nestor der deutschen Kommunismus- und DDR-Forschung Hermann Weber zum 75. Geburtstag gewidmet hatte. Kockas Wortmeldung hat eine zwar kurze, inhaltlich jedoch ausgesprochen substanzielle Kontroverse nach sich gezogen, in deren Verlauf Thomas Lindenberger und Martin Sabrow vom Potsdamer Zentrum für Zeithistorische Forschung ebenfalls betonten, dass „die vierzigjährige Teilung des deutschen Nationalstaats [...] einer deutschen Zeitgeschichte in europäischer Perspektive einen einzigartigen Zugang zur Doppelgeschichte des Kontinents während des Kalten Krieges" bieten könne. Demgegenüber warnten Vertreter des Instituts für Zeitgeschichte – unter ihnen Hermann Wentker und Michael Schwartz – davor, dass ein isolierter Blick auf die DDR zwar das Risiko beinhalte, „den Blick für größere Zusammenhänge" zu verlieren, dass aber derjenige, der „nur noch vergleicht", Gefahr laufe, „die DDR selbst aus dem Blick zu verlieren". Ihr ausführlich begründetes Plädoyer für einen „integrativen politikgeschichtlichen Untersuchungsansatz", der die DDR als Forschungsgegenstand „zuallererst selbst ernst nimmt" und außerdem zahlreiche konkrete Anregungen für weitere Forschungsanstrengungen vermittelte, blieb damals unwidersprochen. Und mittlerweile hat sich in der Zunft der Konsens herausgebildet, dass die im doppelten Wortsinne geteilte deutsche Nachkriegsgeschichte stärker integrativ betrachtet werden sollte.

Die von Jürgen Kocka angestoßene und von anderen weitergeführte Debatte, die wir im Zweiten Teil des vorliegenden Bandes dokumentieren, bildete auch den Hintergrund für Überlegungen innerhalb des Deutschlandfunks, Themen und Forschungsfelder näher auszuloten, die besonders geeignet erscheinen, in einer gesamtdeutschen Perspektive betrachtet und erforscht zu werden. Ende 2007 konkretisierten sich die Vorüberlegungen in sechs Gesprächen mit renommierten Zeithistorikern, die der Sender schließlich in der Reihe „Essay und Diskurs" ausstrahlte. Diese sechs Gespräche wurden anschließend überarbeitet und für die vorliegende Druckfassung an einigen Stellen erweitert. Ihr Gesprächsduktus wurde bewusst beibehalten. In ihrer Gesamtheit folgen sie einer chronologischen wie auch thematischen Ordnung und bilden den Kern der vorliegenden Publikation.

Den gemeinsamen Ausgangspunkt für beide deutsche Staaten bilden die Zeit des Nationalsozialismus, die Kriegserfahrung und der Systemzusammenbruch. Wie diese Erfahrungen verarbeitet und zur Grundlage sehr unterschiedlicher Staatsverständnisse gemacht wurden, darum kreist das erste Gespräch mit *Norbert Frei*, Professor für Neuere und Neueste Geschichte an der Friedrich-Schiller-Universität Jena und Leiter des Jena Center Geschichte des 20. Jahrhunderts.

Im Jahr 1947 treten im Zuge der Verhandlungen über die Deutschlandfrage die Differenzen zwischen den Alliierten immer deutlicher zutage. Die westlichen Alliierten wie auch die Sowjetunion beanspruchen für sich, ein Ordnungskonzept zu besitzen, das Anwendung auf die ganze Welt finden kann und soll. Die Folge davon ist die Teilung der Welt in zwei Lager, ist der Beginn des Kalten Krieges als Machtkonflikt und ideologischer Streit. Unter den Leitbegriffen „Frieden" und „Freiheit" wird die Systemrivalität zwischen den verfeindeten Seiten ausgetragen und erreicht ihren Höhepunkt in den 50er-Jahren. Welche Ausformungen diese Auseinandersetzung für die DDR und für die Bundesrepublik zeitigte, darum geht es in dem Gespräch mit *Anselm Doering-Manteuffel*, Professor für Neuere Geschichte und Zeitgeschichte und Direktor des Seminars für Zeitgeschichte an der Eberhard-Karls-Universität Tübingen.

Als *die* Jahrzehnte des gesellschaftlichen Umbruchs schlechthin gelten die 60er- und 70er-Jahre. Das obrigkeitsstaatliche Denken erodiert, bis dahin verbindliche Werte bröckeln, Mentalitäten verändern sich. Um die Frage, in welcher Weise sich dabei Partizipationsbegehren und Politisierungen in Ost und West ausprägen, geht es in dem Gespräch mit *Edgar Wolfrum*, Professor für Zeitgeschichte an der Ruprecht-Karls-Universität Heidelberg.

Die 70er- und 80er-Jahre sind Jahrzehnte des Strukturwandels. Die Ölpreiskrise des Jahres 1973 markiert sowohl für die Bundesrepublik als auch für die DDR eine deutliche Zäsur, auch wenn sich diese im Osten erst zeitversetzt niederschlägt. Der Fortschrittsoptimismus in West und Ost bekommt deutliche Risse. Zu welchen politischen und ökonomischen Einsichten die Ölpreiskrise die beiden deutschen Teilstaaten schließlich zwingt, und mit welchen Strategien und Mitteln versucht wird, den unausweichlichen

Strukturwandel zu bewältigen, davon handelt das Gespräch mit *Ralph Jessen*, Professor für Neuere Geschichte am Historischen Seminar der Universität zu Köln.

Die Ausbildung sozialstaatlicher Instrumente und Einrichtungen spielte für beide deutsche Staaten eine erhebliche Rolle bei der Befriedung der jeweiligen gesellschaftlichen Verhältnisse. Ihre gemeinsamen Wurzeln liegen in der Bismarck-Zeit und in den Jahren der Weimarer Republik. Die Frage, welche Varianten es mit welchen Konsequenzen bei der Schaffung sozialer Sicherheit im industriellen Zeitalter gibt, lässt sich im Systemvergleich Bundesrepublik – DDR besonders anschaulich herausarbeiten. Am Beispiel der Arbeitsverfassung und -organisation sowie der staatlichen Gesundheitsorganisation in Ost und West nimmt *Hans Günter Hockerts*, Professor für Neueste Geschichte und Zeitgeschichte an der Ludwig-Maximilians-Universität München, dazu Stellung.

Im Mittelpunkt des abschließenden Gespräches stehen Fragen der Deutschlandpolitik und die Ereignisse der Jahre 1989/90. Es geht um den „Abschied vom Provisorium" der beiden deutschen Teilstaaten und um die Perspektiven einer integrierten deutschen Nachkriegsgeschichtsschreibung. Dabei wird auch die westdeutsche DDR-Forschung der vergangenen Jahrzehnte einer kritischen Betrachtung unterzogen. Gesprächspartner ist *Andreas Wirsching*, Professor für Neuere und Neueste Geschichte an der Universität Augsburg.

Aus thematischen Gründen wurde den sechs Deutschlandfunk-Gesprächen noch ein weiteres angefügt, das zu diesem Zweck gesondert geführt wurde. Es widmet sich den konträren Formen, mit denen die beiden deutschen Staaten ihre gemeinsame NS-Geschichte museal inszeniert haben. Beschrieben werden dabei Konflikte, die sich nach der Wiedervereinigung bei dem Versuch ergeben mussten, zu einer gesamtdeutschen Erinnerungskultur zu gelangen; insbesondere die Gedenkstätten mit doppelter Diktaturvergangenheit stellte die Frage nach deren angemessener musealer Aufarbeitung vor große Herausforderungen. Darüber hinaus geht es in dem Gespräch darum, welche Konsequenzen der europäische Einigungsprozess mit der Öffnung nach Osten für die Vergangenheitsaufarbeitung und für die gesamtdeutsche Erinnerungskultur haben könnte. Gesprächspartner ist *Bernd Faulenbach*, Professor für Neuere Zeitgeschichte an der Ruhr-Universität Bochum, der in den vergangenen Jahren zahlreiche Funktionen im Grenzbereich von

Wissenschaft, Politik und politischer Bildung wahrgenommen hat, an der Überarbeitung der Nationalen Mahn- und Gedenkstätten der ehemaligen DDR maßgeblich beteiligt war und seit 1998 stellvertretender Vorstandsvorsitzender der Bundesstiftung zur Aufarbeitung der SED-Diktatur ist.

Die Herausgeber haben sich dazu entschlossen, im Anschluss an die aktuellen Deutschlandfunk-Gespräche auch die wesentlichen Debattenbeiträge der Jahre 2003 und 2004 über das Für und Wider einer europäisch vergleichenden DDR-Forschung noch einmal in diesem Band zu dokumentieren und damit verfügbar zu halten. Eingeleitet wird der dokumentarische Teil durch einen Beitrag von Ulrich Mählert und Manfred Wilke, der die Auseinandersetzung mit der DDR-Geschichte seit 1989 rekapituliert und deutlich macht, mit welchen außerwissenschaftlichen, insbesondere politischen Herausforderungen die DDR-Forschung in den vergangenen zwei Jahrzehnten konfrontiert war.

Der vorliegende Sammelband, der rechtzeitig zum zehnten Jahrestag der Gründung der Bundesstiftung zur Aufarbeitung der SED-Diktatur erscheint, wird im Auftrag der Stiftung wie auch des Deutschlandfunks herausgegeben. Er soll Impulse für künftige Forschungsanstrengungen geben, die der deutschen Nachkriegsentwicklung gewidmet sind. Dass er zustande kommen konnte, ist nicht zuletzt Sabine Küchler und Thomas Zenke vom Deutschlandfunk zu verdanken, von denen die Idee zu der Gesprächsreihe ausging; ein Dankeschön auch an Norbert Seitz, ebenfalls Deutschlandfunk, der sich für die Kooperation mit der Bundesstiftung Aufarbeitung eingesetzt hat. Hans Günter Hockerts ist für seine Anregung zu danken, die Rundfunkgespräche in Buchform zu bringen; die Bundesstiftung wie auch der Deutschlandfunk sind ihr gerne gefolgt. Und schließlich ist – last but not least – den Autoren bzw. dem Deutschland Archiv und den Vierteljahrsheften für Zeitgeschichte Dank zu sagen für die Abdruckgenehmigung der dokumentierten Debattenbeiträge.

Köln/Berlin im Juni 2008

Frank Möller
Ulrich Mählert

I Diskussion

NS-Zeit und Kriegserfahrung als gemeinsamer Ausgangspunkt und als Steinbruch der beiden deutschen Gründungserzählungen

Ein Gespräch mit Prof. Dr. Norbert Frei, Jena

MÖLLER: Herr Frei, ich möchte zu Beginn unseres Gesprächs zunächst einmal auf die Ausgangssituation unmittelbar nach Kriegsende eingehen. Da fällt auf, dass der Zusammenbruch des „Dritten Reiches" von einem ganz überwiegenden Teil der Deutschen nicht als Befreiung von der NS-Herrschaft, sondern als Katastrophe und als Niederlage verstanden wurde. Worin genau bestand für die Mehrheit der Deutschen die traumatische Wirkung dieses Systemzusammenbruchs?

FREI: Mit dem Begriff „Zusammenbruch" haben Sie das zeitgenössisch tatsächlich wohl am häufigsten benutzte Wort ins Spiel gebracht. Die Vorstellung, dass etwas auf katastrophale Weise zu Ende gegangen ist, war vorherrschend. Und was damals schlagartig zusammenbricht, ist natürlich auch die Anstrengung, die die übergroße Mehrheit der Deutschen bis in die allerletzte Kriegsphase hinein aufbringt: die Anstrengung, sich den äußeren Feinden entgegenzustemmen. Diese Anstrengung war auch ein Ergebnis der hochgradigen Integrationskraft des Nationalsozialismus, was dann dazu führt, dass sich mit dem abrupten Ende am 8. Mai 1945, mit dieser totalen Niederlage, das Bewusstsein für ein wirkliches, für ein „totales" Ende sehr stark entfaltet. Der Vorstellung, dass das Ende des Nationalsozialismus faktisch eine Befreiung gewesen ist, nähern sich die allermeisten Deutschen erst sehr viel später an. Normativ wird diese Lesart im Grunde genommen erst mit der Rede des damaligen Bundespräsidenten Richard von Weizsäcker vom 8. Mai 1985 aus Anlass des 40. Jahrestags der Beendigung des Zweiten Weltkrieges. Aber 1945 bleibt die Erfahrung vom Ende des Nationalsozialismus als Befreiung mehr oder weniger auf die im engeren Sinne bisher Verfolgten, auf die Überlebenden des Holocaust, die Insassen der Konzentrationslager und die politisch Verfolgten in den Zuchthäusern des Regimes beschränkt.

MÖLLER: Die Deutschen wurden sehr bald nach Kriegsende von den Alliierten mit den ungeheuren Verbrechen konfrontiert, die von Deutschland ausgegangen waren: mit der systematischen Vernichtung der europäischen Juden und anderer Opfergruppen bis hin zu den zahlreichen Kriegsverbrechen, die von der Wehrmacht, der SS und von Einsatzgruppen vorwiegend im Osten, aber auch in Frankreich, Italien und Griechenland verübt worden waren. Internationale Beobachter, wie z. B. Hannah Arendt, waren dabei immer wieder erstaunt über das geringe Maß an Schuldgefühlen und über den eklatanten Mangel an Empathie mit den Überlebenden aus den Konzentrationslagern, den Folterkellern, den Zwangsarbeiterlagern. Wie lassen sich das Selbstverständnis und das Weltbild beschreiben, das dieser Gefühlskälte und Abwehr von Schuld und persönlicher Verantwortung zugrunde lag?

FREI: Das hat natürlich sehr viel damit zu tun, dass mit der Totalität der Niederlage und der alliierten Politik der Schuldkonfrontation neben Ängsten und Schuldempfindungen auch Schuldvorwurfsempfindungen verbunden waren. Denken Sie etwa an die Tatsache, dass nicht weit von hier, in Buchenwald, die Weimarer Stadtbevölkerung unmittelbar nach der Befreiung des Konzentrationslagers durch das Lager geführt worden ist. Ähnliche Szenen hat es an vielen Orten in Deutschland gegeben. Und es gab ja auch Plakate mit der Aufschrift „Das ist Eure Schuld!", die deutlich gemacht haben, dass man die Deutschen für politisch haftbar hielt. Eine ganz andere Frage ist, ob sich daraus dann – und ich würde das verneinen – die These eines Kollektivschuldvorwurfs erhärten lässt, die in der deutschen Bevölkerung in den 50er-Jahren eine große Rolle gespielt hat. Aber das einmal beiseite gelassen, ist die Stimmung in dieser frühen Nachkriegsphase auch die einer gewissen Angst gegenüber alliierten Reaktionen. Insofern ist das Bestreben, sich möglichst schnell pauschal vom Nationalsozialismus und den damit verbundenen Verbrechen zu distanzieren, zumindest nachvollziehbar. Das ist im Übrigen ja auch Ziel der alliierten Politik: die Trennung der Deutschen vom Nationalsozialismus und von seinen ideologischen Implikationen. Und insofern ist mit Hannah Arendts Erfahrung, dass niemand mehr ein Nazi gewesen sein wollte, dann auch beides verbunden: die Angst vor denjenigen, die Rechenschaft fordern, und die individuell so verstandene Notwendigkeit, sich aus dem Kontext des NS-Regimes herauszuerklären. Das mündete dann in der kollektiven Abwehr und in der Erklärung, man habe ja mit allem nichts zu tun gehabt, man sei kein Nazi gewesen, und die „wirklichen Nazis“ waren immer die anderen. Dahinter steckt das durchaus verbreitete Bewusstsein, mitgemacht zu haben, auch als kleiner Mitläufer, und auf die eine oder andere Weise eben doch korrumpiert bzw. in die Taten dieses verbrecherischen Regimes verstrickt gewesen zu sein. Das alles muss im Laufe dieser frühen 50er-Jahre gleichsam derealisiert werden. Das ist auch der Begriff, mit dem Alexander und Margarete Mitscherlich sehr viel später dieses Verhalten beschreiben. Ihr berühmtes Buch „Die Unfähigkeit zu trauern“ – wie es im Untertitel heißt: eine Untersuchung der „Grundlagen kollektiven Verhaltens“ – erscheint erst 1967.

MÖLLER: Das von Ihnen skizzierte Selbstverständnis und die damit verbundenen mentalen Dispositionen gehören zu den Ausgangsbedingungen, mit denen auch die politische Gründergeneration rechnen musste, als sie in der Sowjetischen Besatzungszone und in den Westzonen – zunächst noch unter alliierter Kontrolle – daran ging, wieder ein funktionierendes Staatswesen aufzubauen. Was war der historische Bezugspunkt dieser Gründergeneration bei der Auseinandersetzung mit dem Nationalsozialismus? Auf welche Interpretationsmuster von Nationalsozialismus beziehungsweise von Faschismus konnte sie sich stützen?

FREI: Mit „Gründergeneration“ deuten Sie ja schon an, dass es sich um eine Generation älterer Politiker handelt, die jetzt wieder ins Spiel kommt. Das ist in beiden Teilen Deutschlands die Generation derer, die bereits in der Weimarer Zeit politische Verantwortung hatten, sei es auf der Linken, sei es in der bürgerlichen Mitte, sei es in der Sozialdemokratie. Denken Sie an Kurt Schumacher, Konrad Adenauer, Theodor Heuss; aber dann eben auch in der DDR: Walter Ulbricht, Otto Grotewohl, Wilhelm Pieck. Ihr gemeinsamer Bezugspunkt ist über alle ideologischen Fundamentalunterschiede hinweg das Stichjahr 1933, also der Systembruch, das Ende von Weimar. Und mit dieser politischen Generation verbunden ist – mit unterschiedlichen Deutungen zwar, aber vom Konzept her erst einmal auffällig parallel – die Erfahrung der Manipulierbarkeit der

Massen und das Gefühl der Verantwortung der politischen Eliten für das „Versagen“ oder für das Ende der Weimarer Demokratie. Wobei die Kommunisten ihr gerüttelt Maß zu diesem Ende der von ihnen ja so nicht gewollten parlamentarischen Demokratie durchaus beigetragen hatten. Aber die Vorstellung, dass die Massen formbar und manipulierbar sind und dass es jetzt darauf ankomme, sie für die neue Zeit nach dem 8. Mai 1945 an die Hand zu nehmen – man könnte fast sogar sagen: an die Kandare zu legen –, das ist ein Verständnis, das die politische Führungsgeneration in Ost und West über die ideologischen Grenzen hinaus verbindet.

MÖLLER: Dann leitet sich daraus vermutlich auch der autoritäre Habitus und das oft wenig demokratische Auftreten dieser politischen Führungsgeneration ab.

FREI: Ganz sicher, da haben Sie völlig recht. Das waren autoritäre Knochen – auf allen Seiten. Das waren Leute, die, auch wenn sie zum Teil schon relativ alt waren, in der festen Überzeugung lebten, dass ihre Stunde jetzt noch einmal gekommen sei, dass die Deutschen sie dringend benötigten, nachdem viele der vor und nach ihnen Geborenen so eklatant versagt hatten. Es ist sehr interessant, wie etwa der damals siebzigjährige Konrad Adenauer, um ein Beispiel aus dem Westen in den Blick zu nehmen, die Situation im Frühjahr 1946 beschreibt. Ich habe mir das entsprechende Zitat, das sich in einem privaten Brief findet, noch einmal herausgesucht. Er schreibt also: „Das ist ja überhaupt das Verhängnis für Deutschland, daß die alte Generation überall an die Spitze muß. Die mittlere Generation fällt nahezu vollständig aus, weil sie in der Partei war. Die junge Generation ist nicht urteilsfähig, weder in politischer noch einer sonstigen Hinsicht. Sie muß völlig umerzogen werden.“ Mit Letzterem spielt er auf die sogenannte Flakhelfer-Generation an, die in der NS-Zeit sozialisiert worden war und die er 1945/46 noch nicht gebrauchen, auf die er aber vielleicht in der Zukunft hoffen kann. Die mittlere Generation ist aus seiner Sicht die Generation Kiesinger. Das ist die Funktionsgeneration des „Dritten Reiches“, das sind diejenigen, die 1933 jung genug waren, um im Nationalsozialismus auf den unterschiedlichen funktionalen Ebenen Karriere zu machen. Und diese Generation ist aus seiner Perspektive auf lange Sicht völlig unbrauchbar. Ergo ist jetzt die „Stunde der alten Männer“ gekommen.

MÖLLER: Das ist eigentlich ein bemerkenswert klarer Blick auf die damalige Situation. Und ein bemerkenswert früher Blick dazu ...

FREI: Adenauer schreibt sich damit natürlich auch wieder in die Politik hinein, und eigentlich definiert er, dass die Deutschen nur auf ihn gewartet haben. Aber, das muss man sagen, er nähert sich diesen Dingen in sehr klaren Worten; übrigens auch, was die Frage des Mitmachens der Deutschen und der Eliten im Nationalsozialismus betrifft, etwa auch der Kirchen. In all diesen Bereichen ist er in seinen frühen privaten Briefen von glasklarer Nüchternheit und Emotionslosigkeit.

MÖLLER: Wenn wir davon ausgehen, dass nach 1945 in Ost und West ein Kontinuitätsbruch mit dem Nationalsozialismus vollzogen worden ist, dann liegt ein wesentlicher Aspekt dieses Bruchs darin, dass in beiden deutschen Staaten eine für viele Zeitgenossen konsensfähige Integrationsideologie offeriert werden konnte. Im Westen war das der Anti-Totalitarismus, das östliche Pendant dazu war der Antifaschismus. Vielleicht zunächst mal zum Westen: Worauf beruhte der Anti-Totalitarismus, woraus wurde er gespeist?

FREI: Es gibt natürlich eine ältere Tradition, auf die man sich hier berufen kann: auf den Antibolschewismus und die damit verbundene Bolschewismus-Furcht. Wichtig ist in dem Zusammenhang aber vor allem, dass die Vorstellung vom Totalitarismus – und dann eben, als die aufgeklärte westliche Perspektive: die antitotalitäre Haltung – auch als eine Art Entlastungskonzept funktioniert. Entlastung dahingehend, dass sich die Menschen unter totalitären Verhältnissen kaum gegen ein Regime zur Wehr setzen können. Und in dem Maße, in dem man den Nationalsozialismus als die überwundene totalitäre Bedrohung darstellt, hat man zum einen ein Moment der Entlastung für die eigene Volksgemeinschaft, und zum anderen hat man mit dem Totalitarismuskonzept gewissermaßen die aktuelle, gegenwärtige Bedrohung durch den östlichen Totalitarismus angesprochen – ein in dieser Phase also ausgesprochen nützliches Instrument zur Integration. Darüber hinaus ist es aber auch eine Art Vorauskredit für die Selbstintegration Westdeutschlands in die sogenannte westlich-abendländische Wertegemeinschaft. Von da ist es auch nicht weit zu den Abendland-Vorstellungen, die im christlich-konservativen Milieu der frühen Nachkriegszeit eine wichtige Rolle gespielt haben.

Möller: In welcher Weise äußert sich diese Ideologie denn dann in der politischen und gesellschaftlichen Praxis und Kultur Ende der 40er- und im Verlauf der 50er-Jahre – im Positiven wie im Negativen?

Frei: Im Positiven kann man sagen, dass es jetzt eine klare Frontstellung gegen Diktaturen jedweder Art gibt, egal ob „braun oder rot"; das sind ja auch die Formulierungen. Das ist bei Kurt Schumacher übrigens gar nicht so viel anders als bei den Konservativen. Er spricht ja von den Kommunisten als den „rotlackierten Faschisten" und hat einen betont nationalen, um nicht zu sagen nationalistischen Standpunkt. Es ist eine klare Frontstellung gegenüber dem überwundenen Nationalsozialismus einerseits und gegenüber der fortbestehenden Bedrohung aus dem Osten andererseits, die dieses westliche Konzept verspricht. Außerdem hat die Festlegung auf den Anti-Totalitarismus natürlich auch die indirekte Wirkung, dass damit die Bestätigung der Demokratie und die Zuwendung zur Demokratie festgeschrieben werden. Nach innen hat das Totalitarismuskonzept allerdings auch ein Moment besonderer Rigidität, etwa im Umgang mit der damals noch nicht verbotenen Kommunistischen Partei und bei der Behandlung der Frage, wie man sich hinsichtlich der Wiedergutmachung für Kommunisten, die während des Nationalsozialismus verfolgt wurden, verhalten soll.

Möller: Kommen wir zur SBZ bzw. zur DDR. Zur Integrationsideologie, ich hatte das ja schon kurz angetippt, wurde von den sowjetischen Besatzern der Antifaschismus erhoben. Welche Auffassung lag dem zu Grunde?

Frei: Eigentlich immer noch die klassische Dimitroff-Formel aus den 30er-Jahren, die den Faschismus als „die offene terroristische Diktatur der reaktionärsten, am meisten chauvinistischen, am meisten imperialistischen Elemente des Finanzkapitals" bestimmte. Also eine Herrschaftsform, die gleichsam am Ende der bürgerlichen Demokratie steht. Entscheidend ist, dass der Faschismus nach diesem Verständnis ausschließlich als kapitalistisches Elitenprojekt zu verstehen ist und sich die Frage nach der Schuld des „kleinen Mannes" nicht mehr stellt. Eine solche Antifaschismus-Ausrichtung der SBZ und frühen DDR war als Entlastungsideologie natürlich äußerst attraktiv, und es war kein großes Problem, sie den vormaligen deutschen Volksgenossen, die jetzt zu Genossen im Sozialismus werden sollten, als Transformationsformel schmackhaft zu machen.

MÖLLER: Der Antifaschismus bildet dann auch den Kern der späteren Gründungserzählung der DDR. Kurz gefasst besagt die, dass die DDR eine durch den Zusammenschluss aller antifaschistischen und demokratischen Kräfte des geschlagenen „Dritten Reiches" entstandene Gesellschaft sei, in der die Wurzeln des Nationalsozialismus endgültig beseitigt wurden. Woraus bezog dieser Gründungsmythos seine Legitimation und seine Plausibilität?

FREI: Zum einen aus der Tatsache, dass die Kommunisten darauf verweisen konnten, dass sie in der Weimarer Zeit (wenn man nicht gerade an den BVG-Streik von 1932 denkt) konsequent gegen die Nationalsozialisten angetreten waren. Der antifaschistische Kampf taucht hier also als Bestandteil einer Traditionslinie auf, die in die Weimarer Zeit zurückführt. Dabei wird allerdings verschwiegen, dass dies zu Lasten der bürgerlichen Demokratie, der Weimarer Demokratie gegangen ist. Das ist das eine Element. Darüber hinaus muss man sehen, dass die politische Säuberung, die Entnazifizierung im Bereich der SBZ zu Beginn mit großer Rigorosität vollzogen wurde. Mit anderen Worten: Diejenigen, die nicht ohnehin schon angesichts der kommunistischen Bedrohung, vor der Roten Armee oder dann vor dem sich bildenden sozialistischen System als „bürgerliche Kräfte" und möglicherweise auch als nazistisch kompromittierte Kräfte gegangen waren, die werden deklaratorisch und dann auch in vielen Bereichen wirklich effektiv an die Seite gestellt. Insofern hat dieser Antifaschismus der frühen DDR durchaus auch seine materielle Basis gehabt und sich seine Legitimation erworben. Tatsache ist aber auch, dass von der Schuld der „kleinen Leute", der sogenannten Mitläufer, schon sehr schnell keine Rede mehr ist. Während Ulbricht – übrigens ähnlich wie Adenauer – 1945 noch über die tiefe Integriertheit der Masse der Volksgenossen in den Nationalsozialismus redet und davon innerlich wohl auch weiterhin überzeugt bleibt, ist das später überhaupt kein Thema mehr.

MÖLLER: Im Grunde fand eine Exkulpation der „kleinen Leute" im großen Stil statt.

FREI: Das kann man für die DDR ganz sicher so sagen. Der Blick auf die Bundesrepublik zeigt dann aber auch deutlich, wie sich solche Reintegrationsprozesse – nach der von den Alliierten verordneten Phase der Säuberungspolitik – zeitlich parallel vollzogen haben.

MÖLLER: Ich möchte jetzt noch einmal auf den Aspekt der juristischen Aufarbeitung der NS-Verbrechen zu sprechen kommen. Wie konsequent wurde die in den westlichen und östlichen Besatzungszonen durchgesetzt? Und wie reagierte die Mehrheitsgesellschaft in den jeweiligen Zonen darauf?

FREI: Man kann ganz allgemein sagen, dass weder im Westen noch im Osten Deutschlands die politische Säuberung – Entnazifizierung, Internierung, Militärgerichtsverfahren und dann auch die spätere juristische Auseinandersetzung – populär gewesen ist. Das ist ein Generalbefund. Ich möchte aber auch einen starken Akzent gegen die Vorstellung setzen, dass das, was in den Jahren zwischen 1945 und 1949 vor allem nach Maßgabe und unter dem Druck der Alliierten an politischer und strafrechtlicher Auseinandersetzung mit dem Nationalsozialismus eingeleitet wurde, am Ende als schlicht gescheitert anzusehen ist. Das ist zwar auch in der Geschichtswissenschaft lange so dargestellt worden. Ich denke aber, dass die mittel- und langfristigen Wirkungen dieser Phase von großer Wichtigkeit gewesen sind, und dies trotz aller Unzulänglichkeiten, auch trotz aller Ungerechtigkeiten, die es gegeben hat, und ebenso trotz allen neuen Unrechts, das es dann in der DDR gab, Stichwort: Internierungslager. Oder anders gesagt: Die Tatsache, dass später eine Phase, die ich für den Westen Deutschlands als die Phase der Vergangenheitspolitik bezeichnet habe, also der Reintegration der „Ehemaligen", stattfindet und sich ganz ähnliche Phänomene auch in der DDR beobachten lassen, das ist das eine; aber das fußt doch eben ganz entscheidend auf der vorangegangenen Erfahrung der normativen Abgrenzung und der Grenzmarkierung gegenüber dem Nationalsozialismus, die die Alliierten initiiert haben. Insofern halte ich diese Phase für bedeutsamer, als sie manchmal angesehen wird.

MÖLLER: Ab 1949 setzt im Westen eine Welle von Amnestierungen ein. Insbesondere im Beamtenapparat, bei Militär und Justiz sind die personellen Kontinuitäten im Rückblick unübersehbar. In den 50er-Jahren wurden sie allenfalls von einer Minderheit kritisiert und sind erst sehr viel später analysiert und beschrieben worden. Für die Opfer des Nationalsozialismus bedeutete der oft laxe Umgang mit den Tätern eine weitere Demütigung; Ralph Giordano hat in dem Zusammenhang nach meiner Auffassung völlig zu Recht die Formel von der „Zweiten Schuld" geprägt.

Was aber auch feststeht, ist, dass die Mehrheit des angesprochenen Personenkreises – im Unterschied zu Weimar – erstmals bereit war, einem demokratischen Staat und seinen Normen zumindest nicht mehr massiv entgegenzuarbeiten. Insofern gab es neben dem starken Element der personellen Kontinuität auch einen Kontinuitätsbruch. Wie würden Sie den Umgang mit den Tätern aus heutiger Sicht werten? War er der notwendige Preis, der für den Aufbau der Demokratie zu zahlen war?

FREI: Der laxe Umgang mit den Tätern – wenn mit Tätern tatsächliche Mörder, Verbrecher und am Holocaust Beteiligte gemeint sind – hat ganz sicher nicht zur Stabilisierung der Demokratie beigetragen. Deswegen sind auch die frühen und mittleren 50er-Jahre unter diesem Gesichtspunkt die trübste Phase der Auseinandersetzung bzw. Nicht-Auseinandersetzung mit der NS-Vergangenheit in Deutschland. Aber dass andererseits nach der Phase der Entnazifizierung, der politischen Säuberung und dem Beiseitestellen der ehemaligen Nationalsozialisten dann auch deren Reintegration einsetzt und der Versuch unternommen wird, diejenigen für die neue Staatsform zu gewinnen, die „nur" politisch geirrt hatten, das ist demokratietheoretisch und -politisch völlig nahe liegend. Das wurde im Übrigen auch damals eigentlich schon von allen Parteien so gesehen, die natürlich auch ihre Wählerpotenziale bei den „Ehemaligen" erkannt hatten. Die entscheidende Frage ist aber, wie weit man bei den Integrationsangeboten gehen musste: wie weit an die politischen Ränder oder sogar über die Ränder hinaus. Und da ist in der volksgemeinschaftlichen Stimmung der frühen 50er-Jahre, die sich gegen eine vermeintliche alliierte Siegerjustiz und gegen eine fälschlicherweise unterstellte Kollektivschuldthese lautstark zur Wehr gesetzt hat, ganz sicher in vielerlei Hinsicht das Notwendige und Erträgliche überschritten worden. Und dies übrigens gerade auch unter Beteiligung und entsprechender Orchestrierung durch die Kirchen. Wenn man etwa daran denkt, dass noch Anfang der 50er-Jahre die Volksseele geradezu kochte, weil der amerikanische Hohe Kommissar John McCloy nicht bereit war, wirklich sämtliche in Landsberg am Lech einsitzenden, rechtskräftig verurteilten Kriegsverbrecher freizulassen und gar die Ausführung einiger weniger Todesurteile noch anordnete, dann wird klar, wie politisch-moralisch verwirrt, man kann auch sagen: wie ethisch verwahrlost beträchtliche Teile der post-nationalsozialistischen deutschen Volksgemeinschaft damals noch waren. Hier hätten die demokratischen Parteien, Regierung wie Opposition, eine klarere Haltung einnehmen können und müssen. Stattdessen hat man sich mehr oder weniger darauf beschränkt, auf das Verbot der Todesstrafe hinzuweisen, das freilich nicht zufällig – und ja auch erst lange nach den Nürnberger Urteilen – im Grundgesetz festgeschrieben worden war. Wohlgemerkt: Ich bin kein Verfechter der Todesstrafe, aber es stimmt doch nachdenklich, dass von Seiten der christlichen Kirchen während ihres vehementen Eintretens für die zum Tode verurteilten Einsatzgruppenführer nie prinzipielle Argumente gegen die Todesstrafe, sondern immer nur angebliche Verfahrensmängel et cetera geltend gemacht worden sind.

MÖLLER: Wir haben bisher vorwiegend darüber gesprochen, wie die beiden deutschen Staaten jeweils *für sich* mit der NS-Vergangenheit umgegangen sind. Welche Rolle spielte dabei aber die Auseinandersetzung mit der Aufarbeitung der NS-Vergangenheit in dem jeweils *anderen* deutschen Staat?

FREI: Für die DDR war es ganz sicher – nach innen wie nach außen – von großer propagandistischer Bedeutung, dass man sich selbst als einen antifaschistischen „Arbeiter- und Bauernstaat" darstellen und demgegenüber die Bundesrepublik als „Hort des Klerikalfaschismus" bezeichnen konnte. Die Kampagne gegen die personelle NS-Kontinuität im Bereich der westdeutschen Justiz, wo ja in der Tat nach der ersten Phase der politischen Säuberung fast alle Beamte und namentlich eben auch Richter und Staatsanwälte wieder in ihre Ämter zurückgekehrt sind, war besonders effektiv. Wenn man von „Hitlers Blutrichtern in Adenauers Diensten" sprechen konnte, dann war das propagandistisch ungeheuer wirkungsvoll. Und, wie gesagt, es war gar nicht mal so falsch, wenn es darum ging, die personellen Kontinuitäten festzustellen. Die Perfidie dieses Ostberliner Slogans war natürlich, dass man so tat, als ob in der Bundesrepublik weiterhin und systematisch NS-Recht gesprochen würde. Und das ist genau der Punkt, an dem die prinzipielle Zäsur von 1945 und 1949 eben nicht beachtet, sondern ignoriert worden ist.

Für die Bundesrepublik kann man umgekehrt sagen, dass der Hinweis auf den aktuellen Totalitarismus im Osten – gerade vor dem Hintergrund des überwundenen Totalitarismus der Nationalsozialisten – ein propagandistisch besonders wichtiges Instrument war. Und die Tatsache, dass man sich jetzt als eine neue bürgerliche Demokratie verstand, das wurde in diesem Sinne gegen die DDR ins Feld geführt. Aber dass sich die Bundesrepublik der 50er-Jahre gegenüber der DDR hätte rühmen können, sich besonders intensiv und besonders kritisch mit der NS-Vergangenheit auseinandergesetzt zu haben, das kann man nun beim besten Willen nicht sagen. In dieser Hinsicht war die DDR propagandistisch gegenüber der Bundesrepublik ganz klar in der Vorhand.

MÖLLER: Nun gibt es ja nicht nur eine frontale Entgegensetzung beider Systeme beim Umgang mit dem NS-Erbe und bei dessen Instrumentalisierung. Es gibt auch Gemeinsamkeiten, zum Beispiel im Ausblenden wesentlicher Aspekte. Ich denke da insbesondere an den Umgang mit dem rassistischen Kern des Nationalsozialismus, an den ausgeprägten Antisemitismus und damit natürlich auch an den gesamten Komplex der Judenverfolgung und Judenvernichtung.

FREI: Es gibt ganz sicher zunächst einmal die Gemeinsamkeit der Rücksichtnahme auf die Gefühle, auf die Kompromittiertheiten der Masse der ehemaligen NS-Volksgenossen. Darüber haben wir bereits gesprochen. Damit hängt wiederum zusammen, dass in der Tat das, was wir heute Holocaust nennen – die von den Nationalsozialisten so genannte Endlösung der Judenfrage –, erst im Laufe der Zeit stärker ins Bewusstsein gerückt ist. Andererseits muss man auch sehen, dass es schon Mitte der 50er-Jahre in der Bundesrepublik den Riesenerfolg des „Tagebuchs der Anne Frank" gibt; aber dabei geht es natürlich um ein Einzelschicksal, das nicht so deutlich in den Zusammenhang der systematischen und rassistisch motivierten Vernichtung der Juden gerückt wird, in den es eigentlich gehört. Für die DDR kommt noch hinzu, dass die eigene Faschismusinterpretation es im Grunde genommen gar nicht erlaubt hat, den rassistischen Kern des Nationalsozialismus so sehr in den Vordergrund zu stellen. Ideologisch ging es darum, an der Ausrichtung entlang der Dimitroff-Formel oder ihren späteren Abmilderungen festzuhalten, wonach der Faschismus eine Herrschaftsform des Kapitalismus ist. Insofern musste selbst die Judenverfolgung noch in irgendeinen kapitalismuslogischen Zusammenhang gebracht werden. Damit wurde aber das Entscheidende des nationalsozialistischen Rassismus völlig verfehlt.
Umgekehrt gibt es im Westen die Rede vom „Rassenwahn" der Nationalsozialisten, und die suggeriert, eigentlich hätten alle schon während

der NS-Zeit gespürt, geahnt oder gewusst, dass die rassistischen Vorstellungen der Nationalsozialisten etwas Absurdes gewesen seien, das kaum jemand geteilt habe. Das ist natürlich auch eine Form der Verdrängung und Verkleinerung des rassistischen Kerns des Nationalsozialismus, an den viele wohl eben doch stärker geglaubt haben, als sie sich das hinterher eingestehen mochten.

MÖLLER: Wie positionierten sich die beiden deutschen Staaten denn dann in der Frage der Entschädigung von Opfern des Nationalsozialismus, einerseits prinzipiell und dann auch bezogen auf die unmittelbare Praxis?

FREI: Da könnte der Unterschied eigentlich gar nicht größer sein. Die Bundesrepublik bekennt sich in den frühen 50er-Jahren, namentlich durch Konrad Adenauer, zur Wiedergutmachung in der Tradition dessen, was von Seiten der Alliierten – und hier sind vor allem die Amerikaner zu nennen – schon seit 1945/46 aufs Gleis gesetzt worden war. Also: Entschädigungs- und Wiedergutmachungsgesetzgebung in den Ländern. Das ist ein Weg, der dann auch von der Bundesrepublik nie verlassen worden ist. Das Wiedergutmachungsabkommen mit Israel aus dem Jahr 1952 ist hier als ein erster Meilenstein zu nennen, dem im Laufe der Jahre und Jahrzehnte vieles weitere folgte.

Die DDR dagegen begreift sich im Grunde genommen selbst als die Wiedergutmachung. Die Tatsache, dass es jetzt diesen antifaschistischen Staat auf deutschem Boden gibt, wenn auch nur auf einem Teil des deutschen Bodens, das ist gleichsam die politische Wiedergutmachung. Möglichkeiten einer Restitution von arisiertem oder politisch Verfolgten abgenommenem Vermögen sind in der SBZ bzw. in der DDR dagegen doch sehr begrenzt. Es gibt ein paar Ausnahmen. In den frühen Jahren des Landes Thüringen kommt tatsächlich noch, maßgeblich durch Hermann Brill in Gang gesetzt ...

MÖLLER: Brill war einen Monat lang, im Juni/Juli 1945, Regierungspräsident Thüringens, verlor das Amt aber, nachdem Thüringen Teil der SBZ geworden war. Er wurde im Jahr darauf Chef der hessischen Staatskanzlei in Wiesbaden ...

FREI: Richtig, von Brill initiiert kommt also noch ein Wiedergutmachungsgesetz zustande und erlangt auch eine gewisse Bedeutung. Aber vom Grundsatz her will man ja dann den Sozialismus aufbauen und nicht den Kapitalisten – und dazu rechnet man eben auch die jüdischen

Immobilienbesitzer – ihr Eigentum zurückgeben. Das ist eine grundlegend andere Haltung zur Wiedergutmachung und Entschädigung als die im Westen. Interessant ist in diesem Kontext auch noch, dass in der DDR ein Unterschied zwischen den „Opfern des Faschismus" und den „Kämpfern gegen den Faschismus" gemacht wird. Letztere verdienen aus DDR-Sicht eine größere Unterstützung als diejenigen, die „nur" Opfer gewesen sind.

MÖLLER: Eine Hierarchisierung der Opfer also ...

FREI: Eine Hierarchisierung der Opfer, die im Bereich der Wiedergutmachung allerdings auch im Westen – wir sollten da nichts idealisieren – in einer gewissen Weise stattgefunden hat. Man denke nur an die sogenannten vergessenen Opfer der Wiedergutmachungspolitik, die auch im Westen erst relativ spät in das Bewusstsein von Politik und Öffentlichkeit gerückt sind: Sinti und Roma, Homosexuelle, Zwangsarbeiter und andere.

MÖLLER: In den letzten Jahren ist auf Kongressen und in Publikationen viel von der Notwendigkeit zu hören und zu lesen, dass die Geschichte der Bundesrepublik und der DDR zu einer stärker integrierten deutschen Gesamtgeschichtsschreibung zusammengefügt werden sollten. Inwieweit könnten sich denn dadurch aus Ihrer Sicht neue Erkenntnisse in der Betrachtung des ersten deutsch-deutschen Nachkriegsjahrzehnts und der verschiedenen „Vergangenheitspolitiken" der beiden deutschen Staaten ergeben? Scheinen Ihnen solche Hoffnungen in irgendeiner Weise gerechtfertigt zu sein?

FREI: Ich selbst habe schon vor 15 Jahren für eine „vergleichende Bewältigungsforschung" plädiert, und über einige Aspekte davon haben wir ja auch gerade gesprochen. Inzwischen ist da einiges genauer erforscht worden, aber es fehlt noch an der Synthese in Gestalt einer neueren Gesamtdarstellung. Allerdings müssen wir auch sehen, dass die Geschichte der späten 40er- und der 50er-Jahre erst einmal und in der Hauptsache eine Geschichte der Auseinanderentwicklung der beiden Teile Deutschlands gewesen ist – mit dem Höhepunkt dann im Mauerbau 1961 –, und dass sich aus der Dramatik dieser Ereignisse auch die geschichtswissenschaftliche Narratio zu einem wesentlichen Teil bestimmt und bestimmen muss. Ich halte nichts von einer pädagogisierenden oder gar finalisierenden Geschichtsschreibung, die in allem gleichsam immer schon keimhaft 1989 enthalten sehen will.

MÖLLER: Am Ende unseres Gesprächs möchte ich Sie noch um ein vorläufiges Fazit bitten. In der DDR hatte der Staat die Definitionsmacht über den Antifaschismus und bestimmte damit auch, was faschistische und was antifaschistische Haltungen waren und was demzufolge honoriert bzw. sanktioniert werden konnte. In der Bundesrepublik hat sich über die Jahre die Auseinandersetzung mit der NS-Vergangenheit in zum Teil heftig geführten Kontroversen ständig weiter entwickelt, und sie ist – so steht jedenfalls zu vermuten – als gesellschaftliche Kontroverse noch längst nicht beendet. Die Affäre um die geschichtsvergessene Trauerrede des baden-württembergischen Ministerpräsidenten Günther Oettinger auf seinen Vorgänger, den ehemaligen NS-Richter Hans Filbinger, aus dem Jahr 2007 ist zumindest ein deutliches Indiz dafür. Haben wir es also mit einer Art westlicher Erfolgsgeschichte der Aufarbeitung versus einer Misserfolgsgeschichte der DDR zu tun?

FREI: Ich würde vor allem sagen, dass der Unterschied zwischen einer offenen und einer nicht offenen Gesellschaft am Umgang mit dem Nationalsozialismus sehr gut zu studieren ist. Der Antifaschismus der DDR erstarrt eben sehr rasch in Formeln, in bald immer bedeutungsloser werdenden Routinen. Das führt dann bis hin zu dem Phänomen in der späten DDR, dass diese hohlen Antifaschismusformeln gerade von jungen Menschen besonders aggressiv abgelehnt worden sind. In der Bundesrepublik hingegen entwickelt sich in der Tat aus dieser ziemlich finsteren Periode der Vergangenheitspolitik der 50er-Jahre dann doch relativ rasch ein kritischer Impetus derer, die über die diversen Skandale politisiert werden und beginnen, sich damit auseinanderzusetzen. Insofern gibt es schon in den späten 50er-Jahren Ansätze für das, was dann in den 60er- und in den 70er-Jahren die Kritik der „unbewältigten Vergangenheit" genannt worden ist. Insofern würde ich in der Tat sagen, das ist ein lebendiges Element der politischen Kultur der Bundesrepublik geworden. Martin Broszat hat einmal von dem selbstkritischen Umgang mit der NS-Vergangenheit als einem der besten Elemente politischer Gesittung in der Bundesrepublik Deutschland gesprochen. Ich denke, das sollte uns auch für das größer gewordene Deutschland im Bewusstsein bleiben: Die Auseinandersetzung mit dem Nationalsozialismus ist prinzipiell unabschließbar. Sie verändert sich und muss sich verändern – aber es gibt immer wieder neuen gesellschaftlichen Anlass, sich mit dieser Erbschaft auseinanderzusetzen.

Der Kampf um „Frieden“ und „Freiheit“ in der Systemrivalität des Kalten Krieges

Ein Gespräch mit Prof. Dr. Anselm Doering-Manteuffel, Tübingen

MÖLLER: Herr Doering-Manteuffel, der Begriff „Kalter Krieg“ ist in den allgemeinen Sprachgebrauch eingegangen, zeichnet sich aber auch durch eine gewisse Unschärfe aus. Deshalb direkt zu Beginn unseres Gesprächs die Bitte um eine kurze Klarstellung. Wie ordnen Sie als Zeithistoriker den Kalten Krieg in die Geschichte ein? Welche signifikanten Zeitabschnitte und Ereignisse lassen sich dabei voneinander abgrenzen?

DOERING-MANTEUFFEL: Der Kalte Krieg hat verschiedene Semantiken, wenn man das so sagen will. Er bezeichnet einmal eine konkrete politische Spannungskonstellation nach dem Ende des Zweiten Weltkriegs, die etwa von 1947/48 bis in die Mitte der 50er-Jahre reicht und in den Ausläufern sogar bis in die zweite Hälfte der 60er-Jahre gezogen werden kann. Und dann bezeichnet er einen politisch-ideologischen Machtgegensatz zwischen den Ländern des Westens mit marktwirtschaftlicher Ordnung, parlamentarischer Demokratie und pluralistischer Gesellschaft und den Ländern des Ostens mit staatlich gelenkter Wirtschaft, Herrschaft einer Staatspartei und Diktatur durch den politisch-bürokratischen Apparat. Außerdem wird der Begriff oft auch noch auf die Gesamtzeit des Ost-West-Konflikts von 1945/47 bis 1989/90 angewendet. Mir scheint es allerdings sinnvoll zu sein, für den Gesamtzeitraum nur den Terminus Ost-West-Konflikt zu verwenden und den Kalten Krieg auf die Spannungsphasen von 1945 bis Mitte der 50er- oder Anfang der 60er-Jahre und noch einmal auf die Spannungsphase in der Nachrüstungszeit von 1979/80 bis 1989 anzuwenden. Dann hat man das einigermaßen klar gestellt. Und der *ideologische* Kalte Krieg, der bezieht sich in erster Linie auf die Zeit von 1947 bis in die 50er-Jahre und reaktiviert sich interessanter Weise ab 1979/80 noch einmal neu.

MÖLLER: Dann konzentrieren wir uns zunächst einmal auf die ideologische Phase von 1947 bis in die 50er-Jahre. In dieser Phase ist der Kalte Krieg, Sie hatten es angedeutet, nicht nur ein politischer Kampf, also nicht nur ein Kampf zum Beispiel um überlegene Waffensysteme, sondern er ist sehr stark auch ein Kampf um die Köpfe der Menschen in Ost und West und damit auch ein Kulturkampf. Seit wann wird er von den beiden Großmächten denn auch als solcher begriffen?

DOERING-MANTEUFFEL: Eine Anbahnungsphase in der Wahrnehmung, dass ein Kalter Krieg kommen wird, ist ab 1944 zu erkennen; und zwar als in der Endphase des Zweiten Weltkriegs in Europa absehbar ist, dass die Westmächte unter Führung der Vereinigten Staaten und die Sowjetunion mit der Roten Armee in irgendeiner Weise politisch und, wenn man so will, auch hinsichtlich systemischer Ordnungskonzepte aufeinander prallen werden. Offen erklärt wird der Kalte Krieg dann eigentlich erst im Jahr 1947, nachdem man nach der bedingungslosen Kapitulation der deutschen Wehrmacht 1945 zunächst noch die Potsdamer Konferenz der großen Drei – Sowjetunion, Großbritannien und Vereinigte Staaten – zustande gebracht hat, und dann unter Einbeziehung der Franzosen 1946 und Anfang 1947 versucht, die sogenannten Viermächtekonferenzen zur Regelung der Deutschlandfrage in Gang zu bringen. Darüber treten dann die Konflikte immer deutlicher zutage, so dass im Jahr 1947 Gegensätze erklärt werden, die so scharf sind, dass jede Seite für sich beansprucht, ein Ordnungskonzept zu vertreten, das die gesamte Welt umfasst. Damit hat man zwei globale, die Welt umfassende Ansprüche, die Teilung der Welt in zwei Lager – das ist der Beginn des Kalten Krieges als Machtkonflikt und als ideologischer Konflikt.

MÖLLER: Mit welchen Leitbegriffen und Ideologemen wird der ideologische Kampf denn von beiden Seiten geführt?

DOERING-MANTEUFFEL: Von der westlichen Seite wird sehr rasch der Anspruch formuliert, man trete für die Freiheit ein, für die Freiheit der Welt. Von der östlichen Seite wird sehr offensiv der Anspruch vertreten, die Sowjetunion und das östliche Lager stünden für Frieden; sie bezeichnen sich auch relativ rasch als „Friedenslager". Und „Friedenslager" versus „Freie Welt" ist dann die machtpolitische und ideologische Konfiguration, mit der der Konflikt bis in die 50er-Jahre hineinreicht. Das ist im Übrigen auch genau das, was die meisten Älteren noch in Erinnerung haben; diejenigen, die den Kalten Krieg noch direkt erlebt haben, beziehen sich tatsächlich auf die Propagandaschlachten der Zeit ab 1947/48, und da steht „Frieden" gegen „Freiheit".

MÖLLER: Da möchte ich noch einmal nachhaken. Frieden und Freiheit sind ja zunächst eigentlich ganz positive Werte. In welcher Weise werden sie von beiden Seiten inhaltlich gefüllt?

DOERING-MANTEUFFEL: Das hört sich auf den ersten Blick etwas kompliziert an, ist aber letztlich gar nicht so kompliziert. Zunächst einmal gibt es natürlich das völlig selbstverständliche Verständnis von Frieden und Freiheit, das jeder Mensch in sich trägt und das jeder Mensch nach seiner eigenen Sozialisation auch mit entsprechenden Inhalten füllt. Diese Vorstellung von Frieden und Freiheit hat es auf beiden Seiten des Eisernen Vorhangs durch die Jahrzehnte hindurch natürlich immer gegeben. Die Kampfbegriffe „Frieden" und „Freiheit", die man gewissermaßen immer in Gänsefüßchen setzen müsste, die meinen etwas Anderes. Die Selbststilisierung des Ostblocks unter Führung der Sowjetunion zum „Friedenslager" reicht weit zurück bis in die Zeit Lenins am Ende des Ersten Weltkriegs. Und die Motive seitens der Sowjetunion, ab 1947 sehr offensiv die eigene „Friedensabsicht" zu formulieren, liegen einfach darin, dass zu diesem Zeitpunkt die Vereinigten Staaten noch das einzige Land der Welt sind, das über Atomwaffen verfügt. Vor der Atombombe hatten die Sowjetunion und Stalin regelrecht Angst. Sie versuchten daher einerseits die Rüstungsproduktion in der Sowjetunion zu forcieren, um selbst möglichst bald eigene Atombomben bauen zu können, was 1949 auch gelang. Und gleichzeitig versuchten sie, einen Propagandakrieg für den Frieden in Gang zu bringen, um Amerika als ein Land zu stigmatisieren, das den Frieden bedroht. Das ist die Motivlage der sowjetischen Seite.

Die Motivlage der amerikanischen Seite ist in einen ähnlich langen Kontext eingebunden. Sie wurzelt ebenfalls im zeitgeschichtlichen Umfeld des Ersten Weltkriegs und des Kriegsendes 1918. Der amerikanisch dominierte Westen hat sich ab 1918, und um so entschiedener dann ab Beginn des Zweiten Weltkriegs bzw. ab Kriegseintritt der USA 1941, im globalen Kontext immer mehr als Repräsentant, Verteidiger und zunehmend offensiver Vertreter einer westlich-liberalen Freiheitsidee profiliert. In diesem angloamerikanischen Freiheitsverständnis laufen nahezu untrennbar drei Ideen zusammen: diejenige der Freiheit des

Individuums, diejenige der Freiheit des Marktes und gleichzeitig eben diejenige der Freiheit innerhalb der Gesellschaft, also in Richtung einer pluralistischen Ausformung der Gesellschaft.

Das sind die beiden Ordnungsvorstellungen, die sich entgegenstehen.

MÖLLER: Welches sind die Hauptforen über die die politischen Kampagnen für „Frieden“ und „Freiheit“ maßgeblich transportiert werden? Vor allem, was passiert an der markantesten Schnittstelle des Kalten Krieges, also zwischen der Bundesrepublik und der DDR? Beginnen wir zunächst mit den Initiativen, die von ostdeutscher Seite ausgehen.

DOERING-MANTEUFFEL: Von der ostdeutschen Seite selbst konnte in den ersten Nachkriegsjahren überhaupt nichts ausgehen, weil es keine Souveränität gab. Vor 1949 gab es nicht mal ein Staatswesen, sondern es war eben einfach, wie im Westen auch, eine Besatzungszone, die sowjetische Besatzungszone. Insofern war auch alles, was aus der SBZ, aus Osteuropa oder der Sowjetunion selbst kam, immer von der Sowjetunion induziert. In der Anfangsphase des Kalten Krieges setzte die sowjetische Führung auf öffentlichkeitswirksame internationale Konferenzen. Sie tat das solange, wie sie noch keine Sicherheit in der Frage der Verfügung über Atomwaffen hatte. Man braucht dazu ja nicht nur die Bombe, sondern man braucht auch die Trägersysteme, um sie dahin fliegen zu können, wo sie dann ihr Vernichtungswerk tun soll. Die hat die Sowjetunion bis 1957 aber noch nicht gehabt. In dieser Zeit wird von Moskauer Seite aus versucht, Intellektuellen-Konferenzen in Europa, vor allem auch im westlichen Europa, zusammenzurufen, auf denen sich die Intellektuellen Europas und zum Teil auch des amerikanischen Kontinents treffen sollen, um dort über Sinn, Notwendigkeit und Inhalt von Frieden und Friedenspolitik zu sprechen.

MÖLLER: Gibt es auf diesen Konferenzen so etwas wie einen festen Satz von Argumentationsmustern oder Argumentationsstereotypen, die von kommunistischer Seite aus zur Anwendung kommen?

DOERING-MANTEUFFEL: Das „Friedenslager“ transportiert eine Vorstellung von Frieden, die eindeutig mit sozialistischen und, wenn man so will, auch marxistisch-leninistischen Vorstellungen von der Gesellschaftsordnung verbunden sind. Wenn eine sozialistische Ordnung gegeben ist, so die Logik, dann gewährleistet sie den Frieden ganz einfach deshalb, weil dann die Gesetze des Marktes und die ganzen Probleme von Klassenkampf und Interessengegensatz überwunden sind. Dann hat man die Voraussetzung für Frieden innerhalb der Gesellschaft und gleichzeitig, wenn man das als ein internationales System des Sozialismus betrachtet, auch die Voraussetzung für Frieden zwischen den Gesellschaften, zwischen den Ländern und den Völkern. Die sozialistische Friedensidee, die ab 1918 immer stärker im marxistisch-leninistischen Kontext ausgearbeitet oder weiter gedacht worden ist, liegt der Propaganda der Sowjetunion nach 1947 ganz eindeutig zu Grunde.

MÖLLER: Wie wurde dabei mit dem Widerspruch umgegangen, dass die atomare und konventionelle Aufrüstung auf Seiten des Ostblocks trotz aller Friedensdeklarationen massiv weiter betrieben wurde?

DOERING-MANTEUFFEL: Die Notwendigkeit der eigenen Aufrüstung wurde damit begründet, dass man sich gegen die „Aggression des Imperialismus" bzw. des „imperialistischen Lagers", als das man den Westen bezeichnete, schützen müsse. Insofern ist sowohl die Aufrüstung im Kontext des Warschauer Paktes ab Mitte der 50er-Jahre als auch zum Teil die Unterstützung in militärischen Bereichen in späteren Jahrzehnten in den Ländern der „Dritten Welt" immer damit begründet worden, die Selbstverteidigungskräfte gegen „imperialistische Bedrohungen", also gegen westliche Bedrohungen zu stützen. Damit konkurrieren die antikapitalistischen Interessen und die Interessen an Machtausweitung der Sowjetunion mit den gleichfalls aggressiven Interessen des Westens, für ihre eigenen wirtschaftlichen und politischen Ziele nicht nur Westeuropa und die westliche Welt zu homogenisieren, sondern ab den 60er-Jahren gleichzeitig auch in die Länder der „Dritten Welt" auszugreifen. Der Ost-West-Konflikt setzt sich ab den 60er-Jahren, der Phase der Entkolonialisierung, in der „Dritten Welt" fort und verschärft sich in den 70er-Jahren vor allen Dingen in Afrika.

MÖLLER: Sie hatten die von der Sowjetunion ausgehenden international ausgerichteten Friedenskonferenzen schon angesprochen. Im Westen gibt es dazu entsprechende Pendants. Vom 26. bis zum 30. Juni 1950 findet in Westberlin beispielsweise eine damals viel beachtete Veranstaltung statt, der „Congress for cultural freedom". Dieser „Kongress für kulturelle Freiheit" kommt maßgeblich auf Initiative der USA zustande. Welche Absicht verfolgen die Vereinigten Staaten damit in Europa, in Deutschland und im geteilten Berlin?

Doering-Manteuffel: Der Berliner „Kongress für kulturelle Freiheit“ war 1949/Anfang 1950 geplant worden, und er fand zufälliger Weise wenige Tage, nachdem der Korea-Krieg begonnen hatte, statt. Insofern konnte er sich scheinbar auf eine ganz aktuelle Herausforderung beziehen, nämlich auf den Einmarsch kommunistischer Truppen über den 38. Breitengrad nach Südkorea. Der Anlass war aber ein Anderer. Im Rahmen der Propagandaveranstaltungen der sowjetischen Seite hatte es in verschiedenen Ländern Europas Intellektuellenversammlungen und zuletzt ganz prominent im Waldorf-Astoria-Hotel in New York eine Schriftstellertagung für die Idee des Weltfriedens gegeben. Die New Yorker Schriftstellertagung hatte sich noch stärker als die Tagungen zuvor als eine Propagandaveranstaltung für das politische Konzept der Sowjetunion herausgestellt. Und das hatte nach dem Ende dieser Tagung und in New York selbst zu massivem Ärger und massivem Widerstand seitens nichtkommunistischer oder antistalinistischer Intellektueller geführt. Im Ergebnis hieß es von deren Seite: Wir müssen etwas dagegen tun und müssen eine regelrechte Propagandakriegsveranstaltung dagegen stellen. Das ist die Ausgangsidee des „Kongresses für kulturelle Freiheit“ als Tagungsveranstaltung. Das war aber noch nicht alles: Aus der Berliner Kongressveranstaltung des Jahres 1950 ist dann eine Institution mit einem eigenen Büro hervorgegangen, das in Paris angesiedelt war und ebenfalls „Congress for cultural freedom“ genannt wurde. Wir haben also einmal das Ereignis, den Berliner „Kongress für kulturelle Freiheit“, und wir haben als Institution den „Congress for cultural freedom“, der von 1950 bis 1967 existiert hat.

Möller: Bleiben wir noch einen Moment bei der Veranstaltung. Was lässt sich zu den Veranstaltern und zu den Teilnehmern sagen? Wer sind die markantesten Protagonisten, und wie weit reicht das politische Spektrum auf diesem Kongress?

Doering-Manteuffel: Die Teilnehmer würden wir heute als Multiplikatoren bezeichnen. Das sind Schriftsteller, Leute aus dem Medienbereich, Journalisten der Presse und des Funks, es sind relativ viele Künstler. Das ergab sich schon ganz einfach deswegen, weil dieser Kongress eben als Kulturkongress aufgefasst wurde, zu dem sich die kreativen Leute eines Landes oder eines Lagers zusammenfanden, um sich über ihre politischen und ideologischen Werte zu verständigen. Besonders herausragend bei dieser Auftaktveranstaltung der westlichen Propagandamaschinerie in

Berlin waren vor allen Dingen einzelne Personen, die bis in die 30er-Jahre hinein entschiedene Kommunisten gewesen waren und einen positiven Blick auf die Sowjetunion gehabt hatten, pro-stalinistische Kommunisten. Eine der markantesten ist Arthur Koestler gewesen. Es waren aber auch Leute, die zum Teil einfach europäische Kommunisten waren, ohne dass sie nun ein besonderes Faible für die Sowjetunion entwickelt hatten, und die durch die Erfahrungen der 30er-Jahre geprägt waren, etwa durch die Erfahrung des Spanischen Bürgerkrieges, am schlimmsten aber durch die Erfahrung des Hitler-Stalin-Paktes. Dass Stalin bereit gewesen war, mit der bedrohlichsten Figur des europäischen Faschismus ein Bündnis zu schließen, hatte dazu geführt, dass einige seiner Anhänger sich von ihrer pro-kommunistischen Position entweder komplett oder in schmerzlichen Rückzugsprozessen abgewandt hatten und darüber bis 1945 zu rabiaten, zum Teil auch ganz irrationalen Antikommunisten geworden waren. Und die treten 1950 auf dem „Kongress für kulturelle Freiheit" in Berlin auf und blasen vehement zum intellektuellen, propagandistischen und politisch-konzeptionellen Krieg gegen den Stalinismus.

MÖLLER: Bleibt dieser moralisch hochgradig aufgeladene Antikommunismus, der dort propagiert wird, später ungebrochen oder verändert sich daran etwas?

DOERING-MANTEUFFEL: Der hält sich nicht sonderlich lange. Die, wenn man so will, fanatischen Antikommunisten, für die am prominentesten eben Arthur Koestler genannt werden kann, aber auch noch einige andere dazu, James Burnham wäre etwa zu nennen, die geraten bereits ab den frühen 50er-Jahren etwas an den Rand. Sie werden von anderen Teilnehmern des „Congress for cultural freedom", also von der Institution, zurückgedrängt, weil sie mit diesem kämpferischen Antikommunismus weitere Anliegen des „Congress" eher behindern, beispielsweise das dahinter stehende amerikanische Interesse an einer Homogenisierung westlicher und westeuropäischer Gesellschaften. Der Antikommunismus bleibt zwar in der Ideenwelt des „Congress" enthalten, er verliert aber an Gewicht, und die rabiaten Kalten Krieger im ideologischen Sinne, etwa vom Schlage Koestlers, werden mehr und mehr kaltgestellt. Die haben ab den frühen 50er-Jahren schon nahezu nichts mehr zu sagen.

MÖLLER: Der teilweise harte und unerbittliche Austrag der Positionen zwischen Ost und West wurzelt sicher sehr stark in den jeweiligen biografischen Erfahrungen und in den unterschiedlichen Gesellschaftsmodellen. Ich denke er erfährt aber auch noch einmal eine zusätzliche Steigerung durch die tatsächliche Bedrohung, die zumindest für Einzelne vom jeweils anderen Lager ausging. Es gab in den 50er-Jahren ja eine ganze Reihe illegaler Aktivitäten auf beiden Seiten. Von Westdeutschland aus operierte beispielsweise die sogenannte „Kampfgruppe gegen Unmenschlichkeit" in Ostberlin, der unter anderem auch die Vorbereitung terroristischer Anschläge zugeschrieben wird. Und in Autobiografien, die Bezug auf diese Zeit nehmen – etwa in Carola Sterns „Doppelleben" – lässt sich nachlesen, wie Personen von West- nach Ostberlin entführt, verurteilt und hingerichtet wurden. Es scheint also so zu sein, dass der Kalte Krieg zu Beginn der 50er-Jahre für einige durchaus lebensbedrohliche Formen annehmen konnte.

Doering-Manteuffel: Da sollte man sehr vorsichtig sein. Für Personen, die sich als Grenzgänger betätigten oder die sich als Systemoppositionelle im jeweiligen Land betätigten, sich also in den Ländern des östlichen Blocks für den Westen einsetzten oder umgekehrt, konnte das gefährlich werden; im Westen auf jeden Fall bis zur Inhaftierung, und inwieweit es im Osten lebensbedrohlich werden konnte, hing davon ab, in welchem Land man sich bewegte. Man muss aber meines Erachtens, wenn man diesen Konflikt verstehen will und auch die Schärfe verstehen will, die dabei immer wieder mitschwingt, noch etwas weiter ausgreifen. Dieser Ost-West-Konflikt ist überhaupt nur zu verstehen, wenn man die Erfahrungen der Zwischenkriegszeit und der 30er-Jahre in Europa nicht ausblendet, also: italienischer Faschismus, spanischer Bürgerkrieg, die Anbahnung des Zweiten Weltkriegs durch das nationalsozialistische Deutschland und dann den Verlauf des Zweiten Weltkriegs selbst. Und für den Westen gilt, und das hatte besonders in der westdeutschen Bundesrepublik starke Bedeutung, dass man mit der These des sogenannten Totalitarismus ein politologisches und zeitgenössisch-politisches Interpretament entwickelt hatte, welches es erlaubte, den soeben besiegten Nationalsozialismus/Faschismus mit dem Stalinismus zu identifizieren. Insofern stand der Westen nach dem Sieg über die „Braune Diktatur" jetzt im Kampf gegen die „Rote" und wollte sie machtpolitisch einhegen und ideologisch bekämpfen. Die Totalitarismusthese hat enorme Bedeutung, weil sie den Westdeutschen erlaubte, sich durch kämpferisches

Verhalten gegen den Kommunismus, gegen die DDR, gegen die Sowjetunion gleichzeitig retrospektiv als Gegner der „Braunen Diktatur" zu erweisen, der sie als Volksgemeinschaftsangehörige bis 1945 noch zugejubelt hatten. Deswegen ist die Totalitarismustheorie ein groß angelegtes Entschuldungs-Interpretament gewesen, hinter dem sich die ehemaligen Angehörigen der Volksgemeinschaft des „Dritten Reiches" zurückziehen konnten, um sich als Demokraten zu beweisen. Und dazu brauchte man tatsächlich eben diesen rabiaten Antikommunismus. Das sind Positionierungen in den Nachkriegsgesellschaften, die nur begriffen werden können, wenn man sie vor dem Hintergrund der Zeit vor 1945 sieht.

MÖLLER: Und was entspricht dem, wenn man auf den Osten, auf die DDR blickt?

DOERING-MANTEUFFEL: Für die DDR gilt Ähnliches. Der Aufbauenthusiasmus in den frühen 50er-Jahren für einen sozialistischen Staat und für eine sozialistische Gesellschaft war in der DDR ganz beträchtlich, er endete erst im Umfeld des 17. Juni 1953. Wer sich für den Sozialismus engagierte, wollte eben den Imperialismus und Kapitalismus, also all das, was in der Ideologie und Propaganda des östlichen Systems genuin mit dem Faschismus verbunden war, ganz einfach überwinden. Hier waren es die Antifaschisten, im Westen waren es die Antikommunisten. Auf beiden Seiten engagierte man sich für die „reine Lehre". Und beide Seiten hatten den Faschismus bzw. den Nationalsozialismus zum Gegner.

MÖLLER: Ich möchte noch einmal versuchen, auf die konkreten Umstände zurückzukommen, von denen aus die antikommunistische Politik des Westens schwerpunktmäßig während der 50er-Jahre operierte. Da fällt auf, dass zum Beispiel diejenigen, die sich 1950 in Westdeutschland und in Westberlin im Rahmen des „Kongresses" engagierten, durchaus keine isolierte Gruppe waren. Es gab auch so etwas wie ein staatliches und publizistisches Netzwerk, vor dessen Hintergrund oder mit dessen Unterstützung die Antikommunisten agierten. Wenn man die damalige Zeit angemessen verstehen will, denke ich, dann muss man noch ein paar Worte zu diesem Netzwerk verlieren, in das der „Kongress" auch insgesamt eingebettet war. Woraus setzte es sich im Einzelnen zusammen?

DOERING-MANTEUFFEL: Das Netzwerk der „Westernisierer", wie wir sie nennen, ist in der Tat wichtig genug, um zur Kenntnis genommen zu werden. Dazu zählten, ich sagte das ja schon, Intellektuelle, liberale bzw.

linksliberale Politiker, Parteimitglieder, Medienleute und Künstler, wie sie der „Kongress“ zusammengebracht hatte. Das Anliegen bestand darin, sich in den verschiedenen Ländern Westeuropas, insbesondere in Frankreich und in Italien, dafür einzusetzen, kommunistische Bewegungen einzudämmen und innerhalb der sozialdemokratischen Parteien Westeuropas, und hier insbesondere in der deutschen SPD, die Restbestände an marxistischer Programmatik zurückzudrängen, um die Sozialdemokratie zu einer stärker westlich orientierten, also der Marktwirtschaft zugewandten, sozial-liberalen Partei umzuformen. Deswegen reicht die Einflussnahme hinein bis in bestimmte Parteizirkel, sie reicht in Westdeutschland hinein bis in den DGB. Sie reicht hinein in einzelne Radiosender. Wenn man jetzt einzelne Gruppen dieses Netwerks als Forscher herausziehen will, dann muss man eine konkrete Fragestellung haben: Was will man analysieren? Zum Beispiel einen bestimmten westlichen Einfluss auf deutsche Sozialdemokraten oder auf deutsche Gewerkschafter oder auf andere Gruppen. Dann kann man unter Umständen neue Subformationen als Institutionen entdecken. Das Wichtigste ist meiner Ansicht nach tatsächlich dieses groß angelegte Netzwerk zur Ausbreitung einer bestimmten Idee. Die ist einerseits antikommunistisch, sie ist gleichzeitig aber so ausgerichtet, dass sie hauptsächlich das Ziel verfolgt, die westeuropäischen Sozialisten zu sozial-liberal orientierten Demokraten zu machen und ihnen gewisse Neigungen hin zum Kommunismus als nicht tragbar zu injizieren.

Möller: Letztlich war das erfolgreich. Ich möchte aber ganz gerne am Beispiel des „Congress“ noch einmal versuchen, die Entwicklungsgeschichte dieser Einflussnahme weiter zu verfolgen. Zu Beginn der 60er-Jahre werden die Krisensymptome innerhalb des „Congress“ ja immer unübersehbarer. Die Ursachen dafür liegen nicht zuletzt auch darin, dass sich nun langsam so etwas wie eine Neue Linke im Zuge der Studentenbewegung konstituiert, die sich auch unter dem Gesichtspunkt der Generationenzugehörigkeit deutlich von den Protagonisten des „Congress“ unterscheidet. Was sind aus Ihrer Sicht die Hauptgründe dafür, dass sich die Neue Linke vom Kampf ihrer Vorgängergeneration um die Freiheit nicht mehr in dem Maße angesprochen fühlt?

Doering-Manteuffel: Das ist ein sehr interessantes und gleichzeitig sehr kompliziertes Problem. Es hat seine Wurzeln zunächst einmal in der

Gesellschaft der Vereinigten Staaten selbst. Und es hängt wieder mit Entwicklungen zusammen, die sich seit dem New Deal, also seit 1933 in den USA ausgebreitet haben. Die Neue Linke, das muss man vielleicht vorweg sagen, ist eine rein innerwestliche Erscheinung. Auch der Neo-Marxismus ist ein ideelles Phänomen ausschließlich westlicher Provenienz und hat mit dem Marxismus-Leninismus auf der östlichen Seite so gut wie nichts gemein. Wie kam es dazu? In den USA versuchte man mit Beginn der Ära Roosevelt, die mit der Weltwirtschaftskrise verbundenen Probleme in den Griff zu bekommen. Damals entschied sich die Regierung der Vereinigten Staaten dafür, in stärkerem Maße als je zuvor in der amerikanischen Geschichte in den wirtschaftlichen und gesellschaftlichen Prozess einzugreifen, um Arbeit zu beschaffen, um größere Beschäftigungsprojekte anzuregen. Gleichzeitig war damit der Versuch verbunden, bestimmte Gegensätze in der amerikanischen Gesellschaft zu überwinden. Insofern arbeiteten in dem sich dann so nennenden New Deal-Liberalismus zum Beispiel Protestanten und Katholiken zusammen, Weiße und einige wenige Schwarze, was neu war. Auch eine Art von Konsensbildung auf der Basis eines bestimmten gesellschaftlichen Ordnungsmodells gab es, das sich vor allen Dingen im Zweiten Weltkrieg, vor der Herausforderung des Krieges, besonders stark als ein lohnender Entwurf in den Köpfen festsetzte. Mit dem Marshallplan wurde diese Vorstellung vom sogenannten New Deal-Liberalismus nach Westeuropa transferiert und hat dann in den 50er-Jahren bis zur Gründung der Europäischen Wirtschaftsgemeinschaft in den verschiedenen westeuropäischen Ländern weiter gewirkt. Das Kennzeichen dieser ganzen Entwicklung ist das Postulat des politischen und des gesellschaftlichen Konsenses: Man hält mehr oder weniger zusammen, man entwickelt auf der Basis eines sozialen Liberalismus angelegte Vorstellungen von der optimalen Organisation von Politik, Gesellschaft und Wirtschaft, die am Ende so weit führen sollen, dass sämtliche alternativen Ordnungsvorstellungen, marxistische oder konservative, völlig unnötig werden. Das ist das, was dann Daniel Bell 1960 als „Das Ende der Ideologie" verkündet. „The end of ideology" ist nichts anderes als die Verkündung: Wir haben mit dem Konsens-Liberalismus das schlechthin gültige, ganze Gesellschaften befriedende Modell konstituiert. Und gegen diese grauenhafte Vorstellung, dass alles nach einem Modell ticken soll, baut sich ab den späten 50er-Jahren in den Vereinigten Staaten die Neue Linke auf, die ganz deutlich sagt, einen Konsens auf der Basis von Kapitalismus und Marktwirtschaft kann es gar nicht geben, und die sich wieder der Kapitalismuskritik von Marx und anderen zuwendet. Und so baut sich die Linke mehr oder weniger als kritische Intellektuellengruppierung auf, die nach wie vor sehr prononciert gegen den Kapitalismus, also gegen die Marktwirtschaft spricht, und die obendrein sehr krass dagegen spricht, dass sowohl Gewerkschafter als auch Kirchenleute, als auch Politiker oder Unternehmensmanager an diesem Konzept des Konsenses zusammenarbeiten. Das ist genau der Kreis derer, der dann später in der westdeutschen Studentenbewegung als „das Establishment“ angegriffen wird. Die westdeutsche Neue Linke und die westdeutsche Studentenbewegung hat dieses „Establishment“ bekämpft: Gewerkschafter, Parteipolitiker, Sozialdemokraten, Kirchenleute, Lehrer – wen immer. Hauptsache, man konnte „das Establishment“ auf der Grundlage neomarxistischer Kriterien kritisieren.

MÖLLER: Aber noch einmal auf den Punkt gebracht: Weshalb kann diese Neue Linke in der Bundesrepublik mit dem Kampf ihrer Vorgängergeneration aus dem Umfeld des „Kongresses“ um die Freiheit nichts bzw. kaum noch etwas anfangen?

DOERING-MANTEUFFEL: Der Kampf der Vorgängergeneration hatte sich gegen den Kommunismus gerichtet und damit auch alles marxistische Denken verteufelt oder bekämpft. Dieser Kampf hatte sodann dem Ziel gegolten, die Kräfte der Linken in Westeuropa mit marktwirtschaftlich-demokratischer Ordnung auszusöhnen. Die Neue Linke richtete sich gegen die bereitwillige Hinnahme der kapitalistischen Wirtschaftsform, obwohl sie selbst innerhalb des marktwirtschaftlichen Systems entstanden war. Die marxistisch inspirierte Argumentation gegen Kapitalismus und Marktwirtschaft bildete einen wichtigen ideologischen Gesichtspunkt. Diese Haltung wurde dann durch die kritische Distanz zur Regierung der USA wegen des Vietnamkrieges tagespolitisch verstärkt. Die Vorgängergeneration hatte die USA in nahezu jeder Hinsicht als Vorbild oder positives Referenzsystem für die Umgestaltung der eigenen Gesellschaft angesehen. Die Neue Linke konnte und wollte wegen Vietnam einen Vorbildcharakter nicht mehr anerkennen. In geradezu dialektischer Verschränkung mit diesem politischen Antiamerikanismus verkörperte die Neue Linke zur selben Zeit aber auch die Wirkungskraft alltagskultureller Einflüsse aus den USA; dies nicht zuletzt deshalb, weil die US-amerikanische Jugend- und Protestkultur ihrerseits gegen den Vietnamkrieg und die ihn stützende weiße Mittelstandsgesellschaft gerichtet war.

MÖLLER: 1966/67 wird ruchbar, dass der „Congress" nicht nur von den USA maßgeblich beeinflusst wurde, sondern dass über all die Jahre auch ein erheblicher Teil der Finanzierung durch die CIA stattgefunden hatte. Damit standen die Intellektuellen des „Kongresses" als Handlanger des Systems da. Wie weit war ihnen eigentlich bewusst, dass sie ihre Arbeit zu einem erheblichen Teil mit amerikanischen Geheimdienstgeldern finanziert hatten?

DOERING-MANTEUFFEL: Nach dem, was man rekonstruieren kann, war ihnen bis 1967 nicht bewusst, dass sie, wenn auch nicht gerade am Bändel des CIA gelaufen waren, so doch sich zumindest sehr stark im Interesse des CIA betätigt hatten. Nachdem dies aber immer stärker durchsickerte, führte es, gerade dann auch in der Phase des sich verschärfenden Vietnamkriegs, bei den Intellektuellen, auch bei älteren Intellektuellen, die sich ab 1950 im Umfeld des „Kongresses" organisiert hatten, zu einer rasanten Delegitimierung der Vereinigten Staaten und ihrer Politik. Spätestens ab jetzt findet auch bei der Mehrzahl der linken Intellektuellen eine Orientierung in Richtung einer Entspannungspolitik statt, sofern sie sich nicht aus den spezifischen deutschlandpolitischen Gründen ohnehin bereits dahin geöffnet hatten. Kurz: Die Delegitimierung der amerikanischen Regierung und der amerikanischen Dominanz nimmt von 1967, von der Aufdeckung der CIA-Finanzierung des „Congress for cultural freedom", weiter Fahrt auf. Aber es gibt natürlich noch viele andere Gründe, schon ab 1962 etwa, die zu nennen wären, um eine gewisse Distanznahme und Abkopplung von den Vereinigten Staaten zu begründen.

MÖLLER: Herr Doering-Manteuffel, am Ende möchte ich noch ganz gern einen Sprung in die 70er-Jahre machen und dabei auf ein scheinbares Paradoxon zu sprechen kommen. In den 70ern beginnt die Dissidentenbewegung im Ostblock damit, ihre Arbeit in zunehmendem Maße auf die „Charta 77" zu stützen und auf die darin verbürgten *Freiheits*rechte. In Westeuropa konstituiert sich im Zuge der neuen sozialen Bewegungen auch eine breite *Friedens*bewegung. Was zeigt uns das eigentlich? Sagt das etwas aus über die Austauschbarkeit der beiden Leit-Ideologeme, unter deren Vorzeichen sich West und Ost so lange ideologisch beharkt hatten?

Doering-Manteuffel: Zum einen zeigt es natürlich das, was wir am Anfang unseres Gesprächs schon erwähnt hatten, dass es nämlich eine ganz selbstverständliche Auffassung von Frieden und Freiheit in jeder Gesellschaft gibt, die unabhängig ist von den ideologischen Formationen, die dann im Westen oder Osten den jeweiligen Begriffen zugewiesen wurden. Das Andere ist aber ein ebenfalls wichtiger Aspekt. Seit den 70er-Jahren konnte der Ostblock infolge der „Konferenz für Sicherheit und Zusammenarbeit in Europa“ die Einflüsse aus dem Westen nicht mehr einfach unterdrücken, und er konnte ebenfalls die Bürgerrechtsbewegungen in der UdSSR und den sozialistischen „Bruderländern“ nicht mehr mundtot machen. Das unterband die Schlussakte der KSZE. Deshalb kam jetzt im Osten eine Freiheitsrhetorik zum Vorschein, die sich mit Systemkritik am real existierenden Sozialismus verband und deshalb gewisse Ähnlichkeiten mit der westlichen Freiheitspropaganda aus den 50er-Jahren aufwies. Gleichzeitig rief die NATO-Nachrüstung seit 1979/80 im Westen scharfen Protest hervor, und die Friedensbewegung in verschiedenen westlichen Ländern bediente sich durchaus auch bestimmter Argumentationsmuster der sowjetischen Friedenspropaganda der 40er- und 50er-Jahre.

Man könnte deshalb sagen – und ich vertrete diese These –, dass die seit Beginn des Kalten Krieges 1948/50 injizierten Propagandaideen – von östlicher Friedenspropaganda im Westen und westlicher Freiheitspropaganda im Osten – überhaupt erst ab den späten 70er-Jahren und dann in den 80er-Jahren als gesellschaftliche Forderungen zur reformerischen Weiterentwicklung der jeweiligen Gesellschaften voll wirksam geworden sind. Das trug so lange, bis sich dann 1989/90 durch den Kollaps des Ostblocks die ideologischen Positionen des Ost-West-Konflikts von selbst erledigten. Der Balkan-Krieg in den 90er-Jahren rief jedenfalls keine politisch-ideologisch argumentierende Friedensbewegung dieses Typs mehr auf den Plan.

Mentalitätsumbruch und Wertewandel in Ost- und Westdeutschland während der 60er- und 70er-Jahre

Ein Gespräch mit Prof. Dr. Edgar Wolfrum, Heidelberg

MÖLLER: In zeitgeschichtlichen Darstellungen gelten die 60er und die 70er-Jahre in Deutschland als *die* Jahrzehnte des gesellschaftlichen Umbruchs schlechthin. In diesem Zeitabschnitt haben sich bis dahin weitgehend verbindliche Werte verschoben und Mentalitäten entscheidend verändert. Bevor wir in unserem Gespräch auf diese Veränderungen im Einzelnen zu sprechen kommen, scheint es mir sinnvoll zu sein, zunächst nach den gesellschaftlichen Voraussetzungen zu fragen, vor deren Hintergrund sie überhaupt heranreifen konnten. Beginnen wir im Westen: Wie ist es zum Ende der 50er-Jahre um die Entwicklung der bundesdeutschen Gesellschaft mit Blick auf die ihr zugrunde liegenden Normen und Werte bestellt?

WOLFRUM: Es ist eine Zeit, in der sich die westdeutsche Demokratie zunächst stabilisieren musste. Man darf nicht vergessen: Die Bundesrepublik war 1949 noch ein überaus labiles Gebilde und territorial zudem sehr künstlich gestaltet. Sie verstand sich selbst als Provisorium, und dies war ernst gemeint. Einen Staat solchen Zuschnitts und Zustands hatte es in der Geschichte der Deutschen bis dahin nicht gegeben. Auch die insgesamt fast zwölf Millionen Flüchtlinge und Vertriebenen aus den ehemaligen deutschen Ostgebieten, denen die Politiker eine Rückkehr in ihre Heimat versprachen, trugen zur Instabilität der Bundesrepublik bei; wie würden sich diese Neubürger auf Abruf verhalten? Außerdem belastete das Vorherrschen alter Leitbilder den neuen Staat – der Nationalsozialismus in den Köpfen war ja nicht von heute auf morgen einfach verschwunden. Im Gründungsjahrzehnt von 1949 bis 1959 standen Politik, Institutionen und Gesellschaft deshalb vor der schwierigen Aufgabe, diese noch sehr wackelige Demokratie institutionell, aber auch hinsichtlich demokratisch legitimierter Verfahrenstechniken zu stabilisieren und auf ein festes Fundament zu stellen. Diese Phase reichte bis Ende der 50er-/Anfang der 60er-Jahre. Dann begann eine neue, eine sehr dynamische Zeit, die zudem von einem Generationenwechsel begleitet wurde. Es ist in der Forschung immer wieder diskutiert worden, welche Generationen in der Geschichte der Bundesrepublik eigentlich die wichtigsten gewesen seien. Es zeigt sich im Rückblick auf den Anfang der 60er-Jahre, dass vor allem die „1945er"-Generation – das sind jene Menschen, die in den 30er-Jahren geboren und noch durch den Nationalsozialismus gegangen waren, sich deshalb um ihre Jugend beraubt fühlten und sich nach ihrer Desillusionierung nachdrücklich für die neue Demokratie engagierten –, am Ende der 50er-Jahre/Anfang der 60er-Jahre mehr und mehr an die Schalthebel von Medien, Politik, kurz: an die Hebel der Macht gelangte. Dies verpasste der Gesellschaft eine neue starke Dynamik. Deswegen ist diese Zeit als eine große Wende- und Umbruchzeit für Westdeutschland zu veranschlagen, mentalitätsgeschichtlich, aber auch in politischem Sinne.

MÖLLER: Man kann also sagen, dass das obrigkeitsstaatlich fixierte Denken, das in den 50er-Jahren noch ganz stark verbreitet ist, im Laufe der 60er-Jahre in zunehmendem Maße erodiert?

WOLFRUM: Prinzipiell kann man das so sagen, ja. Aber ein solches Denken, solche Prägungen und Mentalitäten verschwinden eben nicht einfach so. Eine immer wieder gestellte wichtige Frage lautet: Wie vollzieht sich eigentlich Gesellschafts- oder Mentalitätswandel? Vermutlich gibt es mehrere Möglichkeiten. Ein solcher kann sich vergleichsweise ruhig über eine – im Sinne der Annales-Schule um Fernand Braudel – longue durée vollziehen, also über eine lange Dauer; er kann sich aber genauso durch starke Brüche oder Schockerlebnisse plötzlich und abrupt vollziehen. Der Mauerbau 1961 ist zum Beispiel ein solches Schockerlebnis für die Deutschen, bei dem man sich bewusst wurde, dass Ost- und Westdeutschland sich ab diesem Zeitpunkt stark auseinander entwickeln würden. Und ein Mentalitätswandel vollzieht sich vor allen Dingen vor dem Hintergrund eines Generationenwechsels, mit einer neuen Generation brechen meistens auch neue Ideen, Werte und Normen durch. Deshalb sind Generationenwechsel oftmals (zeit-)geschichtliche

Scharniere, an denen man feststellen kann, dass es zu einem Wertewandel, zum Wandel von Alltagsnormen und zu einer Veränderung von Lebensgefühlen kommt. Hinzu können schließlich Skandale treten und zu Beschleunigern des Wandels werden. Die Affäre um das Nachrichtenmagazin „Der Spiegel", im Zuge derer sich das Magazin aufgrund eines kritischen Artikels über die Bundeswehr einer Strafverfolgung wegen Landesverrats ausgesetzt sah und verboten wurde, war beispielsweise solch ein Ereignis, das zum Beschleuniger wurde, ein Ereignis, bei dem etwas aufbrach. Das Abschleifen obrigkeitsstaatlicher Traditionen in Westdeutschland hat natürlich auch etwas damit zu tun – diesen Aspekt muss man deutlich hervorheben –, dass die Wirtschaft seit den 50er-Jahren so immens stark wuchs, ja boomte, und es den Menschen immer besser ging. Man kann diesen Zusammenhang auf den Nenner bringen, dass die Demokratie – anders noch als in der Weimarer Republik – für die Deutschen nicht zuletzt deshalb so beliebt wurde, weil sie nicht nur eine neue Staatsform war, sondern gleichzeitig Wohlstand und Konsum versprach und dieses Versprechen einzulösen vermochte. Eben deshalb gab es eine langsame, allmähliche Aussöhnung mit der Demokratie. Aus den ehemaligen Volksgenossen des „Dritten Reiches" konnten nach und nach halbwegs gute Demokraten werden; das hängt untrennbar mit der wirtschaftlichen Prosperität und mit dem Ausbau der Sozialpolitik in den 50er-Jahren zusammen.

MÖLLER: Die Spiegel-Affäre, die Sie angesprochen haben, datiert ins Jahr 1962, also noch in die Ära Adenauer. Welche Folgen hatte sie für das Staats- und Normenverständnis in Westdeutschland bzw. für die Veränderung dieses Verständnisses?

WOLFRUM: Die Spiegel-Affäre lag in der Endphase der Ära Adenauer, und mit ihr war tatsächlich ein Punkt erreicht, an dem man bemerkte: Die Ära Adenauer – diese sehr autoritär ausgestattete Kanzler-Demokratie – geht zu Ende. Es gab natürlich mehrere Indizien für diese Endzeit, aber die Spiegel-Affäre war ein ganz wesentliches Indiz. Im Zuge der Spiegel-Affäre wurde deutlich, dass in der westdeutschen Demokratie offenbar ein Sinn für die Bedeutung der vierten Gewalt gewachsen war, ein Sinn dafür, dass Pressefreiheit und Meinungsfreiheit zum Kanon der Grundrechte gehören. Dieses Bewusstsein war ganz neu in der deutschen Geschichte, gleichzeitig korrespondierte es mit Gegenläufigkeiten.

Adenauer versuchte ja in dieser Zeit, eine Art Staatsfunk zu schaffen, eine Fernsehanstalt zu etablieren, die mehr oder weniger zum Regierungssender werden sollte. Da prallten plötzlich Welten aufeinander. In der Spiegel-Affäre erkannten viele Menschen, die nicht unbedingt den Spiegel lasen oder ihn mochten, die vielleicht sogar konservativ eingestellt waren, mit einem Mal, dass Pressefreiheit ein zu schützendes Gut für die Demokratie ist. Insofern war die Spiegel-Affäre nicht nur wichtig für den Spiegel selbst oder für die Presselandschaft im Allgemeinen, sondern hier brach insgesamt etwas auf, hier begann sich etwas zu wandeln. In einem Satz: Sie signalisierte Veränderungen im öffentlichen Selbstverständnis der BRD und kann als Katalysator bei der Ablösung einer eher konservativen durch eine liberale Staatsauffassung betrachtet werden. Anschließend ging es ja sehr schnell zu Ende mit der Ära Adenauer, und die Zeiten wurden politisch unruhiger. Man kann durchaus eine Linie von der Spiegel-Affäre bis zur außerparlamentarischen Opposition der Jahre um 1968 ziehen.

MÖLLER: Später wird unter den Bedingungen der Großen Koalition erneut heftig gestritten. Diesmal geht es um die Frage, wie weit der Staat bei der Einschränkung von bürgerlichen Freiheiten und Rechten gehen darf, kurz: Es geht um die Verabschiedung der Notstandsgesetze. Was machte im Jahr 1968 den Kern dieser Auseinandersetzung aus, und was lässt sich über die Breite des damaligen Widerstands gegen die Notstandsgesetze sagen?

WOLFRUM: Ich würde gerne etwas grundsätzlicher beginnen. Notstandsgesetze sind, auch für demokratisch verfasste Gesellschaften, nichts Unnormales. Notstandsgesetze waren für die Bundesrepublik etwas Unnormales, aber alle demokratisch verfassten Länder verfügen natürlich über Notstandsgesetze, die nicht nur für den Kriegsfall gelten, sondern eben auch für Naturkatastrophen oder große Unfälle, was immer man sich unter Notständen vorstellen kann. Dafür sind solche Ausnahmeregelungen, Notstandsgesetze, da. Die Bundesrepublik war insofern etwas Außergewöhnliches, weil sich die westlichen Alliierten bis dahin diese Rechte bei einem eventuellen Notstand selbst vorbehalten hatten; sie hätten eingegriffen, wenn sich in der BRD irgendeine Katastrophe ereignet hätte. Insofern war es legitim und auch richtig, zu versuchen, diese noch alliierten Rechte nun für die Bundesrepublik selbst zu reklamieren und damit an Souveränität zu gewinnen. Das Problem bei den Notstandsgesetzen ist natürlich – und insofern haben sie zu Recht heftige politische Debatten ausgelöst – dass vor der Folie der untergegangenen Weimarer Republik und des Nationalsozialismus vor einer Einschränkung von persönlichen Freiheits- und Grundrechten gewarnt werden musste. Das schaukelte sich weiter auf und führte zu immensen Protesten. Der Widerstand wuchs nicht zuletzt deshalb, weil zum einen die Notstandsgesetze unter den gegebenen Verhältnissen nur von einer Großen Koalition beschlossen werden konnten – dazu war eine Grundgesetzänderung notwendig – und weil zum anderen die Große Koalition von 1966 bis 1969 zwangsläufig die linken und rechten Ränder des politischen Spektrums stärkte. Die linke Außerparlamentarische Opposition, die APO, sah die Demokratie somit von zwei Seiten bedroht: von der Großen Koalition, der im Parlament nur eine Mini-Opposition gegenüber stand, und von den Notstandsgesetzen.

MÖLLER: Waren solche Politisierungsschübe, die im Verlauf der Spiegel-Affäre und der Kampagne gegen die Notstandsgesetzgebung deutlich geworden sind, notwendige Vorläufer für eine massenhafte Einmischung von Bürgern ins politische Geschehen, wie sie dann während des Bundestagswahlkampfs 1972 in einem bis dahin nicht gekannten Ausmaß zum Ausdruck kam?

WOLFRUM: Ob sie in dieser Vehemenz notwendig waren oder nicht, dies ist eine schwer zu beantwortende Frage. Aber sie weisen zumindest den Weg dorthin. Und es zeigt sich, dass in den 60er-Jahren und in den frühen 70er-Jahren – man kann die Linie auch bis zur Entstehung der sozialen Bewegungen Mitte der 70er-Jahre ziehen – in der westdeutschen Gesellschaft der Anspruch auf mehr Mitsprache, auf mehr Partizipation immer deutlicher artikuliert wurde. Zunächst bündelte sich alles wie unter einem Brennglas in dem bekannten Wort von Willy Brandt aus seiner Regierungserklärung 1969: „Mehr Demokratie wagen". Bei der Bundestagswahl von 1969 kam natürlich noch einiges andere hinzu. Es ging insbesondere auch um den neuen Kanzler Willy Brandt, der zum einen von mehr Demokratie sprach – und zwar fast so, als hätte man noch gar keine „richtige" – und zum anderen die absolute Kontrastfolie zu seinem Vorgänger Kurt Georg Kiesinger bot. Brandt: aus dem Widerstand gegen Hitler kommend, Kiesinger: NSDAP-Mitglied. Hier war auch in den beiden führenden Personen ein Polarisierungs- und Skandalisierungspotenzial sowohl auf der rechten wie auf der linken Seite angelegt. Dies kulminierte in einer großen Bewegung pro Brandt, in deren Zuge bei der vorgezogenen Bundestagswahl 1972 die höchste prozentuale Wahlbeteiligung erzielt wurde, die es je in der Bundesrepublik gegeben hat. Die Entwicklungsstufen bis zu dieser Wahl waren natürlich wichtig, aber man muss sich auch vor Mythenbildungen in Acht nehmen, gerade wenn es um die 68er-Bewegung geht. Die Aktivitäten in den Universitätsstädten Berlin, Frankfurt, München oder Heidelberg waren bedeutsam und standen im Mittelpunkt des medialen Interesses. Es gab 1968 aber natürlich auch ruhigere Regionen in Deutschland, in denen nichts von dem politischen Aufbruch zu spüren war. Man sollte nicht nur die Ausgipfelungen betrachten, man muss das Ganze sehen. Und es war nicht etwa so, dass 1968 in allen Orten der Bundesrepublik Straßenkämpfe stattgefunden hätten.

MÖLLER: Wir haben bis jetzt über die Entwicklungen in der Bundesrepublik gesprochen. Wenn wir nun diejenigen in der DDR in den Blick nehmen, dann können wir zunächst von den gleichen Ausgangserfahrungen der Einzelnen mit Obrigkeitsstaat, mit NS-Zeit, mit dem Systemzusammenbruch ausgehen. Sind diese gemeinsamen Erfahrungen wirkungsmächtig genug gewesen, um in der DDR in den 60er-/70er-Jahren ähnliche Trends hervorzubringen oder anders gefragt: Entstehen daraus in der DDR – natürlich unter den ganz anderen Systembedingungen – vergleichbare Partizipationsbegehren und Politisierungen wie im Westen?

WOLFRUM: Trends ist dafür das richtige Stichwort. Das Auseinanderleben von West und Ost begann ja schon in den 50er-Jahren, und der Mauerbau sowie der damit verbundene Schock waren dann wirklich einschneidend. Aber in den 50er-Jahren gab es tatsächlich noch vielfältige Ähnlichkeiten und Verbindungen zwischen West und Ost. Man kann den ostdeutschen Aufstand vom 17. Juni 1953 nennen. Da ging es um ähnliche Werte, Demokratie, freie Wahlen, auch Wiedervereinigung. Die Ost- und Westdeutschen waren sich vier Jahre nach Staatsgründung und acht Jahre nach dem Zweiten Weltkrieg noch sehr, sehr ähnlich. Sämtliche Versuche einer Sowjetisierung der ostdeutschen Gesellschaft haben in den 50er-Jahren nur ganz allmählich gegriffen. Erst nach dem Mauerbau, der Verbindungen brutal kappte und zwar vom politischen bis in den familiären Bereich hinein, wurde dies anders. Danach, so kann man sagen, lebte die DDR-Gesellschaft eingesperrt unter einer Art Käseglocke, und die beiden deutschen Staaten sowie die Deutschen selbst entfernten sich zwangsläufig immer weiter voneinander. Das heißt, die gemeinsamen Trends, die es in den 50er-Jahren noch gab, wurden vom SED-Regime künstlich getrennt, so dass die beiden Deutschlands ab da eigentlich nur noch schwer miteinander zu vergleichen sind. Im Westen eine Amerikanisierung und im Osten, nach dem Mauerbau, eine forcierte Sowjetisierung, die nie die Durchschlagskraft der Amerikanisierung erreichte, aber dennoch auch die Mentalitäten und die Alltagsnormen der ostdeutschen Bevölkerung nachhaltig prägte. Gleichwohl gab es im gesamten Verlauf der DDR-Geschichte immer auch Dissidenz, Opposition und Widerstand. Der größte Teil der Menschen jedoch fragte sich: Was soll man tun, wenn man in der DDR lebt? Man war eingesperrt, man musste sich nicht unbedingt mit der SED-Diktatur arrangieren, aber man musste davon ausgehen, dass man nicht mehr weg kam, sondern sein ganzes weiteres Leben in diesem Staat verbringen musste.

MÖLLER: Trotz dieser Einsperrung gab es Kontakte und auch kulturelle Einflussnahmen, auch wenn die meist nur in eine Richtung gingen. Ich denke da jetzt vor allem an jugendkulturelle Strömungen, an Rockmusik zum Beispiel. Wie weit werden westliche Rockmusik und das damit verbundene Lebensgefühl in der DDR rezipiert?

WOLFRUM: Die Frage ist, inwieweit so etwas in der DDR überhaupt rezipiert werden konnte oder durfte. Die SED versuchte solche „bürgerlich-degenerierten" Tendenzen natürlich abzublocken bzw. ihre Jugend, die sozialistisch, „rein" und von einer höheren Moral beseelt sein sollte, davor abzuschotten oder sie ging repressiv gegen widerspenstige Jugendliche vor. Auf der anderen Seite wurde natürlich die politische Führungsschicht schnell gewahr, dass man in der DDR nicht auf einer „Insel der Glückseligen" lebte, sondern dass sich die neuen westlichen jugendkulturellen Strömungen aufgrund des Vorhandenseins der neuen Massenmedien, also durch Fernsehen und durch Radio, gar nicht abblocken ließen. Auffällig ist, dass einige westliche Kulturgüter in der DDR im Grunde genommen in gezähmter Art aufgenommen wurden. Die SED war auch zu Zugeständnissen bereit, so ließ man sogar eine Schallplatte der Beatles pressen. Es gab auch in der DDR Jeans, es gab nicht nur die blauen FDJ-Blusen, sondern eben auch Blümchenblusen für Frauen, Flower Power, nicht ganz so bunt wie im Westen, aber immerhin. Und den Minirock sah man in der DDR ebenfalls. Er war nicht ganz so kurz wie im Westen, aber er existierte. Also: eine gezähmte Adaption westlicher Kulturgüter. Dann feierten in den 70er- und 80er-Jahren schließlich auch bekannte Rockbands in der DDR ihre Erfolge, wie die 1969 gegründeten „Puhdys" oder die 1975 gegründete Band „Karat", die durchaus Tendenzen westlicher Rockmusik aufgenommen und weiter entwickelt hatten. Auch hier zeigt sich also wieder ganz auffällig, dass viele Versuche einer Veröstlichung der DDR im Kulturbereich, einer Sowjetisierung, im Grunde genommen ins Leere liefen. Das Muster und das Vorbild stellte immer der Westen dar, sowohl in der Musikrezeption als auch bei anderen kulturellen Ausprägungen.

MÖLLER: Ich selbst bin im Westen sozialisiert, Jahrgang 1954, und erinnere mich noch ganz gut an die Widerstände, die zum Beispiel das Hören von Rockmusik hierzulande im Elternhaus, in der Verwandtschaft ausgelöst hat. Es gab ja im Westen auch Versuche, dem Protestpotenzial, das in dieser Musik steckte, etwas Entschärftes entgegenzusetzen. Ich denke da etwa an Schlager von Peter Kraus, Conny Froboess, Rex Gildo und anderen. In der DDR gab es meines Wissens eine ähnliche Tendenz. Es gab die Singebewegung, es gab das „Festival des politischen Liedes", das zwischen 1970 und 1990 jedes Jahr im Februar als offizielle Veranstaltung der FDJ in Ostberlin stattfand. Gibt es möglicherweise deutsch-deutsche Parallelen beim Versuch einer Entschärfung jugendkultureller Hör- und Ausdrucksweisen?

WOLFRUM: Sie haben vollkommen Recht, hier lassen sich einige Parallelen entdecken. Allerdings führten solche Versuche im Westen allenfalls zu temporären Erfolgen und sind ansonsten allesamt früher oder später gescheitert. Das geht schon los mit Bill Haley, der die erste weiße Spielart des Rock 'n' Roll kreierte, und der Halbstarken-Bewegung in den 50er-Jahren. Es wurde zum Beispiel versucht, diese bedrohlich erscheinende Bewegung etwa über Peter Kraus in nationale Traditionen einzubinden, mit dem Schlager zu versöhnen. Dies ging eine Zeitlang gut, aber dann wollte man doch das Original sehen und hören und nicht die eher blasse deutsche Kopie. Dieses Beispiel verweist darauf, dass Kultur ja nicht plötzlich durch große Einfallstore irgendwelche Nationen oder Kontinente überspült, sondern dass es eigentlich immer über verschiedene Etappen geht, dass zunächst Mischungsverhältnisse entstehen zwischen dem, was man hat, und dem, was von außen kommt: Elvis Presley, Bill Haley, später dann die Rolling Stones. Man hat auch in der DDR versucht, das, was von außen kam, einzuordnen und umzumodeln in eigene Traditionen. Sie erwähnten die Singebewegung; dies war ein solcher Versuch, Jugendliche auf „saubere" Art und Weise singen und Gitarre spielen zu lassen. Aber das Ergebnis war fad und manchmal peinlich. Langfristig lassen sich jugendkulturelle Bewegungen von solchen politischen Abwehraktionen eigentlich nicht anstecken. Insofern sind diese Versuche zum Scheitern verurteilt gewesen. Der Ostblock und die DDR öffneten sich schließlich seit den 70er-Jahren sukzessive für westliche Rockbands. Das mag als Zückerchen für die unruhig gewordene Jugend gedacht gewesen sein, als „goldener Angelhaken". Aber nachdem die Jugend im Osten erst einmal an diesem Angelhaken hing, wollte sie natürlich mehr haben. Das heißt, es hat nicht zur Beruhigung geführt, sondern eigentlich eher zu einer neuen Dynamik und zu einer neuen Unruhe innerhalb der DDR und auch innerhalb der osteuropäischen Gesellschaften insgesamt.

MÖLLER: Wenn man nach dem ideologischen Kern fragt, auf dem die Revolte eines wachsenden Teils der Nachkriegskinder im Westen beruhte, dann kann man so etwas wie einen westlich geprägten Marxismus ausmachen. Was waren die Elemente, die diesen vom Marxismus östlicher Prägung unterschieden?

WOLFRUM: Der schweizerische Filmregisseur Jean-Luc Godard hat es ja treffend auf den Begriff gebracht – es seien die „Kinder von Karl Marx und Coca Cola", die hier auf die Straße gingen. Alles trat unter dem Schlagwort „Neue Linke" an und war aus den Vereinigten Staaten herübergeschwappt, vor allem über die großen Universitäten in Kalifornien. Es ist einfach und schwierig zugleich zu erklären, was hier passierte. Schwierig vor allem deshalb, weil die meisten damals in diesem Konglomerat aus Ideen und Gedankengebäuden mitgeschwommen sind, ohne alles genau zu verstehen. Manche verstanden sicherlich gar nichts, denn vieles war so krude, dass man es kaum noch nachvollziehen konnte, aber es war eben schick, es ging gegen „das Establishment", das vor Schreck zusammenzuckte. Der Unterschied zwischen den beiden „Marxismen" ist nun folgender: Der alte Marxismus ist immer unter dem zentralen Begriff der „Ausbeutung" interpretiert worden. Marxismus wendet sich gegen Ausbeutung – so lautete die zentrale Botschaft. Die Neue Linke hingegen interpretierte Marxismus anders, nämlich unter dem Begriff der „Entfremdung", Entfremdung durch Konsum et cetera. Das ist der erste große Unterschied: Entfremdung statt Ausbeutung als Fokus, Perspektive und Leitidee. Und er zweite große Unterschied besteht in der Veränderung der Trägerschicht. Das „revolutionäre Subjekt" war nun nicht mehr das Proletariat, sondern die Intelligenz, sollten die jungen Leute, die Studierenden sein. Als dritter Punkt kam die Hinwendung zur „Dritten Welt", zu den Befreiungsbewegungen der „Dritten Welt" hinzu, was dazu führte, dass plötzlich Freiheitskämpfer wie Che Guevara, Ho Chi Minh oder Mao Zedong, zum Teil also recht problematische Gestalten des 20. Jahrhunderts, zu Vorbildern avancierten. Die westliche Jugendrevolte mit diesem ganz merkwürdigen neuen Marxismus löste sich damit völlig von Entwicklungen, die wir in dieser Zeit in Ost- und Ostmitteleuropa verfolgen können. Als 1968 der „Prager Frühling" ausbrach und bundesdeutsche Studenten mit Che Guevara-T-Shirts nach Prag fuhren, konnte es gar kein Gespräch mehr geben zwischen denen in Prag, die sich gegen die Unterdrückung und „Ausbeutung" durch die Sowjetunion wandten, und den westlichen Marxisten, die das Weltgeschehen unter dem Aspekt von „Entfremdung" und Guerillakampf interpretieren wollten. Es herrschte eine große Sprachlosigkeit.

MÖLLER: Wurde diese westliche Lesart des Marxismus denn überhaupt irgendwo im Osten rezipiert? In der DDR beispielsweise?

WOLFRUM: Wenig bis gar nicht. Der einzige Ansatzpunkt, an dem es möglich gewesen wäre, stellte die Blickrichtung auf die „Dritte Welt" dar. Denn natürlich hielten sich auch die DDR und die Sowjetunion immer zu Gute, in der „Dritten Welt" die sogenannten Befreiungsbewegungen gegen die alten Kolonialmächte zu unterstützen. Das reichte von den Palästinensern bis nach Cuba und Angola. Aber der Kern jenes unter dem Fokus von Entfremdung interpretierten Marxismus stand natürlich völlig konträr zu dem Geschichts- und Gesellschaftsbild Ostdeutschlands. Insofern gab es hier auch keine größeren Überschneidungen. Und die Neue Linke ihrerseits hatte mit dem Marxismus kommunistischer Prägung, wie er in Osteuropa und der DDR zum Ausdruck kam, so gut wie nichts am Hut.

MÖLLER: Wenn wir nach den Grundlagen für die Veränderung von Mentalitäten und für den Wandel von Werten in Ost- und Westdeutschland sprechen, dann sollten wir die Entwicklungen im Bildungsbereich und in deren Folge auch die Bildungsexpansion der 60er-/70er-Jahre nicht außer Acht lassen. Rückblickend kann man feststellen, dass im Verlauf der 60er-Jahre der östliche Teil Deutschlands da zunächst sehr viel eher den Takt vorgegeben hat als der Westen. Was waren die Ursachen für den zeitweiligen bildungspolitischen Vorsprung der DDR und für den später so diagnostizierten Bildungsnotstand im Westen?

WOLFRUM: Grundsätzlich ist es so, dass beide deutsche Staaten in einem ständigen Wettbewerb, in Konkurrenz zueinander standen. Wer verfügt über das bessere Modell, wer hat die Nase vorn? Das lässt sich sowohl im Bereich der Sozialpolitik als auch im Bereich der Bildung sehr gut verdeutlichen. Die DDR hielt sich immer zu Gute, dass sie der Bundesrepublik sowohl sozialpolitisch als auch bildungspolitisch weit überlegen sei, zumindest gilt das für die 50er- und 60er-Jahre. Breite Allgemeinbildung, gute Ausbildung für den Arbeiter- und Bauernsohn und die -tochter – das war Programm und Ideologie in der DDR, und dies wurde auch so vollzogen. In der Bundesrepublik hat man die Bildungspolitik dagegen lange Zeit vernachlässigt. Anfang bis Mitte der 60er-Jahre erschreckten dann umfassende internationale Studien – im Grunde genommen vergleichbar mit den heutigen PISA-Studien –, nach denen die Bundesrepublik bildungspolitisch weit abgeschlagen, etwa auf der Stufe von Uganda rangierte, also Entwicklungsland war. Dieses Ranking löste natürlich blankes Entsetzen aus. So wird auch verständlich, warum der Pädagoge und Religionsphilosoph Georg Picht von der „Bildungskatastrophe" sprach und dieser Begriff rasch zu einem geflügelten Wort wurde. Der erste Ausgangspunkt dafür, dass sich am Bildungsnotstand etwas ändern müsse, war ökonomischer Natur. Im Systemwettbewerb zwischen Ost und West – Sie müssen daran denken, wir haben 1957 auch den „Sputnik-Schock", der Osten scheint dem Westen technisch und intellektuell überlegen zu sein und erobert sogar das Weltall – ging es immer auch um die Ressource Humankapital. Die ersten Überlegungen zur Verbesserung der Bildung, zur Bildungsexpansion in der Bundesrepublik waren also ökonomisch bedingt und im Rahmen des Systemkampfes zwischen Ost und West zu verorten. Die Diskussion weitete sich in der

Folgezeit rasch aus – bis hin zu Ralf Dahrendorfs berühmtem Diktum „Bildung ist Bürgerrecht". Bildung wurde seither auch als Voraussetzung für politische Partizipation begriffen und als Ausweis einer lebendigen Demokratie. Hinzu kommt, und das wurde zu einem ganz entscheidenden Argument auch für politisches Handeln, der Babyboom, den wir in den 60er-Jahren sehen. Die Fragen, sie sich damit stellten, waren ebenso einfach wie klar: Was machen wir mit diesen vielen jungen Leuten? Wie bilden wir sie aus? Wie nutzen wir ihre Talente? Der Babyboom wirkte sich ganz stark reformverschärfend aus, es musste etwas passieren. Und es passierte tatsächlich seit Ende der 60er-Jahre ganz Erhebliches: Neubau von Hochschulen, Ausbau von Schulen und Neueinstellung von Lehrern, neue Bildungspläne und -inhalte. Nach meiner Auffassung ist diese Bildungsexplosion einer der wesentlichsten Kerne, um zu erklären, wieso es in der Bundesrepublik seit der zweiten Hälfte der 60er-Jahre und verstärkt in den 80er-Jahren zu einem Mentalitätswandel und zu einem Wertewandel gekommen ist. Der Grund ist, dass jetzt ganz neue Bildungsschichten erschlossen wurden. Am meisten profitierten davon Kinder aus Mittelschichtfamilien, und wenn man es geschlechterspezifisch aufspalten möchte: Frauen. Junge Frauen waren die großen Profiteure dieser Bildungsexplosion. Und dies hat natürlich ganz weit reichende Auswirkungen auf die Lebendigkeit einer Gesellschaft. Dazu noch eine Zahl: Mitte der 60er-Jahre waren ungefähr 28 Prozent der Studierenden weiblich, heute sind es über 50 Prozent. Allein schon daran sieht man, dass sich da Gewaltiges ereignet hat.

MÖLLER: Wieweit haben sich über das Geschlechterverhältnis hinaus, oder auch durch Änderungen in diesem Verhältnis bedingt, weitere Lebensweisen verändert?

WOLFRUM: Man kann sich neue Lebensformen nur erschließen, wenn man schon Bekanntschaft mit ihnen gemacht hat. Je weiter der Horizont, desto stärker entwickeln sich auch Bedürfnisse, Partizipationsbegehren, wenn Sie wollen. Insofern ist das Diktum von Dahrendorf „Bildung ist Bürgerrecht", weil damit eine stärkere Partizipation und mehr Demokratie hergestellt werden kann, für diese Zeit schon sehr signifikant. Dann veränderten sich natürlich auch akademische Berufsbilder, plötzlich spielten neue Werte eine Rolle, beispielsweise ein Wert wie „Lebensqualität". Solche „immateriellen" Werte können natürlich vor allem dann gedeihen, wenn die materielle Basis, das heißt, wenn das Einkommen stimmt. Wenn man ständig bloß von der Hand in den Mund lebt, dann wird man wenig über Freizeit und über Lebensqualität reden, sondern über das Überleben an sich. Aber wenn durch wirtschaftliche Prosperität und durch den Ausbau des Wohlfahrtsstaates solche Grundwerte gesichert sind, kann man sich Dingen wie dem Ausbau der Lebensqualität, der Humanisierung der Arbeitswelt und anderem zuwenden. Entwicklung und Ausbau solcher Werte wären ohne die Bildungsexpansion und ohne den Ausbau von Bildungschancen seit den 60er-Jahren kaum zu ermöglichen gewesen.

MÖLLER: Man könnte also dahingehend zusammenfassen, dass am Ende des Zeitabschnitts, den wir behandeln, im Westen eine recht optimistische Grundhaltung besteht. Es scheint vieles möglich zu sein, der Horizont ist offen. Spätestens 1973 erleben wir dann mit der Ölpreiskrise jedoch eine regelrechte Zäsur. Es tauchen erhebliche Zweifel am wirtschaftlichen Wachstumskurs auf, gleichzeitig geraten die Folgen des Wachstums in den Blick. 1979 erscheint dann von Kurt Sontheimer die zeitkritische Diagnose „Die verunsicherte Republik". Ist das die Kehrseite der gewonnenen individuellen und politischen Partizipationsmöglichkeiten und Freiheiten im Westen: die Unsicherheit?

WOLFRUM: Bis 1973 haben wir – der britische Sozialhistoriker Eric Hobsbawm hat es mal so ausgedrückt – ein kleines „goldenes Zeitalter". Es schien immer nur nach vorn zu gehen, immer nur aufwärts, Wohlstandsexplosion, Boom, Prosperität, Konsum – und dann plötzlich dieser ganz scharfe, gravierende Einschnitt, ausgelöst durch die Ölpreiskrise. Es begann damit im Grunde genommen eine neue Epoche, eine Ära der Verunsicherung. Das hat erhebliche Auswirkungen auf die Entwicklung von Mentalitäten, weil man plötzlich sieht: Die Welt ist risikoreich. Es geht nicht mehr nur nach oben, man hat auch nicht nur das Ende der Fahnenstange erreicht, sondern es geht sogar scharf nach unten. Arbeitslosigkeit konnte jeden treffen. Umweltkatastrophen kamen hinzu. Und man wird sich bewusst, auch von fremden Mächten abhängig zu sein, zum Beispiel von den Ölscheichs am Golf, die den Lebenssaft der Industriestaaten, das Öl, abdrehen. Dies alles bedeutete eine ganz neue Bedrohung, die die Menschen selbst nicht steuern konnten. Die Freiheit, die wir gewonnen haben – dies ist die neue Erkenntnis, die Mitte der

70er-Jahre ins Bewusstsein drängt – birgt auch ein gravierendes Risikopotenzial. Nicht mehr „verändern" wie in den Jahren zuvor, lautete von nun an die Devise, sondern „bewahren". Dieser scharfe, Mitte der 70er-Jahre bewusst gewordene Bruch dauert bis heute an: eine nachhaltige Verunsicherung der Gesellschaft und des Einzelnen. Das Diktum von Kurt Sontheimer, welches Sie erwähnt haben, „Die verunsicherte Republik", rekurriert außerdem in erheblichem Maße auch auf den RAF-Terrorismus, der die Republik von innen bedroht und verunsichert hat. Man wurde sich seit Mitte der 70er-Jahre bewusst, dass Freiheit auch Risiko bedeutete und dass dieses Risiko nicht steuerbar war, weil es von außen kam: von fremden wirtschaftlichen Mächten einerseits oder zum Beispiel auch in Form des internationalen Terrorismus; ich möchte nur an die Olympiade 1972 in München erinnern, den Anschlag durch das Palästinenserkommando „Schwarzer September". So etwas ist nicht steuerbar, das verunsichert und führt zu Mentalitätsumbrüchen. Man darf jedoch nicht vergessen, dass es insgesamt eine Situation ist, die auch zu neuem Anspruch auf Partizipation führen kann. Es ist eben nicht so, dass plötzlich alle Menschen den Kopf in den Sand gesteckt hätten. Vielmehr können wir gerade in der zweiten Hälfte der 70er-Jahre die Entstehung der neuen sozialen Bewegungen beobachten. Der Wunsch nach Partizipation ist also nicht verschwunden oder gar im Zuge der Krise zerrieben worden, er suchte sich nur „neue Gefäße": weg von den politischen Parteien, hin zu Bürgerinitiativen, zur Umweltbewegung, zur Frauenbewegung, zur Friedensbewegung und anderen mehr. Das ist eigentlich das Aufregende an den 70er-Jahren: einerseits die Verunsicherung, andererseits aber doch der Wunsch nach Teilhabe und Einmischung in Belange außerhalb bisher gekannter Organisationen und Institutionen.

MÖLLER: Sprechen wir jetzt nur über ein westliches Phänomen oder gibt es analoge Brüche, Zäsuren, Partizipationsverlangen zu dem Zeitpunkt auch in der DDR?

WOLFRUM: Die Ölpreiskrise erfasste auch die DDR und den gesamten Ostblock mit langfristig noch verheerenderen Folgen. Das Problem für die DDR sollte werden, dass die Sowjetunion mit ihren Energielieferungen, etwas zeitversetzt, ebenfalls sparsamer verfuhr, weil sie selbst Devisen brauchte und nicht mehr alles so relativ kostengünstig an die DDR und andere „sozialistische Bruderländer" abgeben konnte. Dennoch war der mentale Einschnitt für die DDR nicht so gewaltig wie für den Westen. Für die DDR-Führung wurde etwas anderes viel problematischer, das fast schon subversiven Charakter und schwer zu überschauende Folgen hatte, nämlich die Neue Ostpolitik der bundesdeutschen Regierung. Man kann diese Neue Ostpolitik unter verschiedenen Lesarten interpretieren. Man kann sie aber in jedem Fall auch als subversiven Versuch lesen, die DDR und den Ostblock von innen auszuhöhlen. Eine „Aggression auf Filzlatschen“ nannte sie ein SED-Genosse einmal, und dies mit vollem Recht. Gerade der KSZE-Prozess seit 1975 hat zum Beispiel die Dissidenten im gesamten Ostblock erheblich gestärkt. Die Staatschefs des Ostblocks hatten ihre Unterschrift auch unter einen Katalog von Menschenrechtsfragen gesetzt. Diejenigen osteuropäischen Dissidenten, die seither auf die Einhaltung von Menschen- und Freiheitsrechten pochten, etwa „Charta 77“, waren jetzt in der Weltpresse. Und das hat, politisch gesehen, den Ostblock langfristig unterminiert. Die Bedrohungen für die DDR kamen somit eigentlich von einer ganz anderen Seite. Einerseits war die SED froh, endlich völkerrechtliche Anerkennung erhalten zu haben, ein alter Traum ging in Erfüllung, andererseits musste sie Freiräume für Dissidenten zugestehen und konnte nicht verhindern, dass diese über die westlichen Medien Öffentlichkeit suchten und fanden. Dies bedrohte das SED-Regime.

Was nun die neuen sozialen Bewegungen anlangt, so kann man zugespitzt sagen, dass das ein ausschließlich westdeutsches Phänomen war. Es gibt eine solche Bewegung in dieser Breite in keiner anderen westlichen Gesellschaft, weder in Frankreich noch in Italien oder anderswo, und erst recht nicht in der DDR. Man kann es im Übrigen bis heute noch nicht zur Genüge begründen und erklären, warum gerade in Westdeutschland die neuen sozialen Bewegungen im Vergleich zu anderen westlichen Industriegesellschaften derart stark geworden sind.

MÖLLER: Ich würde zum Ende unseres Gesprächs ganz gerne noch mal den Horizont etwas über die 60er-/70er-Jahre hinaus erweitern. Eigenschaften und Werte, die in der zweiten Hälfte der 60er-Jahre und dann später auch noch im Zuge der neuen sozialen Bewegungen ausgebildet wurden, wie zum Beispiel Autonomiestreben, das Setzen auf Mobilität, Kreativität, die Fähigkeit Netzwerke zu bilden – das alles war in der Bundesrepublik ursprünglich mit einer Kritik am bestehenden System des Kapitalismus untrennbar verbunden. Auffallend ist, dass eben diese Werte – und darauf haben explizit die französischen Sozialwissenschaftler Luc Boltanski und Ève Chiapello in ihrem Werk „Der neue Geist des Kapitalismus" hingewiesen – seit den 80er-Jahren zu Leitbegriffen der Wirtschaft avancieren. Endet das systemkritische Potenzial einer emanzipatorischen Bewegung damit zu guter Letzt als Stabilisator der bestehenden kapitalistischen Verhältnisse?

Wolfrum: Das ist eine interessante Frage. Man könnte ja sagen, der „Marsch durch die Institutionen" war erfolgreich, das Projekt ist gelungen. Man ist jetzt oben angekommen – generationell gesehen – und weicht mit seinen alten Ideen und Werten diesen Kapitalismus von innen auf oder treibt ihn voran. Es ist schwierig zu beantworten. Der Kapitalismus unterlag und unterliegt ja auch ständigen Wandlungen, er ist nicht der gleiche, den wir in den 60er- und 70er-Jahren hatten. Neue Ideen dringen in ihn ein. Aber man kann schon sagen, dass viele, die 1968 auf die Straße gegangen sind, dann in den 80er-Jahren plötzlich in den Führungsetagen der Politik oder auch der Wirtschaft zu finden waren, dort auch einen Teil ihrer alten Vorstellungen und Leitbegriffe mit hineingebracht haben. Joschka Fischer ist immer das beste Beispiel dafür. Ich würde dennoch vor der einfachen Schlussfolgerung warnen: Der Kapitalismus hat gesiegt, und wir haben heute das System Turbokapitalismus, Stichwort: weltweite Globalisierung. Dieser Kapitalismus, den wir heute erleben, hat mit anderen Kapitalismen im 19. und im frühen und mittleren 20. Jahrhundert nicht mehr allzu viel gemein. Ich würde eher sagen, dass er zumindest in Westeuropa recht gezähmt und sozialdemokratisiert worden ist, dass wir es mit ganz neuen Formen von Kapitalismus zu tun haben. Und dieser Kapitalismus, von dem wir heute reden, wird von ganz unerwarteten Seiten plötzlich angegriffen, nämlich quasi neomarxistisch, wenn man es mal so nennen will, von lateinamerikanischen Gesellschaften und Führern. Also, der Ausgang dieser Geschichte ist noch nicht entschieden.

Möller: Dass es vielfältige Verflechtungen in der Geschichte der beiden deutscher Staaten gibt, ist kaum zu bezweifeln. Die Forschung entwickelt dazu auch in den letzten Jahren verstärkt neue Fragestellungen. Würden Sie erwarten, dass für die 60er- und 70er-Jahre – unter dem Gesichtspunkt von Wertewandel und Mentalitätsumbrüchen – eine Fokussierung auf die Verflechtung beider deutscher Staaten, verbunden mit vergleichenden Analysen, die Forschung noch einmal entscheidend voranbringen kann? Oder würden Sie es eher so einschätzen, dass die jeweilige Blockzugehörigkeit doch so übermächtig war, dass der Reaktion beider deutscher Staaten aufeinander oder auch gegeneinander keine entscheidende Rolle zukommt?

WOLFRUM: Wenn man sich nur auf den Begriff der Verflechtung stützen wollte, wäre ich skeptisch. Es müsste immer beides betrachtet werden, nämlich Verflechtung *und* Abgrenzung. Dieses Programm, eine gesamtdeutsche Nachkriegsgeschichte zu schreiben, ist ja vielleicht volkspädagogisch sinnvoll, wissenschaftlich habe ich aus den von Ihnen angesprochenen Gründen aber eher Bedenken. Ich glaube auch, dass die Bindeglieder der Gesellschaften im Laufe der vierzig Jahre immer stärker nachließen. Natürlich haben wir zwei Staaten und *eine* Nation. Wir sprechen deutsch, wir haben vielfältige familiäre Bindungen, aber die werden im Zeitverlauf immer schwächer. Und ich glaube, die Perspektive nach 1989/90 sollte einmal eine andere sein: nicht weiter zu klagen über die Fremdheit der Deutschen untereinander; was ich viel erstaunlicher finde, ist die Tatsache, dass nach vierzigjähriger Teilung doch noch so viel Gemeinsames vorhanden ist, trotz der versuchten Abgrenzungspolitik, eines Abgrenzungsrigorismus vor allem des Ostens. Dass dieser fehlschlug, lag an den Medien, vor allem am Fernsehen. So konnten die Ostdeutschen Abend für Abend vor den Bildschirmen kollektiv ausreisen. Dennoch habe ich insgesamt den Eindruck, dass die Deutschen am Ende noch einmal Glück hatten, die Wiedervereinigung passierte zum letztmöglichen Zeitpunkt, als sich die Deutschen West und die Deutschen Ost noch halbwegs etwas zu sagen hatten; zehn oder 15 Jahre später wäre die Abgrenzung sicher noch sehr viel stärker gewesen und hätte ein Zusammenwachsen beinahe unmöglich machen können. Ich würde deshalb über die doch unverhofft erfolgreiche historische Entwicklung lieber staunen und nicht die Erwartung so hoch hängen. Vierzig Jahre Trennung sind eben eine unglaublich lange Zeit gewesen. Wir stehen jetzt vor einer Generationenaufgabe.

Der ökonomische Strukturwandel der 70er- und 80er-Jahre und die Rolle von Wissenschaft und Technik im Systemkonflikt

Ein Gespräch mit Prof. Dr. Ralph Jessen, Köln

MÖLLER: Herr Jessen, wir wollen über den ökonomischen Strukturwandel der 70er- und 80er-Jahre in der Bundesrepublik und in der DDR miteinander sprechen und damit auch über die Methoden und politischen Entscheidungen, mit denen versucht wurde, diesen Wandel zu bewältigen. Ich denke, wir sollten uns dazu zunächst einmal über die unterschiedlichen Ausgangsbedingungen verständigen, mit denen die beiden deutschen Teilstaaten nach 1945 konfrontiert waren. In welcher Weise wirkte sich die Teilung Deutschlands in die westlichen und in die sowjetische Besatzungszone aus? Welche Folgen hatten die westliche und östliche Besatzungspolitik für die wirtschaftlichen Ausgangsbedingungen der späteren Bundesrepublik und der DDR?

JESSEN: Sie hatten durchaus gravierende Folgen, obwohl am Anfang der Besatzungszeit ja das Versprechen der Alliierten stand, Deutschland als eine wirtschaftliche Einheit zu betrachten. Auf der Potsdamer Konferenz im August 1945 ist dieses Versprechen noch einmal erneuert worden. Zugleich wurde aber im Sommer 1945 auch schon der Keim für die Teilung und für die auseinanderlaufenden wirtschaftlichen Entwicklungen gelegt. Eine wichtige Grundsatzentscheidung betraf die Festlegung, dass die Besatzungsmächte ihre Reparationsinteressen aus ihrer jeweiligen Zone befriedigen sollten. Das hatte vor allen Dingen für die Sowjetische Besatzungszone weitreichende Konsequenzen, denn die Sowjetunion stellte die umfangreichsten Reparationsforderungen. Sie beliefen sich auf zehn Milliarden Dollar. Diese nach damaligem Geldwert sehr hohe Summe sollte eine gewisse Entschädigung für die ungeheuren Verwüstungen gewähren, die von den deutschen Truppen in der Sowjetunion angerichtet worden waren. Die sowjetische Besatzungsmacht war nun gehalten, diese Forderung im Wesentlichen aus ihrer eigenen Zone zu befriedigen. Das hatte einen erheblichen Ressourcenabfluss aus der Sowjetischen Besatzungszone zur Folge, der in einzelnen Bereichen bis zum Ende der DDR nicht mehr ausgeglichen werden konnte.

Dies war die erste wichtige Weichenstellung, die eine Differenz in die Ost-West-Entwicklung hineinbrachte. Anderes kam hinzu. Die Teilung in die Besatzungszonen löste bald umfangreiche Wanderungsprozesse von Ost nach West aus, wodurch der SBZ/DDR in erheblichem Umfang Fachkräfte verloren gingen. Außerdem kam die östliche Besatzungszone nicht in den Genuss der späteren amerikanischen Hilfsprogramme, wobei vor allem an den Marschallplan zu denken ist. Zwar war die amerikanische Regierung bereit, auch die Staaten und Territorien im sowjetischen Einflussbereich in das Hilfsprogramm einzubeziehen, aber die Sowjetunion lehnte dies ab. Am Wichtigsten waren letztlich aber die strukturellen Weichenstellungen auf der Ebene der Wirtschaftsordnung. Der Weg, der im Osten in Richtung einer verstaatlichten Planökonomie eingeschlagen wurde, war bereits in der zweiten Hälfte der 40er-Jahre absehbar.

Einerseits bestanden also gewisse Sonderbelastungen in der östlichen Besatzungszone, die der Westen nicht hatte, und andererseits wurden die ordnungspolitischen Weichen in ganz unterschiedliche Richtungen gestellt. Beides schuf die Grundlage für das immer stärkere Auseinanderdriften der wirtschaftlichen Entwicklung in Ost und West.

MÖLLER: Trotz der sehr unterschiedlichen Ausgangsbedingungen sind die beiden Nachkriegsjahrzehnte für beide deutsche Teilstaaten gleichermaßen Jahrzehnte des Aufschwungs, wenn auch im Fall der DDR mit einem spürbaren Mangel in der Konsumgüterproduktion. Eine deutliche Wachstumszäsur und ein Umschwung des konjunkturellen Klimas finden dann in der ersten Hälfte der 70er-Jahre in beiden Teilen Deutschlands statt. Die Zäsur verbindet sich mit der ersten Ölpreiskrise des Jahres 1973. Nun traf diese Krise West- und Ostdeutschland nicht in gleichem Maße. Worin lagen die Unterschiede?

JESSEN: Einmal gab es einen Unterschied hinsichtlich des Zeitpunktes, zu dem beide Teilstaaten betroffen wurden. In der Bundesrepublik schlug der Ölpreisschock fast sofort durch. Als der Lieferboykott der OPEC ausgerufen wurde, schossen die Ölpreise in die Höhe. Innerhalb weniger Monate verfünffachte sich der Ölpreis und löste nicht nur in der Bundesrepublik, sondern in allen westlichen Industrienationen den bekannten Wachstumseinbruch aus. Die DDR hing dagegen nicht direkt vom OPEC-Öl ab. Sie war ja in vielerlei Hinsicht von Weltmarkteinbindungen ausgenommen. Ihr Rohöl bezog sie nicht von den Förderländern im OPEC-Kartell, sondern von der Sowjetunion. Diese vollzog die Ölpreiserhöhung nur verzögert nach, sodass sich der Ölpreis erst 1975 auch für die DDR fühlbar erhöhte. Doch auch das ließ sich noch kompensieren. Der richtig harte Schock bei den Preisen für Erdöl und andere Rohstoffe traf die DDR erst Anfang der 80er-Jahre. Wir können also von einer gewissermaßen gedämpften und verzögerten Auswirkung der Ölpreiskrise im Osten Deutschlands ausgehen. Hinzu kommt, dass die Ölabhängigkeit dort nicht ganz so groß war wie im Westen. Denken Sie daran, dass die Braunkohle als Energieträger schon damals eine bedeutende Rolle für die DDR gespielt hat und dass die Automobilisierung nicht so weit fortgeschritten war wie in der Bundesrepublik. Der Bedarf war also insgesamt geringer. Andererseits war Erdöl ein wichtiger Rohstoff der petrochemischen Industrie, die in der DDR eine große Rolle gespielt hat; das war in der Tat ein ganz besonders sensibles Segment der ostdeutschen Wirtschaft. Doch auch in diesem Sektor machten sich die steigenden Rohstoffpreise erst nach und nach bemerkbar. Langfristig baute sich aber der Problemdruck immer mehr auf und schlug in den 80er-Jahren voll durch.

MÖLLER: Zu welchen politischen Einsichten und Neujustierungen führte die Ölpreiskrise denn schließlich in Ost und West? Was waren ihre jeweiligen Folgen für die politische und für die wirtschaftliche Ausrichtung?

JESSEN: Wenn man zunächst einmal in den Westen schaut, dann bestand die generelle Wirkung darin, dass der bisherige Zukunftsoptimismus zerstob und der trügerische Glaube verloren ging, es würde immer so weiter gehen, wie es in den letzten Jahren und Jahrzehnten gegangen war. Eine Diskussion über die Grenzen des Wachstums begann, verbunden mit der Suche nach Auswegen aus der Krise. Der Ausbau der Kernenergie, um nur ein Beispiel zu nennen, bekam jetzt noch einmal richtig Fahrt, allerdings mit der Folge, dass die damit verbundenen Akzeptanzkonflikte in den

70er-Jahren immer deutlicher spürbar wurden, wie an der entstehenden Ökologiebewegung ablesbar ist. Insgesamt können wir sehen, dass die bundesrepublikanische Diskussion ab Mitte der 70er-Jahre zunehmend von wirtschaftspolitischen Problemen geprägt wurde. Zunächst spielten Inflationsängste eine wichtige Rolle, die sich freilich bald als überzogen herausstellten. Dann schob sich das Dauerproblem der Massenarbeitslosigkeit immer mehr in den Mittelpunkt der Aufmerksamkeit.

In der DDR dagegen hatte die Erfahrung, dass sich die wirtschaftlichen Rahmenbedingungen veränderten, zunächst keine unmittelbaren Auswirkungen auf die Politik – zunächst ging es weiter wie gewohnt. Faktisch machten sich die veränderten Bedingungen ab Ende der 70er-Jahre dadurch bemerkbar, dass die Bürger der DDR immer deutlicher Knappheit und Mangel zu spüren bekamen. Es ging bergab. Nicht in Form von Arbeitslosigkeit, aber in Form von Engpässen und Versorgungsmängeln. Für die Politik wurden die Ressourcenprobleme schmerzhaft spürbar, als die Sowjetunion 1981 eine zehnprozentige Kürzung ihrer Öllieferungen ankündigte, was Erich Honecker im internen Gespräch mit Leonid Breschnew zu der dramatischen Bemerkung veranlasste, dass man mit diesem Schritt die Stabilität der DDR riskieren würde. Jetzt wurde plötzlich deutlich, dass sich auch für die DDR die ökonomischen Rahmenbedingungen erheblich verändert hatten und Ressourcenverknappung sowie Preiserhöhungen die politische Stabilität bedrohen konnten.

MÖLLER: Die Ölpreiskrise stellt sich im Rückblick somit als politischer Paukenschlag sowohl für den Westen als auch für den Osten dar, wenn auch zeitversetzt. Im Westen hat sie sich zudem mit symbolträchtigen Bildern von leeren Straßen an autofreien Sonntagen besonders nachhaltig in die kollektive Erinnerung eingeschrieben. Die 70er-Jahre, vor allem dann ab der zweiten Hälfte und bis hinein in die 80er, stehen aber auch noch für einen generellen Strukturwandel mit sehr weit reichenden Auswirkungen für die Gesellschaft und für den Einzelnen. Eines seiner zentralen Merkmale wird als wachsende Deindustrialisierung beschrieben. Was genau haben wir darunter zu verstehen, und wie wirkt sie sich letztendlich aus?

JESSEN: In der Bundesrepublik wurde Anfang der 70er-Jahre eine historische Schwelle überschritten. Man kann es so sagen: Bis dahin war Deutschland immer mehr zur Industrienation geworden. Dieser Trend erreichte jetzt sein Ende und kehrte sich um. Der Anteil der Arbeitsplätze im industriellen Sektor, der über mehr als einhundert Jahre ständig gewachsen war, begann erstmals zu sinken. Der Übergang in die „postindustrielle Gesellschaft" oder „Dienstleistungsgesellschaft" machte sich auf dem Arbeitsmarkt bemerkbar. Insofern stellen die frühen 70er-Jahre wirklich eine große Zäsur in der ökonomischen Entwicklung dar. Angetrieben wurde dieser Wandel durch industrielle Rationalisierungsprozesse. Das, was uns heute im Zusammenhang mit der Diskussion über den Einsatz von Informationstechnologien, Robotern et cetera so vertraut ist, bekam damals einen deutlichen Schub, unter anderem auch ausgelöst durch stärkere internationale Konkurrenz und entsprechend wachsenden Rationalisierungsdruck. Was gegenwärtig unter dem Stichwort der Globalisierung debattiert wird, nahm damals zwar nicht seinen Anfang – die Wurzeln dieses Prozesses reichen noch viel weiter zurück –, gewann aber deutlich an Tempo und Breitenwirkung. Wir können zudem seit dem Einbruch von 1973/74 beobachten, dass wirtschaftliches Wachstum nicht mehr automatisch zu mehr Arbeitsplätzen führt. Als zusätzliches Problem zeichnete sich bald ab, dass die Expansion des Dienstleistungssektors nicht automatisch bewirkte, dass wegfallende industrielle Arbeitsplätze in ausreichendem Maße durch neue Dienstleistungsarbeitsplätze ersetzt wurden. Wirtschaftliches Wachstum und Wachstum an Arbeitsplätzen liefen erstmals auseinander; eine Entwicklung, die sich in den folgenden Jahren als schwer lösbares Strukturproblem erwies.

MÖLLER: Wenn wir auf den Westen schauen, dann kann man auch feststellen, dass sich eine Verschiebung der Wachstumsregionen innerhalb der Bundesrepublik vollzieht.

JESSEN: Ja, wir können dies im Verhältnis zwischen den Bundesländern ausmachen. Da fand eine deutliche Nord-Süd-Verschiebung der Wachstumsregionen statt. Das Ruhrgebiet beispielsweise war in den Aufbaujahren die zentrale Industrieregion der Bundesrepublik, während etwa Bayern noch überwiegend agrarisch geprägt war. Jetzt begannen sich die Verhältnisse zu verschieben. Das schwerindustrielle Ruhrgebiet, aber auch das Saarland gerieten in die Mühlen des Deindustrialisierungsprozesses und erlebten einen schmerzhaften Niedergang, während Baden-Württemberg und Bayern mit ihrer mittelständischen Gewerbestruktur plötzlich auf der Gewinnerseite standen. Nicht mehr die Schwerindustrie, nicht mehr Kohle und Stahl, sondern die Konsumgüterindustrie, der Maschinenbau und die Automobilindustrie mit ihren zahllosen Zulieferfirmen bestimmten das industrielle Wachstum.

Ein zweiter Aspekt, der hier angesprochen werden muss, betrifft den Dienstleistungssektor. Dessen Entwicklung war in der Bundesrepublik mit zwei Problemen behaftet. Einmal stellte sich heraus, dass einfache Dienstleistungstätigkeiten, die von gering qualifizierten Personen ausgeübt werden können, nicht in ausreichendem Maße zunahmen, um die Folgen der Deindustrialisierung auszugleichen. Als weiteres Problem kam hinzu, dass der Staat in Deutschland eine so prominente Rolle im Dienstleistungssektor spielt. Denken Sie zum Beispiel an das Bildungswesen, an den Wissenschaftsbereich, aber auch an Verkehr und Kommunikation – Bahn, Telekom, Post –, alles Bereiche, die damals noch staatlich organisiert waren und es zum Teil heute noch sind. Als Folge des industriellen Strukturwandels, sinkender Wachstumsraten und einer rasant steigenden Staatsverschuldung geriet auch der Staat in den 70er-Jahren an seine Wachstumsgrenzen. Seine Handlungsspielräume schrumpften, sodass der staatlich getragene Teil des Dienstleistungssektors nicht mehr expandierte. Im Endeffekt haben wir es also mit drei sich überlagernden Problemen zu tun: mit einer branchenspezifischen Deindustrialisierung, einer forcierten Rationalisierung und mit einem zu langsamen Wachstum des Dienstleistungssektors. Gerade diese Gleichzeitigkeit prägte die langandauernde Arbeitsmarktkrise der Bundesrepublik.

MÖLLER: Wir haben jetzt vor allem über die Entwicklung in der Bundesrepublik gesprochen. Kommen wir noch einmal zur DDR. Dort spielen die Apparate, spielt das ZK der SED als zentrale Planungsinstanz auch von Wirtschaftsprozessen die wichtigste Rolle. In der ersten Hälfte der 70er-Jahre erfolgt dort ein entscheidender Umbruch. Walter Ulbricht wird 1971 von Erich Honecker als Erster Sekretär des ZK der SED abgelöst. Die Gründe dafür sind vor allem auch wirtschaftspolitischer Natur. Für welche Änderungen in der Wirtschaftspolitik steht dieser Personalwechsel?

JESSEN: Um diesen doch recht markanten Übergang angemessen beurteilen zu können, muss man noch einmal kurz auf die Ära Ulbricht blicken und auf das, wofür sie wirtschaftspolitisch stand. Ulbricht hatte sich in den 60er-Jahren in gewisser Hinsicht als bemerkenswert innovativ erwiesen.

Er war und bleibt natürlich ein stalinistischer Diktator, das ist klar, aber er hatte ein Gespür dafür, dass sich etwas änderte, und er hat in den 60er-Jahren einige Reformexperimente unterstützt, etwa Versuche zur Dezentralisierung der Wirtschaftslenkung. Auch als diese Dezentralisierungsübungen bald darauf abgebrochen wurden, weil man unkontrollierbare politische Auswirkungen befürchtete, hielt Ulbricht an einem sehr technikorientierten Zukunftskonzept fest. Dahinter stand die Vorstellung, dass die DDR durch eine entschlossene Modernisierung ihrer Industrie aus der Mangelwirtschaft herauskommen würde. Automatisierung, Computerisierung, kybernetische Steuerungsmodelle – das waren die Zauberworte, die die Phantasie der ostdeutschen Planer in der späten Ulbricht-Ära bewegten. Allerdings war diese Politik mit gravierenden Problemen behaftet: Zum einen bestand ein wachsender technologischer Rückstand gegenüber dem Westen, zum anderen drohte Ulbrichts Politik, die Ressourcen der kleinen DDR zu überfordern. Woher sollte man die Mittel nehmen, um aufwändige Modernisierungsprogramme zu finanzieren? Im Zweifelsfall ging dies zu Lasten des Massenkonsums. Und hieraus ergab sich ein drittes Problem, denn wieder einmal sollten die Menschen in der DDR den Gürtel enger schnallen und auf eine ferne Zukunft hoffen, in der alles besser werden sollte. Diese Versprechungen waren in der Vergangenheit schon zu oft gebrochen worden, als dass sie noch besonders glaubwürdig waren.

Honecker stellte ab 1971 die Weichen in eine andere Richtung. Unter seiner Führung wurde ein Schlussstrich unter die utopischen, technologieorientierten Entwicklungspläne der Ära Ulbricht gezogen. Man ging zu einer „Brot-und-Butter-Politik" über, für die bald die Propagandaformel der „Einheit von Wirtschafts- und Sozialpolitik" gefunden wurde. Die Bürger der DDR sollten nun unmittelbar von der wirtschaftlichen Entwicklung profitieren, nicht erst in der fernen kommunistischen Zukunft. Das konnte in den ersten Jahren Honeckers zum Beispiel bedeuten, dass knappe Devisen in den Import von Konsumgütern gesteckt wurden. Honecker verschaffte sich unter anderem dadurch einige Beliebtheit, dass er ein paar hunderttausend Levis-Jeans importieren ließ und damit den Jugendlichen, die diese westlichen Konsumgüter seit langem heiß begehrten, ein kleines „Bonbon" offerierte. Die Einkommen wuchsen in dieser Zeit, die Renten stiegen zumindest ein wenig, die notorische

Subventionierung von Konsumgütern wurde ausgebaut. All das, wie auch der massive Ausbau staatlicher Sozialleistungen, kam den Menschen unmittelbar zugute. Die wirtschaftliche Basis dieser sozialen Wohltaten war freilich von Anfang an prekär. Honeckers „real existierender Sozialismus" lebte chronisch über seine Verhältnisse.

MÖLLER: War die anfängliche Politik Honeckers denn in erster Linie ein unmittelbares Reagieren auf aktuelle wirtschaftliche Erfordernisse, oder hatten historische Erfahrungen, wie zum Beispiel die des 17. Juni 1953, für diese politisch-wirtschaftliche Neuausrichtung noch eine relevante Bedeutung?

JESSEN: Der 17. Juni hatte immer Bedeutung, das Juni-Trauma ist die SED-Führung nie losgeworden, es war im Hintergrund immer präsent. Anfang der 70er-Jahre war es zwar nicht mehr unmittelbar handlungsleitend, aber die SED-Führung hatte in den Jahren zuvor gesehen, wie gefährlich sich die politischen Verhältnisse entwickeln konnten, etwa beim südlichen Nachbarn der DDR, der Tschechoslowakei. Der „Prager Frühling" hatte in der SED-Spitze alle Alarmglocken schrillen lassen, und dies nicht zuletzt deshalb, weil die Tschechoslowakei der DDR strukturell recht ähnlich war. Auch die Tschechoslowakei war ein industriell entwickeltes Land, auch hier hatte man in den 60er-Jahren auf High-Tech-Modernisierung gesetzt, und nun schlug die wirtschaftliche Modernisierung in Forderungen nach politischer Liberalisierung um. Darin lag für die Führungen der Ostblockstaaten ein immenses politisches Risiko. Kurz: Hinter dem Umschwung, der mit dem Wechsel von Ulbricht zu Honecker verbunden war, steckte auch ganz stark das Motiv der Loyalitätssicherung. Man kann es vielleicht am treffendsten so formulieren: Die DDR entwickelte sich von der stalinistischen Aufbaudiktatur der 50er-Jahre über die gescheiterten Modernisierungs- und Reformanläufe in den 60er-Jahren zu dem, was der Potsdamer Historiker Konrad Jarausch einmal die „sozialistische Fürsorgediktatur" der 70er- und 80er-Jahre genannt hat. Das war in etwa der Trend, und in der Formulierung der „Fürsorgediktatur" lässt sich die charakteristische Ambivalenz der Entwicklung ganz gut fassen: Einerseits benennt sie das Element der Bindung und der Sicherung, andererseits das Gewaltsame und Diktatorische des SED-Regimes.

MÖLLER: Wir hatten zu Beginn des Gesprächs die Entwicklung in der Bundesrepublik dahingehend charakterisiert, dass sich dort in den 70er-Jahren der Schwerpunkt von arbeits- zu wissensbasierten Produktionsweisen zu verschieben begonnen hatte. Kann man das in der Ära Honecker für die DDR auch in vergleichbarer Weise feststellen?

JESSEN: Nur sehr begrenzt. Es gelang der Honecker-Führung nicht wirklich, sich vom traditionellen Industrialisierungskonzept zu lösen. Die Leitvorstellung der wirtschaftlichen Entwicklung blieb sehr stark der klassischen Industrialisierung verhaftet, bei der es qualmt und dampft und wo schwielige Arbeiterfäuste zupacken. Die wissensbasierte, auf Informationstechnologien gestützte Form von Industrialisierung hat man zwar immer wieder beschworen, und man hat auch versucht, den Weg dorthin zu öffnen, aber letztlich gelang diese Weichenstellung nicht wirklich.

MÖLLER: Aber man unternimmt ja immerhin Anstrengungen, um beispielsweise in der Mikroelektronik mitzuhalten und einen eigenen Weg gehen zu können. Das war ja auch ganz offensichtlich nicht nur deshalb notwendig, um neue Geschäftsfelder zu erschließen, sondern auch um traditionelle marktfähig zu halten. Sie hatten den Maschinenbau bereits angesprochen; gerade in diesem Bereich werden seit den 70er-Jahren moderne mikroelektronische Steuerungselemente immer mehr zur Notwendigkeit und zum Standard. Wie würden Sie aus der heutigen Sicht die Bemühungen der DDR-Führung einschätzen, den technologischen Anschluss nicht abreißen zu lassen?

JESSEN: Man unternahm in der Tat einige Anstrengungen, um Anschluss an die IT-Entwicklung zu bekommen. 1981 etwa verkündete Honecker das Ziel, die DDR bis 1985 unabhängig vom Import entsprechender Computerhardware zu machen. Aber man hatte mit großen Schwierigkeiten zu kämpfen, dieses Ziel zu erreichen. Zum einen bestand ja bereits ein technologischer Rückstand, der schnell größer wurde. Zum anderen war die DDR als Teil des Ostblocks vom freien Import entsprechender Technologien abgeschnitten. Seit 1950 gab es die sogenannte CoCom-Liste ...

MÖLLER: ... eine umfangreiche Exportkontrollliste, die auf Initiative der USA aufgestellt worden war und für die Bereiche der Waffenproduktion, für Atom- und Industrieanlagen besondere Ausfuhrbeschränkungen für West-Firmen beinhaltete, ein Embargo-Instrument also.

JESSEN: Genau, und darunter fiel eben auch der ganze Bereich der Mikroelektronik, der jetzt plötzlich so wichtig geworden war. Die DDR war also gezwungen, diese Entwicklungen selbst nachzuvollziehen, wenn sie tatsächlich hochkarätige Produkte erzeugen wollte. Damit war man automatisch in der Situation des Nachzüglers, der immer hinterher läuft. Dies lässt sich leicht anhand einiger Zahlen illustrieren. Die Produktion eines 256-Kilobit Speicherchips – zu diesem Zeitpunkt ein mikroelektronisches Standardbauteil – kostete 1989 in der DDR 534 Mark. Der subventionierte Preis für die ostdeutsche Industrie betrug allerdings nur rund 17 Mark, während der Chip auf dem Weltmarkt für zwei bis vier Dollar zu haben war. Jeder Speicherchip musste also vom Staat mit mehr als 500 Mark subventioniert werden. Allein für das Jahr 1989 belief sich der prognostizierte Subventionsbedarf für dieses Bauteil auf 258 Millionen Mark. Trotz dieses aberwitzigen Aufwands war die DDR am Ende weit davon entfernt, den technologischen Standard einzuholen, der inzwischen in Japan oder in den USA oder auch in Westeuropa erreicht worden war. Insgesamt sind von der DDR wohl an die vierzehn Milliarden Mark in die Entwicklung der Mikroelektronik investiert worden, freilich ohne durchschlagenden ökonomischen Erfolg. Es war letztlich ein Rennen, das man wohl nicht gewinnen konnte.

MÖLLER: Abkopplung von der Weltwirtschaft und Konzentration auf klein- oder nationalstaatliche Lösungen als Wirtschaftsraum: Ist das die Hauptursachen dafür, dass die DDR in der Wirtschafts- und Technologiepolitik nach und nach von der Weltmarktentwicklung abgeschnitten wurde?

JESSEN: Das Abkoppeln von den weltwirtschaftlichen Zusammenhängen ist ein wichtiges Moment, aber es ist nicht das einzige. Ich möchte noch einmal betonen, dass die inhärenten Defizite der verstaatlichten Planwirtschaft eine ganz zentrale Rolle spielten, unabhängig vom Grad der Weltmarktintegration der DDR-Wirtschaft. Aber die Isolierung vom Weltmarkt war zweifellos wichtig, obwohl daran zu erinnern ist, dass die DDR nicht völlig abgekapselt, sondern Teil des RGW-Raumes war ...

MÖLLER: ... der Rat für gegenseitige Wirtschaftshilfe (RGW) war 1949 in Moskau sozusagen als sozialistisches Pendant zum Marshallplan gegründet worden; die DDR trat ihm dann im September 1950 bei ...

JESSEN: Richtig, und von daher gab es auch eine internationale Integration. Außerdem war die DDR über die Sonderbeziehungen zur Bundesrepublik und damit zur EWG indirekt auch in den westlichen Markt integriert. Das muss man im Blick behalten. Dennoch überwog die Abschirmung vom Weltmarkt, und das hatte in der Tat überwiegend negative

Auswirkungen. Die DDR-Wirtschaft steckte auch insofern in einem gewissen Dilemma, als sie ihre Produkte im RGW-Raum zwar ganz gut absetzen konnte, weil dort ein entsprechender Bedarf herrschte. Auf dem Weltmarkt dagegen bestand – von einigen Ausnahmen abgesehen – nur geringe Nachfrage nach ihren Industrieprodukten, weil diese einfach nicht mehr dem westlichen Standard entsprachen. Die Absetzbarkeit im Osten hatte indirekt aber auch zur Folge, dass der Innovationsdruck gar nicht so groß wurde, wie er bei konsequenter Weltmarktausrichtung gewesen wäre.

MÖLLER: Die 70er-Jahre stellen in der Wirtschaftsentwicklung beider deutscher Staaten auch insofern eine Zäsur dar, als erstmals unübersehbar wird, dass es bei weiterem Wachstum Grenzen für die Belastbarkeit der Umwelt und bei den Ressourcen geben würde. 1973 erscheint vom „Club of Rome" als eine Art Weckruf die Studie „Die Grenzen des Wachstums", Sie hatten das eingangs auch schon angesprochen. Im Westen entwickelt sich eine breite Umweltbewegung gegen Atomkraft und für einen sorgsamen Umgang mit der Natur. In welcher Weise findet dieses neue Denken Eingang in den politischen und in den wirtschaftlichen Planungsprozess in West und Ost?

JESSEN: In der Bundesrepublik wurden Umweltfragen in den 70er-Jahren ein dominantes Thema, das vor allem von zivilgesellschaftlichen Akteuren – Bürgerinitiativen, Umweltverbänden, Naturschutzorganisationen et cetera – auf die politische Agenda gerückt und dann nach und nach von den etablierten Parteien aufgegriffen wurde. Die Umweltgesetzgebung kam in dieser Zeit in Gang, und wir können das bemerkenswerte Phänomen einer erfolgreichen Parteigründung beobachten. Die Grünen, die Anfang der 80er-Jahre aus der Taufe gehoben wurden, waren ja in parlamentarischer Hinsicht die Erben der Ökologiebewegung und zugleich ein Indikator dafür, wie flexibel und offen das politische System war, um neue Themen, Interessen und politische Akteure zu integrieren.

Im Osten hat die Umweltpolitik diesen Stellenwert nie erreicht. Auch deshalb nicht, weil es keine freien gesellschaftlichen Akteure gab, die dieses Problem in vergleichbarer Weise hätten thematisieren können. Aus der Sicht des Regimes war Umweltschutz immer nachrangig. Die ökologischen Notstandsgebiete, die Anfang der 90er-Jahre in den neuen Bundesländern zu besichtigen waren, sprechen da eine deutliche Sprache.

MÖLLER: Aber organisatorisch-bürokratisch reagierte die DDR ja durchaus. 1971 wird zum Beispiel das Ministerium für Umweltschutz und Wasserschutz gegründet, und es folgt dann auch eine ganze Reihe von Gesetzen und Durchführungsbestimmungen. Sind das bloße Widersprüche innerhalb des Apparates, bei denen sich die für den Umweltschutz zuständigen Abteilungen letztlich nicht durchsetzen können? Oder fehlen einfach die Ressourcen für umweltgerechte Lösungen?

JESSEN: Beides kam zusammen. Zum einen blieb Umweltpolitik nachrangig, auch wenn man das Thema pro forma aufgriff und behandelte. Es bekam einfach nicht den Stellenwert wie im Westen Deutschlands. Und ich möchte auch noch einmal betonen, dass es in der DDR nie zu jener äußerst dynamischen und produktiven Interaktion zwischen außerparlamentarischem Protest, zivilgesellschaftlicher Organisationsbildung, parlamentarischer Entscheidungsfindung und administrativer Bearbeitung kommen konnte. Umweltschutz blieb bestenfalls eine untergeordnete Ressortangelegenheit der Verwaltung, die im Zweifelsfall gegenüber wirtschaftlichen Interessen zurückzustehen hatte. Und selbstverständlich hat es auch etwas mit der ökonomischen Ressourcenknappheit zu tun, das ist sicher so. Mangelndes Problembewusstsein, mangelnde Öffentlichkeit, mangelnde Freiheit und mangelnde wirtschaftliche Möglichkeiten waren auf fatale Weise verknüpft.

MÖLLER: Wir nähern uns langsam dem Ende des Gespräches, und ich würde das gerne nutzen, die Frage der wissenschaftlichen Aufarbeitung der deutsch-deutschen Geschichte unter eben jenen Gesichtspunkten anzusprechen, die bislang unser Thema waren. Um die Industriepolitik und den ökonomischen Strukturwandel in den 70er-und 80er-Jahren in beiden Teilen Deutschlands wissenschaftlich in den Griff zu bekommen, scheint der deutsch-deutsche Vergleich ja zunächst einmal auf der Hand zu liegen. Aber ist er nicht letztendlich doch mit viel zu viel ideologischem Ballast behaftet? Der Systemvergleich war ja während der gesamten Nachkriegszeit ein Mittel der Politik und auch ein festes Element des Kalten Krieges. Darüber hinaus war er stetiges Element auch der Industriepolitik der DDR-Führung. Wäre es nicht unter Umständen hilfreicher, andere sich deindustrialisierende Regionen der Weltwirtschaft vergleichend dazu in den Blick zu nehmen, um ein tieferes Verständnis von der Entwicklung West- und Ostdeutschlands in den 70er- und

80er-Jahren zu gewinnen? Ich denke da zum Beispiel an den amerikanischen Rust Belt oder an Lothringen in Frankreich oder an die Midlands in England als Vergleichsmaßstäbe.

JESSEN: Dagegen würde ein Wirtschafts- und Sozialhistoriker bestimmt keine Einwände erheben, und ich würde das auch aus den Gründen für sinnvoll halten, die Sie angedeutet haben. Es stimmt ja, der deutsch-deutsche Vergleich hat immer auch eine gewisse normative Aufladung. Trotzdem bleibt er legitim und sinnvoll, das muss man betonen. Aber er ist sowohl dem Risiko westlicher Selbstgerechtigkeit als auch der Gefahr einer selbstverliebten deutschen Nabelschau ausgesetzt. Dabei ist es ja in der Tat so, dass alle alten Industriegesellschaften mit dem Problem des industriellen Strukturwandels konfrontiert sind. Ein Vergleich etwa des Strukturwandels im Ruhrgebiet mit den Entwicklungen im Nordosten der USA, in Mittelengland oder Nordfrankreich kann durchaus erhellend sein. Das ist auf jeden Fall zu betonen, und es gibt ja auch schon Forschungen dazu. Auch für die deutsch-deutsche Perspektive kann man sich Vorteile versprechen. Wir treffen ja durchaus auch heute noch manchmal auf die Meinung, dass der Untergang der ostdeutschen Industrie im Grunde das Ergebnis einer kolonialistischen Eroberung des Ostens durch den Westens war, der dort einmarschiert ist, um die volkseigene Industrie zu ruinieren. Wenn man sieht, dass es sich nicht um eine spezielle deutsche Misere handelt, sondern zum Teil auch um ein Strukturproblem aller entwickelten Industriegesellschaften, könnte dies die Diskussion über die ostdeutschen Entwicklungen etwas entdramatisieren und rationalisieren.

MÖLLER: Nun gibt es ja sehr verschiedene Forschungsansätze, sich der unmittelbaren Zeitgeschichte zu nähern. Das kann aus politikgeschichtlicher Perspektive geschehen, aus sozialgeschichtlicher, wirtschaftsgeschichtlicher, um nur einige zu nennen. Könnten Sie sich denn vorstellen, dass die Erkundung der Wissensgesellschaft mit all den Implikationen, über die wir gesprochen haben, ein sinnvolles neues Raster zur Erschließung der deutsch-deutschen Geschichte zumindest ab den 70er-Jahren liefern könnte?

JESSEN: Ja, vorstellen kann ich mir das. Ich glaube, es liegt einiges Potenzial in dieser Perspektive. Der Begriff der Wissensgesellschaft ist seit einiger Zeit in der Diskussion, und auch Historiker haben begonnen, mit dieser

Kategorie zu arbeiten. Daraus können sich neue Erkenntnisse für die deutsch-deutsche Geschichte ergeben. Der potenzielle Ertrag geht aber darüber hinaus, weil sich aus diesem Blickwinkel Entwicklungsprozesse in allen modernen Gesellschaften untersuchen lassen. Die Frage, wie sich moderne Gesellschaften verändern, reicht ja weit über den engeren deutsch-deutschen Kontext hinaus. Denken Sie etwa an die Art und Weise, wie Gesellschaften neues Wissen generieren. Wenn man diesem Problem aus historischer Perspektive nachgeht, ist man sehr schnell bei der Untersuchung nationaler Wissenschaftssysteme und akademischer Kulturen. Man spricht von Innovationskulturen, die mit nationalspezifischen Kulturen verbunden sind und oft eine sehr hohe Pfadabhängigkeit haben, sich also nur sehr langsam verändern. Oder denken Sie an die kulturelle Einbettung von Wissen: Wie westlich sind denn eigentlich unsere Wissenskonzepte und Rationalitätsvorstellungen? Auch dieses große Gegenwartsthema kann man kühler und nüchterner erörtern, wenn man es stärker in den historischen Kontext einordnet. Wie entwickelte sich ein bestimmtes Konzept von Wissen und von Wissenschaftlichkeit aus einem spezifisch europäischen Kontext? Wie viel Generalisierbares und Universalisierbares, wie viel spezifisch Europäisches steckt darin? Oder, um einen weiteren Bereich kurz anzutippen: Um welche Wissensarten geht es eigentlich? In welchem Verhältnis stehen allgemeines, orientierendes Bildungswissen und instrumentelles, zweckorientiertes Wissen zueinander? Auch dies ist eine Frage, die unsere gegenwärtigen Diskussionen sehr bewegt, die aber eine mehr als zweihundertjährige Debattengeschichte aufweist. Eine bessere Kenntnis der langfristigen historischen Voraussetzungen und kulturellen Bedingungen der Wissensproduktion könnte auch gegenwärtigen Diskussionen über die Reform des Bildungs- und Wissenschaftssystems nützen.

Gemeinsame Wurzeln und getrennte Wege deutscher Sozialstaatlichkeit

Ein Gespräch mit Prof. Dr. Hans Günter Hockerts, München

MÖLLER: Herr Hockerts, wenn wir über die Entwicklung der Sozialstaatlichkeit nach 1945 in Ost- und Westdeutschland reden, dann tun wir gut daran, uns zu Beginn noch einmal zu vergegenwärtigen, was alles zu diesem weit gefassten Politikfeld zählt und was die eigentlichen Zielsetzungen sozialstaatlicher Politik sind. Könnten Sie das eingangs kurz skizzieren?

HOCKERTS: Im groben Umriss kann man sagen, dass der Sozialstaat auf zwei Säulen ruht: dem Sozialrecht und dem Arbeitsrecht. Das Sozialrecht hat seinerseits drei Kerne. Erstens die Sozialhilfe, also das unterste Netz, das Menschen in Not nach dem Bedürftigkeitsprinzip helfen soll. Zweitens die Sozialversicherung, die eine Form der Vorsorge ist: Man zahlt Beiträge, um sich gegen die Standardrisiken des Lebens zu schützen. So erhält man das Recht auf Leistungen im Alter, bei Krankheit und Arbeitslosigkeit, bei Invalidität oder nach einem Arbeitsunfall. Drittens gibt es Ausgleichs- und Förderungsprogramme, mit denen soziale Benachteiligungen vermindert und Chancen vermittelt werden sollen. Man denke hier zum Beispiel an Kindergeld, Wohngeld und Ausbildungsförderung. So viel zum Sozialrecht. Das Arbeitsrecht – die zweite Säule – betrifft die Regelung der Arbeitsbeziehungen. Es nimmt eine Vermittlungsfunktion im Verhältnis zwischen Kapital und Arbeit ein und reguliert auch die Art und Weise, wie Konflikte zwischen Kapital und Arbeit ausgetragen werden. Für die deutsche Sozialstaatstradition ist eine hohe Regulierungsdichte des Arbeitsrechts typisch – das ist in den angelsächsischen Staaten und anderswo nicht der Fall. Insbesondere die Mitbestimmung in den Großunternehmen galt lange geradezu als ein Markenzeichen des deutschen Sozialstaats.

Möller: In der internationalen Forschung, die sich mit der Struktur und Entwicklung von Sozialstaaten befasst, ist häufig von einem „deutschen Weg" die Rede. Ist die Zuweisung einer solchen Sonderstellung begründet? Wenn ja, wo würden Sie die Grundlagen für die Sozialstaatsentwicklung in Deutschland verorten?

Hockerts: Man kann zwei Gründerzeiten der deutschen Sozialstaatlichkeit unterscheiden. Die erste ist die Bismarck-Zeit, das sind die 1880er-Jahre. Damals sind die Grundlagen des Sozialversicherungssystems geschaffen worden, und sie haben sich im Grundzug bis heute erhalten. Ich nenne einige Merkmale: Die Versicherungspflicht ist in der Regel an eine Erwerbstätigkeit gebunden, und es besteht ein relativ enger Zusammenhang zwischen lohnbezogenem Beitrag und beitragsbezogener Leistung. Deshalb wirkt die Sozialversicherung eher differenzierend als nivellierend – jedenfalls was die Geldleistungen betrifft, bei den Sachleistungen der Krankenversicherung ist das etwas anders. Das ist sozusagen der Bismarck-Typ des Sozialstaats. Im internationalen Vergleich unterscheidet er sich vor allem von dem Beveridge-Typ. Dieser ist nach dem britischen Ökonomen und Sozialreformer William Beveridge benannt und nach dem Zweiten Weltkrieg in England realisiert worden. Beveridge organisierte die Sozialstaatlichkeit grundlegend anders, nämlich mit der Idee einheitlicher Leistungen für alle Staatsbürger. Sein Modell sah eine finanzielle Grundsicherung als „national minimum" für jeden vor, außerdem einen steuerfinanzierten nationalen Gesundheitsdienst. Der Bismarck-Typ des Sozialstaats ist an den Erwerbsstatus geknüpft, der Beveridge-Typ an den Staatsbürgerstatus.

Nun zu der zweiten deutschen Gründerzeit. Da fällt unser Blick auf die 1920er-Jahre, die Zeit der Weimarer Republik. Die erste deutsche Demokratie war die Blütezeit des kollektiven Arbeitsrechts. Sie entfaltete das Koalitionsrecht, das Tarifvertragsrecht, das Betriebsverfassungsrecht und schuf die Grundlagen der Arbeitsgerichtsbarkeit. Außerdem ergänzte sie die Sozialversicherung um den Zweig der Arbeitslosenversicherung. Um es in einem Satz zu sagen: Die Gründerjahre der Sozialversicherung lagen in der Bismarck-Zeit, die Gründerjahre des kollektiven Arbeitsrechts in der Weimarer Zeit. Und in der Bundesrepublik sind diese beiden Säulen dann gewissermaßen als tragende Säulen der Sozialstaatlichkeit ausgebaut worden.

MÖLLER: Bismarck-Zeit, Weimarer Republik, Bundesrepublik – da klafft dann zeitlich noch eine Lücke. Inwieweit wurden spezifische Erfahrungen aus der Zeit des Nationalsozialismus in den beiden deutschen Nachkriegsstaaten bei der Entwicklung des Sozialstaates verarbeitet?

HOCKERTS: In der NS-Zeit sind rassistische Kriterien in großem Umfang in die Sozialpolitik eingedrungen. Man denke an den repressiven Umgang mit „Asozialen" in der kommunalen Fürsorge, an die Entrechtung der Juden, die ja auch in der Form einer sozialpolitischen Exklusion erfolgte, oder an die Praxis der Zwangssterilisierung im Gesundheitswesen. Zwangssterilisierung gab es zwar auch anderswo, zum Beispiel in Schweden und in einigen Staaten der USA, aber im Horizont des NS-Regimes war das eugenische Denken in einen radikalen rassistischen Verwendungszusammenhang eingespannt. Nach 1945 haben beide deutsche Staaten mit der rassistischen Verknüpfung der Sozialpolitik dezidiert gebrochen. So war Zwangssterilisierung in der Bundesrepublik und in der DDR überhaupt nicht mehr denkbar, während zum Beispiel in Schweden noch bis in die 1970er-Jahre zwangsterilisiert wurde. Obendrein war das, was die Fachleute „pronatalistische Bevölkerungspolitik" nennen, also eine Politik der Geburtenförderung, in der Bundesrepublik lange tabu – im Gegensatz zur NS-Doktrin der Vermehrung des „Volkskörpers". Die Frage, ob die Sozialpolitik geburtenfördernd angelegt sein darf und soll, ist eigentlich erst neuerdings im Zuge der demografischen Debatte nach vorn gekommen. In der DDR war dieses Thema nicht so lange tabu, ab 1972 wurde dort eine dezidiert geburtenfördernde Sozialpolitik betrieben.

MÖLLER: Wenn wir im Folgenden auf die verschiedenen Wege deutscher Sozialstaatlichkeit nach 1945 zu sprechen kommen, dann stellt sich für mich zunächst einmal die Frage, in welchem Ausmaß zusätzlich zu den Traditionen, über die wir bisher gesprochen haben, einerseits die „Westernisierung" – wenn man den Terminus in unserem Zusammenhang gebrauchen will – und andererseits die „Sowjetisierung" die Sozialstaatsentwicklung in beiden Teilen Deutschlands geprägt und überformt haben.

HOCKERTS: „Westernisierung" ist ein Kunstbegriff. Er bezeichnet den Ideentransfer in der westeuropäisch-atlantischen Welt nach 1945, soweit er einem zentralen strategischen Ziel diente: herauszufinden und auszuhandeln, was „der Westen" eigentlich sein soll. Zu den Wirkungen, die dieser

Ideentransfer im Westen Deutschlands hatte, kann man die Aufwertung der Individualrechte und des liberaldemokratischen Politikverständnisses rechnen, wohl auch den Abbau der Staatszentrierung des politischen Denkens. Auf den westdeutschen Sozialstaatsweg hatte die „Westernisierung" aber lange so gut wie gar keinen Einfluss. In dieser Hinsicht blieb die deutsche Eigenprägung dominant. So erklärt sich übrigens auch die steile Nachkriegskarriere des Begriffs „Sozialstaat", der ja ein spezifisch deutsches Wortgefüge darstellt und sich nur schwer in andere Sprachen übersetzen lässt. In den Gründerjahren der Bundesrepublik sollte diese Selbstbezeichnung eine besondere deutsche Tradition zum Ausdruck bringen und eine Sperre gegen die Eindeutschung von „welfare state" errichten. Erst seit der Mitte der 1960er-Jahre drangen Elemente der „Westernisierung" in den Bonner Sozialstaat ein. Zwar nicht in sein Kerngehäuse, die Sozialversicherung und das Arbeitsrecht, wohl aber in die Außenringe, wie man im Übergang zur keynesianisch inspirierten Vollbeschäftigungspolitik und im Gang der bildungspolitischen Diskussion erkennen kann.

Was die DDR betrifft, so möchte ich den Akzent ebenfalls auf die deutsche Eigenprägung legen: Der Begriff „Sowjetisierung" trifft auf die Sozialstaatsentwicklung entschieden weniger zu als auf andere Politikbereiche. Natürlich war es von entscheidender Bedeutung, dass das sowjetische Imperium sich das Gebiet zwischen Elbe und Oder einverleibt hat. Aber das hieß nicht primär: Export sowjetischer Sozialstaatselemente. Die Bedeutung der sowjetischen Intervention lag vielmehr darin, dass sie die SED in die Lage versetzte, deutsche Traditionsbestände neu zu sortieren. So hat die DDR auf ältere Vorstellungen und Vorbilder im Traditionsstrom der Arbeiterbewegung zurückgegriffen, auf alternative Ideen, die in den Weimarer Jahren nicht oder nur ansatzweise zur Geltung gekommen waren: vom Ambulatorium über die Einheitsversicherung bis zur Sozialhygiene. Sowjetischen Einfluss kann man wohl am ehesten im forcierten Ausbau des Betriebsgesundheitswesens entdecken. Aber insgesamt taugt der Begriff der „Sowjetisierung" mit Blick auf die Sozialstaatlichkeit der DDR so wenig wie der Begriff der „Westernisierung" mit Blick auf die Sozialstaatlichkeit der Bundesrepublik. Wir haben es hier mit zwei eigenen Wegen zu tun, zwei Gabelungen nach West und Ost aus dem gemeinsamen Fundus der Möglichkeiten der Weimarer Republik.

Möller: Bevor wir uns den konkreten Politikfeldern zuwenden, die Sie zu Beginn schon angesprochen hatten, wüsste ich noch gerne, welche unterschiedlichen Grundauffassungen die Sozialstaatsentwicklung in der DDR und in der Bundesrepublik letztendlich geprägt haben. Unter welchen Bedingungen und mit welchen systembedingten Einschränkungen wurde die Herstellung sozialer Sicherheit den Bürgern der Bundesrepublik und der DDR in Aussicht gestellt?

Hockerts: Der Bauplan des Sozialstaats hing von der Antwort auf zwei Grundfragen ab. Die eine lautet: Hat die Sozialpolitik es mit dem Gegenüber des Marktes zu tun, mit den Kräften und Risiken des Marktes oder werden diese ausgeschaltet? Und die andere: Verbindet sich der Sozialstaat mit dem demokratischen Verfassungsstaat oder löst er sich aus dieser Bindung? Geht man von diesen beiden Grundfragen aus, dann kommen in Ost und West zwei kontroverse Bauformen des Sozialstaats zum Vorschein. In der DDR waren die Kräfte und Risiken des Marktes ausgeschaltet und durch den Plan ersetzt. Die Planwirtschaft versprach den Bürgern eine Art Rundumversorgung einschließlich eines geradezu hundertprozentigen Schutzes gegen die Risiken des Marktes. Sie hat diesen Schutz auch durchaus gewährleistet, allerdings um den Preis der Lähmung der dynamischen Kräfte der Ökonomie; die Zentralverwaltungswirtschaft hatte bekanntlich enorme Reibungsverluste. Zudem war die demokratische Grundordnung zugunsten des Machtmonopols der SED ausgehebelt. Diese Partei beanspruchte ja, die gesamte gesellschaftliche Entwicklung in allen ihren Aspekten zu planen und zu steuern; es gab im Prinzip keinerlei Eigenkompetenzen außerhalb der Partei. Der Preis lag im Verlust von Freiheitsrechten und in der Ausschaltung der Selbstregulierung sozialer Kräfte. Wenn man diese beiden Momente zusammenfügt – die SED versprach Fürsorge und erwartete Gehorsam –, dann sieht man: Die SED-Diktatur hat sich in die illiberal-obrigkeitsstaatliche Traditionslinie der deutschen Geschichte eingefügt und an die voremanzipatorische Idee der Fürsorge für den gehorsamen Untertan angeknüpft.

In der Bundesrepublik sind ganz andere Grundauffassungen wirksam geworden. Zunächst: Die Chancen und Risiken des Marktes sind hier relativ stark ausgeprägt. Die Kräfte des Marktes haben dazu beigetragen, die Produktivität, die ökonomische Effizienz und den Wohlstand markant zu steigern; sie eröffnen jedoch auch Gefahrenzonen des sozialen Abstiegs und der Arbeitslosigkeit. Sodann: Die Bundesrepublik hat das Sozialstaatsprinzip mit den Prinzipien des Rechtsstaats und des demokratischen Verfassungsstaats verknüpft. Marktwirtschaft, Konkurrenzdemokratie und Sozialstaatlichkeit: Leistungsfähigere Alternativen sind zurzeit wohl nirgends in Sicht. Dennoch sollte man wissen und bedenken, dass ein solches Ordnungsgefüge nicht rundum harmonisch ist, sondern von einer Grundspannung durchzogen wird. Auf der einen Seite produziert die Marktökonomie unablässig soziale Ungleichheit, auf der anderen Seite beruht die demokratische Ordnung auf der Idee der politischen Gleichheit. Da werden gegenläufige Ordnungsmuster wirksam, die eine Dauerspannung hervorbringen, und diese muss ständig neu austariert werden. Die Pointe liegt nun darin, dass für die Austarierung dieser Dauerspannung gerade die Dimension der Sozialstaatlichkeit von grundlegender Bedeutung ist.

Möller: Ich möchte jetzt auf zwei Teilbereiche deutscher Sozialstaatlichkeit zu sprechen kommen, auch um herauszuarbeiten, mit welchen Konsequenzen die unterschiedlichen Grundformen sozialstaatlicher Organisation verbunden waren, über die wir gerade gesprochen haben. Ich würde dabei gerne auf die Arbeitsverfassung und -organisation eingehen und später dann noch einmal auf die Gesundheitsorganisation in Ost- und Westdeutschland. Die Verfassung der DDR schrieb ein „Recht auf Arbeit“ fest und gab damit eine Beschäftigungsgarantie, sicherte ihre Bürger also gegenüber den Kräften und den Schwankungen des Marktes ab. Wurde damit Erwerbslosigkeit tatsächlich beseitigt?

Hockerts: Vordergründig ja. Das verstaatlichte Produktionssystem hat allen Werktätigen einen sicheren Arbeitsplatz angeboten oder zugewiesen. Das „Recht auf Arbeit“ galt als eine große Errungenschaft der SED, und bei den 30 Prozent der Bürger der neuen Bundesländer, die in unserer Gegenwart eine nostalgisch verklärte DDR-Erinnerung pflegen, bildet die Sicherheit des Arbeitsplatzes den zentralen Bezugspunkt. Aber zum fatalen Hintergrund der Vollbeschäftigung in der DDR hat Jürgen Kuczynski, der bedeutende Wirtschaftshistoriker, Nestor der SED und Freund Erich Honeckers, im Rückblick das Nötige gesagt. Er hat 1991 in seiner Schrift „Probleme der Selbstkritik“ klar hervorgehoben: Die Beseitigung der Arbeitslosigkeit in der DDR sei keine „Leistung der

Partei", sondern vielmehr ein Resultat von „Umständen" gewesen, und damit meinte er die Umstände, die den für die Geschichte der DDR so folgenreichen chronischen Arbeitskräftemangel bewirkt haben. Dieser Mangel hatte viele verschiedene Ursachen. In den 1950er-Jahren ist an die massenhafte Abwanderung nach Westdeutschland zu denken, später kam das systembedingte Interesse vieler Betriebe hinzu, Arbeitskräftereserven für Stoßarbeit zu horten, um sich für die ständig drohenden „Diskontinuitäten" im Produktionsablauf zu wappnen. Man denke ferner an die überbesetzten Apparate der Doppelbürokratie in Partei, Staat und Wirtschaft, nicht zuletzt auch an den hypertroph besetzten Sicherheitsapparat. Der allerwichtigste Grund lag jedoch in der geringen Arbeitsproduktivität des verstaatlichten Produktionssystems. Originalton Kuczynski: „Wir brauchten etwa doppelt so viele Arbeiter, um die gleiche Menge Waren – und oft noch in niedriger Qualität – herzustellen". Anders gesagt: Die SED hat aus der Not ineffizienter Beschäftigungsverhältnisse die Tugend eines „Rechts auf Arbeit" gemacht.

MÖLLER: Welche Rolle kam den Unternehmen bzw. Betrieben in den beiden verschiedenen Modellen von Sozialstaatlichkeit zu?

HOCKERTS: Die Betriebe waren die Mittelpunkte im Alltagsleben der DDR-Bürger. Sie waren die wohl wichtigsten Vergesellschaftungskerne. In den Betrieben wurde nicht nur gearbeitet und Lohn verdient, die Betriebe waren darüber hinaus so etwas wie Zweigstellen der Rundumversorgung: mit Betriebsgesundheitswesen und Betriebsverkaufsstellen, mit Kindergärten, Erholungsheimen, Urlaubsvermittlung, Kulturfonds, Sportfonds und so weiter. Über den Betrieb konnte man knappe Güter des alltäglichen Bedarfs organisieren, an die man sonst kaum herankam. Kurzum: Die Betriebe waren die eigentlichen Stabilisierungskerne der DDR-Gesellschaft, vielleicht kann man sie sogar als Oasen des Einverständnisses bezeichnen. So fällt ja auch auf, dass es in der friedlichen Revolution von 1989 nahezu keine betrieblichen Streiks gab.

Während also in der DDR viele Sicherungs- und Betreuungsfunktionen in die Betriebe hineinverlagert wurden, sind die Betriebe in der Bundesrepublik von einem erheblichen Teil der sozialen Kosten des Produktionsfaktors „Arbeit" entlastet. Um das zu erklären, darf man ein paar komplizierte Worte nicht scheuen: Die betrieblichen Entscheidungen sind unter marktwirtschaftlichen Bedingungen nicht unmittelbar an gesamtwirtschaftlich oder gesamtgesellschaftlich definierte Aufgaben und Ziele gebunden, wie zum Beispiel an das Ziel der Vollbeschäftigung; sie können sich vielmehr strikt an Rationalitätskriterien eigener Art orientieren, vor allem am Kriterium der Rentabilität. Das fördert ihre Anpassungselastizität und Innovationsfähigkeit, vergrößert aber den außerbetrieblichen Bedarf an sozialer Sicherung. Deshalb gibt es zum Beispiel in der Bundesrepublik eine Arbeitslosenversicherung, während es in der DDR keine solche Versicherung gab.

MÖLLER: In den Verfassungen der DDR von 1968 und 1974 heißt es, die sozialistischen Betriebe seien „eigenverantwortliche Gemeinschaften, in denen die Bürger arbeiten und ihre gesellschaftlichen Verhältnisse gestalten". Wo hat der Gemeinschaftsbegriff, der diesem Verständnis zu Grunde liegt, seine Wurzeln? Und wurden die mit ihm verbundenen Zielsetzungen tatsächlich eingelöst?

HOCKERTS: Was den Gemeinschaftsbegriff betrifft, so setzt man am besten bei den politischen Bewegungen an, die nach der ersten Weltkriegskatastrophe eine neue Ordnung ins Auge fassten. Damals formierten sich zwei große Gegenbewegungen gegen das liberaldemokratisch-kapitalistische System: Faschismus und Kommunismus. Beide bezogen ihre Stärke aus eklatanten Defiziten des Liberalismus. In der Entwicklung des Sozialstaats kann man eine reformistische Reaktion auf diese Defizite sehen, gewissermaßen eine Selbstkorrektur des Liberalismus. Faschismus und Kommunismus konterten jedoch mit fundamentalen Gegenentwürfen. So gegensätzlich diese in vieler Hinsicht waren, so stimmten sie doch auch in manchem überein, besonders darin, dass sie dem liberalen Konflikt- und Vertragsdenken ein Gemeinschaftsdenken entgegensetzten. Die nationalsozialistische „Volksgemeinschaft" bringt das unmittelbar auf den Punkt. Auch die SED hing einem Gemeinschaftsdenken an. Sie postulierte eine Art „proletarischer Volksgemeinschaft", wie Rüdiger Hachtmann das einmal genannt hat, also eine innige Zusammenbindung von Partei, Staat, Betrieben und Werktätigen, die auf der Behauptung einer grundsätzlichen Interessenidentität von Herrschaft und Gesellschaft beruhte. „Gemeinschaft" bezeichnet – das ist nun der entscheidende Punkt – ein Harmoniemodell der Gesellschaft. Konflikte, die in der Pluralität von Ideen und Interessen wurzeln, gelten daher nicht als legitim, jedenfalls nicht im Bann des ideologischen Gemeinschaftsdenkens, von dem hier die Rede ist. Folglich gab es in der DDR auch keine Institutionen und Verfahren, die solche Konflikte anerkannten, indem sie die Art und Weise ihrer Austragung regelten. Die Gemeinschaftsideologie musste vielmehr dazu herhalten, so elementare Freiheitsrechte wie die Koalitionsfreiheit und das Streikrecht zu beseitigen.

Die Verfassung der Bundesrepublik stellt hingegen Institutionen und Verfahren zum Austragen von Konflikten vielfältig bereit, das gilt auch für die Arbeitsverfassung. Stichworte wie Koalitionsfreiheit, Streikrecht, Tarifautonomie und Mitbestimmung sind dafür bezeichnend. Übrigens liegt in dieser Form der Konfliktbewältigung eine ganz erhebliche Entlastung des Staates, denn er ist nicht in jede gesellschaftliche Auseinandersetzung unmittelbar involviert, insbesondere nicht in den Kampf um die Löhne. Das machen die Tarifparteien in der Regel unter sich aus. Dagegen war das Politbüro des SED-Staats grundsätzlich in jede Auseinandersetzung involviert, und zwar maßgeblich, egal worum es ging, bis hin zur Frage, ob in den Gaststätten Bohnenkaffee oder Mischkaffee ausgeschenkt werden solle. Eine solche Allzuständigkeit, verbunden mit einer obrigkeitsbezogenen, hierarchischen Entscheidungsstruktur, stand im Dienst der Fiktion, die konfliktreiche Gesellschaft durch eine harmonische Gemeinschaft zu ersetzen. Die fatalen Folgen lagen unter anderem darin, dass die Problemlösungskapazität der Partei- und Staatsspitze heillos überfrachtet und überfordert war.

Möller: Welche Rolle spielten denn im Rahmen dieser Gemeinschaftsideologie in der DDR die Betriebsleitungen? Waren die so eine Art „Familienoberhäupter“?

Hockerts: In gewissem Sinne ja. Die Betriebsleitungen haben versucht, Spannungen abzufedern und pragmatische Lösungen zu finden. Sie hatten ja eine heikle Zwischenposition, die sie geradezu nötigte, eine Art Puffer-Funktion einzunehmen. Einerseits standen die Werkleiter im strikten Loyalitätsbezug zur übergeordneten Polit- und Planbürokratie, andererseits waren sie in einem erheblichen Maß auch auf das Wohlwollen der Belegschaften angewiesen. Diese konnten mehr oder minder informell mancherlei Druck ausüben, zum Beispiel mit Arbeitszurückhaltung reagieren. Mit scharfen Sanktionen mussten sie dabei nicht rechnen, sofern sie nicht politisch oppositionell auffielen. So gewannen die Kernbelegschaften – in der Honecker-Zeit mehr als zuvor – eine beträchtliche innerbetriebliche Verhandlungsmacht. Das machte sich bei der Ausgestaltung der Betriebskollektivverträge und auch in der betrieblichen Sozialpolitik bemerkbar. Anders stellte sich die Sache allerdings bei jugendlichen „Arbeitsbummelanten" dar. Die wurden in den 1960er-Jahren sogar in Arbeitslager verfrachtet und mit dem Strafgesetzbuch bedroht.

MÖLLER: Wie wurden denn vor diesem Hintergrund Arbeitsstreitigkeiten interpretiert und gelöst? Im Westen gab es dazu eine entsprechende Arbeitsgerichtsbarkeit. Und in Ostdeutschland?

HOCKERTS: In der DDR gab es seit 1961 keine eigenständige Arbeitsgerichtsbarkeit mehr. Um Arbeitsstreitigkeiten kümmerten sich besondere betriebliche Kommissionen. Darin saßen Betriebsangehörige, die von der Betriebsgewerkschaftsleitung vorgeschlagen und von der Belegschaft gewählt worden waren. Diese Kommissionen sollten Streitfälle schlichten und kleinere Straftaten ahnden. Sie konnten folglich auch Strafen verhängen, zum Beispiel Geldbußen. Das Interessante ist nun, dass diese gesellschaftlichen Gerichte einen Erziehungsauftrag hatten. Die betrieblichen Kommissionen konnten zum Beispiel Arbeitskollektive oder Hausgemeinschaften dazu anhalten, sich des Störenfrieds erzieherisch anzunehmen. Das verweist wieder auf das Harmoniemodell der Gemeinschaft, in dem Konflikte nicht als legitimer Ausdruck unterschiedlicher Ideen und Interessen, sondern als verdächtige Abweichung erscheinen. Oder um es mit der Präambel der Arbeitsgerichtsordnung von Juni 1961 zu sagen: „Arbeitsstreitigkeiten sind in der DDR kein Ausdruck von Klassengegensätzen, sondern vor allem eine Folge von Überresten bürgerlicher Denk- und Lebensgewohnheiten."

MÖLLER: Was geschieht aber in dem Augenblick, als die Gemeinschaftsideologie ganz offensichtlich in die Brüche geht? Was geschieht nach dem 17. Juni 1953?

HOCKERTS: Die Gemeinschaftsideologie wurde keineswegs revidiert. Vielmehr zog die Unterdrückung des Aufstands eine flächendeckende Aufstellung von Betriebskampfgruppen nach sich – mit der Parole: wachsamer sein! Außerdem erhielten die Betriebsgewerkschaftsleitungen mehr Rechte, um sich besser als Vorkämpfer der Arbeiterinteressen darstellen zu können. Allerdings blieben die Gewerkschaften institutionell und personell so eng mit der SED verflochten, dass sie nie eine eigenständige Position gewinnen konnten. Soweit sich die Gewerkschaften nicht in der Rolle eines Transmissionsriemens der SED-Herrschaft erschöpften, waren sie so etwas wie eine Serviceeinrichtung. Zum Beispiel lag ein großer Teil der Urlaubsorganisation in ihrer Hand, auch die Verwaltung der Sozialversicherung einschließlich der Beratung der Betriebsangehörigen in allen Fragen der Sozialversicherung.

MÖLLER: Zu den erklärten sozialstaatlichen Zielsetzungen der DDR zählte die verstärkte Integration von Frauen in den Arbeitsprozess, woraus sich auch frauen- und familienpolitische Weichenstellungen ergaben, die sich ebenfalls deutlich von denen im Westen abhoben. Welches waren die jeweiligen Leitbilder, und wie lassen sich die verschiedenen Frauen- und Familienpolitiken rückblickend werten?

HOCKERTS: Auch in dieser Hinsicht kann man Ost und West wie Kontrastfolien betrachten. Das Politbüro der SED entschied zu Beginn der Ära Honecker, zwei ziemlich schwer zu vereinbarende Ziele gleichzeitig anzusteuern: erstens die Norm der Dreikinderfamilie und zweitens eine maximale Steigerung der Frauenerwerbsquote – auf möglichst hundert Prozent. Die Ankurbelung der Geburtenförderung hatte ein demografisches Motiv, während die maximale Integration von Frauen in den Arbeitsprozess als der einzig mögliche Ausweg aus der notorischen Arbeitskräfteknappheit erschien, von der wir schon sprachen. Nun ist es aber bekanntlich alles andere als leicht, zwei, drei Kinder zu haben und gleichzeitig voll erwerbstätig zu sein. Deshalb hat die SED-Politik sich gewaltig angestrengt, entsprechende Anreize zu setzen und die Vereinbarkeit von Mutterschaft und Erwerbstätigkeit zu erleichtern. Allerdings hat diese Politik die Optionsfreiheit sehr eingeschränkt, sich ganz dem einen oder dem anderen zu widmen. Auf Vollerwerbstätigkeit erpicht, lag diese Politik außerdem quer zum Interesse vieler Frauen an Teilzeitarbeit. Im Übrigen waren die Instrumente und Anreize dieser Politik teilweise so angelegt, dass sie ein rapides Ansteigen der Zahl der Scheidungen und des Anteils der nichtehelichen Geburten förderten. Das Ergebnis in der Kurzform einer einzigen Zahl: Bei der Wiedervereinigung lag die Erwerbsquote der Frauen in der DDR bei 92 Prozent. Anders gesagt: Die DDR war die weiblichste Erwerbsgesellschaft Europas.

In der Bundesrepublik blieb dagegen lange das bürgerliche Leitbild der Hausfrauenehe dominant. Das ist auch in der Bauform des Sozialstaats erkennbar. Ein Beispiel: Wenn man auf die Witwenrenten blickt, die von der Versicherung des Ehemannes abgeleitet sind, so machten diese um 1990 in der Bundesrepublik rund 25 Prozent des gesamten Rentenvolumens aus, in der DDR nur sechs Prozent. Seit den 1960er-Jahren stieg die Erwerbsquote der Frauen auch im Westen Deutschlands kontinuierlich an, aber bei weitem nicht so stark wie in der DDR; zur Zeit der deutschen Vereinigung lag sie bei 60 Prozent.

Unterm Strich kann man sagen: Die DDR hat bei den Maßnahmen zur Vereinbarkeit von Familie und Beruf einen Vorsprung gegenüber der Bundesrepublik erreicht. Deshalb ging von der deutschen Vereinigung auch ein beträchtlicher Impuls in dieser Richtung aus. Der Einigungsvertrag schrieb nämlich dem gesamtdeutschen Parlament 1990 den Auftrag ins Stammbuch, die Gleichberechtigung von Männern und Frauen weiterzuentwickeln und die Vereinbarkeit von Familie und Beruf zu fördern. Der 1992 verankerte Rechtsanspruch auf einen Kindergartenplatz war eine der ersten Früchte dieser gesamtdeutschen Dynamik.

Möller: Ich möchte jetzt ganz gerne auf den zweiten Bereich der Sozialpolitik übergehen, den wir exemplarisch ansprechen wollten. Er gilt manchem auch heute noch als einer der Vorzeigebereiche der DDR-Sozialpolitik. Ich meine das Gesundheitssystem. Was unterschied eben dieses Gesundheitssystem in der DDR grundsätzlich von dem in der Bundesrepublik?

Hockerts: Auch da dominieren wieder die Kontraste. Das Gesundheitswesen in der DDR war fast ganz verstaatlicht, zentral gelenkt und allen Bürgern gleich und unentgeltlich zugänglich. Das galt als eine der großen Errungenschaften. Allerdings ist der Gleichheitsanspruch nur eingeschränkt eingelöst worden, denn neben den Krankenhäusern für die „einfachen" DDR-Bürger gab es ein spezielles Regierungskrankenhaus und in den Bezirkskrankenhäusern Sonderbereiche für die privilegierte Nomenklatura. Übrigens war auch das Rentenwesen nur auf dem Papier gleich: Neben der allgemeinen Rentenkasse gab es mehr oder minder im Verborgenen eine Vielzahl von Sonder- und Zusatzversorgungssystemen, die Ungleichheit stifteten. Zurück zum Gesundheitswesen: In der DDR war die ambulante fachärztliche Versorgung in Ambulatorien und Polikliniken zusammengefasst. Dieser ambulante Bereich und der stationäre Bereich waren gut – manche sagen sogar: vorbildlich – miteinander verbunden.

In der Bundesrepublik gab und gibt es dagegen einen privatwirtschaftlichen Sockel des Gesundheitswesens: freiberuflich praktizierende Ärzte, kommerzielle Pharmaindustrie, private Krankenversicherung. Für die meisten Menschen werden die Gesundheitsleistungen jedoch nicht über den Markt vermittelt, sondern über die gesetzliche Krankenversicherung, in die man Beiträge zahlt, wofür man dann je nach Bedarf Sach- und Dienstleistungen erhält. Insgesamt haben wir es mit einem komplizierten Public-Private-Mix zu tun, das nur schwer zu steuern ist, schon wegen der starken Verbandsmacht der Ärzte, während das verstaatlichte, zentral gelenkte Gesundheitswesen der DDR vergleichsweise leicht regulierbar war.

MÖLLER: In den 60er- und 70er-Jahren gelingt es in der DDR zwei der gefährlichsten Kinderkrankheiten, die übertragbare Kinderlähmung und die Diphtherie, zu verdrängen. Von westlichen Beobachtern wird das seinerzeit als beneidenswert bezeichnet. Waren die Präventionsmaßnahmen der DDR denen der Bundesrepublik zumindest in diesem Zeitraum überlegen?

HOCKERTS: Ja, das kann man so sagen. Das DDR-Gesundheitswesen war von Anfang an stärker auf Prophylaxe und Früherkennung ausgerichtet als das der Bundesrepublik. Deshalb baute die DDR auch die Infrastruktur des öffentlichen Gesundheitswesens zügiger aus. Darüber hinaus hatte sie auch weniger Hemmungen, Prophylaxe mit der Androhung von Ordnungsstrafen durchzusetzen, das heißt also: Impfzwang, Präsenzzwang bei Reihenuntersuchungen und dergleichen. Die Kombination von stark ausgebauter Prophylaxe und wenig zimperlicher Eingriffsverwaltung hat zu den Erfolgen geführt, die Sie nannten. Auf der anderen Seite muss man aber auch sehen, dass sich die Gesundheitsdaten der DDR-Bevölkerung seit Mitte der 70er-Jahre im Ganzen weniger günstig entwickelten als die in der Bundesrepublik oder in vergleichbaren westlichen Staaten. Wenn es nicht um Risiken ging, die man mit Impfungen und Reihenuntersuchungen in den Griff bekommen kann, dann hat sich das DDR-Gesundheitswesen als weniger leistungsstark erwiesen. Das lässt sich mit einem so harten Indikator wie der Lebenserwartung verdeutlichen. Seit Mitte der 70er-Jahre verschlechterte sich die Lebenserwartung aller ostdeutschen Altersgruppen, egal ob männlich oder weiblich, gegenüber den westdeutschen oder westeuropäischen Vergleichswerten. Das hat sicher mehr als nur eine Ursache. Ernährungsgewohnheiten und Umweltbelastungen haben hier eine Rolle gespielt, vor allem aber hängt diese ungünstige Entwicklung damit zusammen, dass das DDR-Gesundheitswesen, je länger umso mehr, skandalös unterausgestattet war und den Anschluss an den wissenschaftlich-technischen Fortschritt in der Medizin verlor.

MÖLLER: Damit sind die finanziellen Grenzen der DDR angesprochen. Wenn man abschließend den Blick noch einmal auf die anderen Bereiche der Sozialstaatlichkeit in der DDR ausweitet, kann man allenthalben beobachten, dass die Unterfinanzierung der Sozialsysteme wächst. Welche Gründe sind maßgeblich dafür, dass die Staats- und Parteiführung der DDR in dieser Situation nicht massiv gegensteuert, sondern im Grunde genommen sehenden Auges dem Konkurs entgegentrieb?

HOCKERTS: Etwas überspitzt gesagt und auf die Ära Honecker bezogen: Die SED sah kaum eine andere Möglichkeit zur Legitimation ihrer Herrschaft als das, was in der SED-Terminologie „soziale Sicherheit und Geborgenheit" hieß. Es blieb praktisch nur die Sozialpolitik, um eklatante Legitimationsdefizite aufzufangen. Solche Defizite lagen erstens in der mangelnden demokratischen Legitimität der politischen Ordnung, zweitens in der unbefriedigenden Effizienz der Wirtschaftsordnung, und drittens versuchte die SED, auf diese Weise auch den Rechtfertigungsdruck aufzufangen, der sich daraus ergab, dass sich viele Bürger den anderen Teil Deutschlands unablässig als Vergleichsgesellschaft vor Augen führten. Täglich flimmerte ja das West-Fernsehen in die DDR-Haushalte. Das wirkte entlegitimierend und destabilisierend.

Auf der Sozialpolitik lag also eine gewaltige Kompensationslast. Deshalb konnte hier nichts gekürzt werden, auch dann nicht, als offenkundig wurde, dass die Kosten die wirtschaftliche Leistungsfähigkeit der DDR überforderten. In mancher Hinsicht hat die Sozialpolitik die wirtschaftliche Leistungsfähigkeit sogar regelrecht untergraben. Das gilt zum Beispiel für das Ausmaß der Subventionspolitik und einige bizarre Züge der Preispolitik. So blieben zum Beispiel die Mieten etwa auf dem Niveau von 1936 „billig und stabil" – aber die Bausubstanz verfiel. Die Bahntarife blieben auf dem Niveau von 1938 – aber das Verkehrsnetz verfiel. Die Sozialpolitik der SED lebte zu erheblichen Teilen auf Pump, von der Substanz und auf Kosten der Zukunft, das heißt: um den Preis einer wachsenden Verschuldung im westlichen Ausland und auf Kosten der produktiven Investitionen. Allerdings sollte man nicht vergessen, dass es auch Stiefkinder der Sozialpolitik gab. Dazu gehörten viele alte Menschen, denn die Durchschnittsrente war in der DDR stets kümmerlich.

MÖLLER: Inwieweit ist es für die Geschichtswissenschaft von Interesse, bei der Untersuchung westlicher und östlicher Sozialstaatlichkeit auch denjenigen Wirkungen Aufmerksamkeit zu widmen, die sich aus dem Konkurrenzverhältnis der beiden deutschen Staaten ergeben haben? Existieren dazu aufschlussreiche Einzeluntersuchungen?

HOCKERTS: Bisher ist eigentlich nur untersucht worden, wie sich dieses Konkurrenzverhältnis auf die DDR ausgewirkt hat, wie die DDR unter Zugzwang geriet, gerade auch in sozialpolitischer Hinsicht. Selten wird die Blickrichtung einmal umgedreht und gefragt, ob die Systemkonkurrenz auch den Auf- und Ausbau des westdeutschen Sozialstaats beeinflusst hat. Dazu gibt es zwar ein paar Hypothesen, aber keine wirklich fundierten Studien. Meine Vermutung ist: Die ersten Schritte zum Ausbau der Bonner Sozialstaatlichkeit sind zu Anfang der 50er-Jahre tatsächlich von diesem Konkurrenzverhältnis beeinflusst worden. Der Regierung Adenauer lag daran, die westdeutsche Bevölkerung durch den Abbau sozialer Spannungen in der ideologisch-politischen Ost-West-Auseinandersetzung zu stabilisieren. Darin lag anfangs etwas Defensives, aber spätestens 1957, bei der Einführung der Dynamischen Rente, überwog eine offensive Wendung. Denn bei dieser enorm populären Rentenreform spielte das Motiv eine Rolle, die Strahlkraft des Westens im Systemwettbewerb mit dem Osten zu erhöhen. Mit Adenauers eigenen Worten: „Wir müssen attraktiv bleiben für die Menschen in der Zone." Ab den 1960er-Jahren entschwand die DDR jedoch so gut wie ganz aus dem Orientierungsrahmen der westdeutschen Sozialpolitik. Die Materialienbände zum „Bericht zur Lage der Nation", den die Regierung Brandt/Scheel erstellen ließ, enthielten zwar vergleichende Gegenüberstellungen der Sozialpolitik in Ost und West, aber irgendein Impuls auf den Gang der Bonner Sozialpolitik ist davon meines Wissens nicht ausgegangen.

MÖLLER: Ich möchte die Frage des Vergleichs abschließend noch etwas vertiefen. Unter Historikern wird viel über Sinn und Unsinn von Versuchen diskutiert, zu einer Integration der beiden deutschen Nachkriegsgeschichten zu kommen, also zu einer Art Synthese in der Geschichtsschreibung zu gelangen. Denken Sie, dass die methodische Ausrichtung auf eine solche integrierte deutsch-deutsche Geschichtsbetrachtung für die weitere Erforschung der Sozialstaatsentwicklung hilfreich sein kann, oder erscheint Ihnen der Ansatz eher künstlich aufgepfropft?

HOCKERTS: Gar nicht künstlich, im Gegenteil. Es ist ja fast so, als hätte jemand gesagt: Man nehme eine Gesellschaft, teile sie mittendurch, implantiere grundverschiedene Bauformen der Sozialstaatlichkeit und sehe dann vier Jahrzehnte lang zu, was dabei herauskommt. Das ist doch ein hochinteressantes Vergleichsfeld, wie man es in der historischen Wirklichkeit kaum ein zweites Mal so findet. Wie entwickelte sich die Version „mit Markt", wie die Version „ohne Markt"? Welche Effekte hatte die Verbindung von Sozialstaat und Konkurrenzdemokratie, welche diejenige von Sozialstaat und politischer Diktatur? Die DDR als gescheiterter Sozialstaat – was kann man daraus lernen? Wie kam der sozialstaatlich temperierte „rheinische Kapitalismus" damit zurecht, die gesellschaftliche Dauerspannung zu balancieren, von der oben die Rede war? Für solche zentralen Fragen bieten die beiden deutschen Nachkriegsgeschichten ein hervorragendes Untersuchungsfeld. Man sollte sie allerdings nicht abkapseln, sondern in übergreifende Zusammenhänge der gesellschaftlichen Ordnungssysteme, der Industriemoderne und der Herausforderungen des Sozialstaats in Europa einordnen.

1989/90: Der „Abschied vom Provisorium" und die Perspektiven einer integrierten deutschen Nachkriegsgeschichtsschreibung

Ein Gespräch mit Prof. Dr. Andreas Wirsching, Augsburg

MÖLLER: Herr Wirsching, den Titel unseres Gesprächs gibt Ihre als sechster Band in der Reihe „Geschichte der Bundesrepublik Deutschland" erschienene Veröffentlichung „Abschied vom Provisorium" vor, die für die Bundesrepublik den Zeitraum von 1982 bis 1990 behandelt. Wir wollen das Thema aber etwas weiter fassen und über den Abschied vom Provisorium der *beiden* deutschen Teilstaaten miteinander sprechen und daran anknüpfend über die möglichen Perspektiven einer künftigen deutschen Nachkriegsgeschichtsschreibung. Vielleicht könnten Sie als Einstieg dazu zunächst einmal kurz erläutern, wie die rechtlichen Rahmenbedingungen aussahen, unter denen sich die Deutschlandpolitik in der Bundesrepublik zu organisieren hatte. Was gab das Grundgesetz der Politik in dieser Hinsicht vor?

WIRSCHING: Das Grundgesetz hat sich von vornherein als ein Provisorium verstanden. Es war – wie Carlo Schmid es formuliert hat – ein Notbau, der eben in eine spezifische Übergangssituation hineingestellt wurde. Schon der Begriff Grundgesetz wurde ja gewählt, um den Begriff der Verfassung zu vermeiden, der zu endgültig erschien. Natürlich hat das Grundgesetz mit seiner Präambel – „Das gesamte deutsche Volk bleibt aufgefordert, in freier Selbstbestimmung die Einheit und Freiheit Deutschlands zu vollenden" – dem deutschen Volk und vor allem auch seinen Regierungen die Aufgabe gestellt, auf die Wiedervereinigung hinzuarbeiten. Die Möglichkeiten dafür hat es von vornherein durch die später berühmt gewordenen Artikel 23 und 146 geboten. In Artikel 23, der dann 1990 angewendet wurde, hieß es, „in anderen Teilen Deutschlands“ sei das Grundgesetz nach deren Beitritt in Kraft zu setzen. Insofern gibt es hier die Öffnung, das Grundgesetz auch in seinem Wirkungsgebiet auszudehnen. Der Artikel 146 sieht dagegen die Selbstaufhebung des Grundgesetzes im Zuge einer neuen Verfassung vor, die dann auch im Sinne einer Volksabstimmung zu verabschieden sein würde.

MÖLLER: Gab es ähnliche Passagen in der Verfassung der DDR?

WIRSCHING: Ja, in gewisser Weise schon. Zunächst muss man aber festhalten, dass es zwei Verfassungen der DDR gegeben hat, die erste von 1949 und die zweite von 1974. Und beide sind, gerade in Hinsicht auf die gesamtdeutschen Elemente, diametral unterschiedlich. Die erste Verfassung vom Oktober 1949 spricht in der Tat noch vom deutschen Volk, das sich eine Verfassung gibt, und nicht etwa vom Volk der DDR: von einem deutschen Volk mit einer einzigen Staatsbürgerschaft. Diese einzige Staatsbürgerschaft kommt in der Verfassung von 1949 als nach wie vor gültige Rechtsnorm vor. Das ist in der Verfassung von 1974 dann ganz anders. Die vollzieht verfassungsrechtlich die Spaltung und die Teilung der Nation. Hier ist die Rede vom Volk der Deutschen Demokratischen Republik und nicht mehr vom deutschen Volk. Dahinter steht die Vorstellung, dass es zwei deutsche Nationen gäbe, davon eine sozialistische und fortschrittliche auf dem Boden der DDR.

MÖLLER: Noch einmal zurück zum Grundgesetz: Mit dessen Vorgaben war der Status der Bundesrepublik und – wenn man so will – indirekt auch derjenige der DDR als staatliches Provisorium festgeschrieben. Als Konsequenz bedeutete das letztendlich auch die Vorgabe einer normativen Distanz zwischen den beiden deutschen Teilstaaten. Bis wann blieb diese Distanz prägend für die Politik, und welche konkreten politischen Ausformungen erfuhr sie?

WIRSCHING: In den 50er-Jahren war diese normative Distanz Teil der Logik der Blockbildung. Die Bundesrepublik hat unter Adenauer ihre Politik der Westintegration durchgeführt, die 1955 im NATO-Beitritt in den quasi souveränen Status der Bundesrepublik mündete. Und während dieser ganzen Zeit stand die Frage im politischen Raum: Wie vertragen sich die Westpolitik und das Offenhalten der deutschen Frage? Da ist stets eine gewisse Spannung geblieben, was ja auch in der Bundesrepublik zu erheblichen Kontroversen in den 50er-Jahren geführt hat.

Die Politik der Westintegration verband sich letztlich mit einem weiter bestehenden Alleinvertretungsanspruch der Bundesrepublik, womit die normative Distanz zur DDR zur Doktrin der bundesrepublikanischen Deutschland- und Außenpolitik deutlich gemacht wurde. Das schlägt sich in der sogenannten Hallstein-Doktrin nieder, die besagt, dass jeder Staat, der mit der DDR offizielle diplomatische Verbindungen aufnimmt, so beurteilt wird, als ob er einen unfreundlichen Akt gegen die Bundesrepublik durchführen würde. Dieser Alleinvertretungsanspruch hat natürlich das operative Geschäft in Sachen Ostpolitik erschwert, gleichzeitig aber die normative Distanz politisch und rechtlich ganz klar betont. Das war eine komplexe juristische, völkerrechtliche, politische und auch psychologische Situation, in die sich die Bundesrepublik da hineinbegeben hatte. Die Position war auch nicht leicht durchzuhalten. In den 60er-Jahren wird das politische und rechtliche Beharren der Bundesrepublik auf dieser normativen Distanz bei der gleichzeitig fortbestehenden Wiedervereinigungsrhetorik international zunehmend als störend empfunden. Auf der Ebene der Supermächte und der internationalen Politik im Ost-West-Gegensatz ist jetzt im Grunde genommen Entspannung angesagt. Man kann das sehr schön in den entsprechenden Quellen nachlesen; praktisch alle wichtigen politischen Vertreter des Westens sagen jetzt: Wir brauchen so etwas wie eine Anerkenntnis dessen, was ist.

MÖLLER: So etwas wie einen parteiübergreifenden realpolitischen Handlungspragmatismus?

WIRSCHING: Ja, das kann man so sagen. Gespeist natürlich vor allem auch aus der Angst vor der atomaren Selbstvernichtung. Die Vorstellung, man könnte im Falle eines Angriffskrieges mit einem militärischen Rollback reagieren, verliert vor dem Hintergrund der atomaren Bewaffnung der Sowjetunion eine ganze Menge ihres Charmes. Die Akzeptanz, dass man die Interessenssphären und auch die gegebenen Grenzen zunächst einmal anerkennen muss, um zu einem Modus Vivendi zu gelangen, das ist, wenn man so will, der Zeitgeist der 60er-Jahre, der auch nach neuen Konzepten verlangte, womit wir dann bei der Entspannungspolitik und der neuen Ostpolitik angelangt sind. Hinzu kommt noch, dass sich das Beharren auf der normativen Distanz und auf dem rechtlichen Alleinvertretungsanspruch seit dem Mauerbau von 1961 natürlich ganz massiv im zwischenmenschlichen Bereich stößt; eben an der nun definitiv nicht mehr vorhandenen Freizügigkeit zwischen Ost und West. Das alles sind neue politische Herausforderungen, die schließlich in einem längeren Prozess zu dem Konzept einer neuen Ostpolitik geführt haben, das dann nach 1969 auch sehr zügig umgesetzt wurde.

MÖLLER: Eine entscheidende Wegmarke dieser neuen Ostpolitik ist der 1972 abgeschlossene deutsch-deutsche Grundlagenvertrag, der auch die deutschen Beziehungen untereinander auf eine rechtlich tragfähige Basis stellt. Was sind die Voraussetzungen gewesen, dass dieser Vertrag überhaupt abgeschlossen werden konnte? Und was waren die Interessen auf beiden Seiten, die damit verbunden wurden?

WIRSCHING: Das lässt sich ziemlich klar bestimmen. Im Westen, also in der Bundesrepublik und auch in Westberlin – das muss man betonen, weil die Hauptvertreter der späteren Ostpolitik, Willy Brandt und Egon Bahr, zur Zeit des Mauerbaus 1961 in Berlin gewesen sind – ist es zu einem erheblichen Teil das Leiden an der Teilung, die sich 1961 in Beton gleichsam materialisiert hatte. Dazu kam die Einsicht, dass mit dem strikten Beharren auf Rechtsstandpunkten ohne ein pragmatisches operatives Korrektiv, nichts mehr zu erreichen sein würde. Diese Einsicht hat sich im Übrigen mit der Zeit auch parteienübergreifend durchgesetzt. In der FDP zum Beispiel gibt es in den 60er-Jahren von Erich Mende zu Walter Scheel einen ganz klaren Wandel. Und auch in der Union ist die Zufriedenheit mit dem deutschlandpolitischen Status quo in der Ära Adenauer in den 60er-Jahren nicht mehr allzu hoch. Da wächst durchaus die Vorstellung, dass man neue Wege beschreiten müsste.

Umgekehrt war für die DDR natürlich jede schrittweise Anerkennung ihrer Souveränität ein politischer Gewinn, ein Statusgewinn, der durch den Grundlagenvertrag entscheidend gefestigt wurde.

MÖLLER: Wäre der Vertrag denn möglich gewesen, wenn es in der DDR nicht diese eklatante Devisenknappheit gegeben hätte?

WIRSCHING: Ja, ich glaube schon. Mit dem Hinweis auf die Devisenknappheit muss man vielleicht auch dahingehend etwas aufpassen, dass man nicht die letztlich letale finanzielle und ökonomische Krise der 80er-Jahre allzu rasch etwa in die späten 60er-Jahre zurückprojiziert. Da muss man sich vor einem Blick ex post hüten. Ich denke, der entscheidende Motivationsstrang, die entscheidende Interessenlage der DDR wie auch der Bundesrepublik war es, auf der Basis des Status quo einen neuen innerdeutschen Modus Vivendi zu finden. Da kommen dann natürlich ökonomische Interessen der DDR sehr schnell mit ins Spiel. Das ist ganz klar. Ich würde sie aber nicht als den primären Entscheidungsfaktor bezogen auf die Zeit des Grundlagenvertrags interpretieren.

MÖLLER: Sie hatten die Rolle der Parteien und die Veränderung ihrer Sichtweisen auf das deutsch-deutsche Verhältnis schon angesprochen. Könnten Sie das noch etwas konkreter fassen? Wie stellten sich die einzelnen Parteien zur Frage der Wiedervereinigung, wie handhabten sie ganz praktisch die Kontaktpflege, und mit wem unterhielten sie Kontakte?

WIRSCHING: Das ist eine hochinteressante Frage, die natürlich auch etwas vom Nebel der parteipolitischen Polemik und Auseinandersetzung vor allem der 80er-Jahre überlagert ist. Ich glaube nicht, dass man diese Frage der deutschlandpolitischen Kontakte und der deutschlandpolitischen Ausrichtung strikt in parteipolitische Kategorien zwängen kann. Das gilt selbst für einen so umstrittenen Vorgang wie das Zustandekommen des SPD-SED-Papiers von 1987, mit dessen Hilfe versucht wurde, auf der Basis des Status quo innerdeutsche Zugewinne zu erzielen ...

MÖLLER: Zur Erinnerung: Das Papier war nach dreijähriger Diskussion zwischen Vertretern beider Parteien zustande gekommen, trug den Titel „Streit der Ideologien und die gemeinsame Sicherheit" und thematisierte eine ganze Reihe ideologischer Differenzen der politischen Systeme in West- und Ostdeutschland, die in den deutsch-deutschen Beziehungen bis dahin stets ausgeklammert worden waren.

WIRSCHING: ... und innerhalb der SPD waren die Verhandlungen, die schließlich zu dem Papier führten, durchaus umstritten. Ich denke, in jeder der großen Parteien hat die Deutschlandpolitik einen Riss durch die jeweilige Partei provoziert. Das gilt für die SPD ebenso wie für die Union. In der Union zum Beispiel gibt es Ende der 80er-Jahre einen großen Streit darüber, wie das Verhältnis von europäischer Einigung einerseits und deutscher Wiedervereinigung andererseits zu sehen sei. Was soll Priorität haben? Und als die damalige Bundesministerin für innerdeutsche Beziehungen, Dorothee Willms, nur den Anschein erweckt, sie könnte der europäischen Einigung eine Priorität vor der deutsch-deutschen Wiedervereinigung einräumen, führt das bereits zu einem Riesenkrach innerhalb der Union. Natürlich ist es für weitsichtige Politiker damals klar gewesen, dass man eine Wiedervereinigungspolitik nicht würde führen können, ohne gleichzeitig offensiv eine europapolitische Einigungspolitik zu betreiben. Das wollten aber viele in der Union damals nicht unbedingt so sehen. Und das gilt ähnlich auch für die Grünen. Die Grünen – das ist ja besonders interessant – sind die Partei gewesen, die gleichsam am stärksten die Realität akzeptieren und die Normen der Realität auch entsprechend annähern wollte. Konkret: Sie waren am ehesten bereit, die Staatsbürgerschaft der DDR anzuerkennen. Andererseits gehörten Teile der Grünen auch zu denjenigen, die mit als erste organisierte gesamtdeutsche Kontakte hatten, wenn man beispielsweise an die Umweltbewegung und an die Friedensbewegung denkt. Auch diese bewegungspolitische Richtung innerhalb der Grünen gab es, ich erinnere nur an die Auftritte von Petra Kelly auf dem Berliner Alexanderplatz, die ja dann auch sehr schnell zu Problemen mit dem Regime geführt haben. Das sind Aktivitäten innerhalb der Grünen gewesen, die gleichzeitig aber auch wiederum in der Partei keineswegs unumstritten waren. Da gab es ebenfalls sehr kontroverse Einschätzungen in deutschlandpolitischen Fragen. Insofern ging der Riss durch alle Parteien.

MÖLLER: Wenn Sie diesen Riss durch alle Parteien in Fragen der Deutschlandpolitik konstatieren, kann dann eine der Ursachen dafür auch sein, dass die verschiedenen Generationen eben ganz unterschiedliche Sichtweisen auf die Frage der Wiedervereinigung hatten? Bei einem Teil war die Trennung Deutschlands schließlich in der eigenen Biografie verankert, bei einem anderen Teil nicht.

WIRSCHING: Ja, die Generationenfrage ist für die Wahrnehmung der deutschen Frage ein ganz entscheidender Faktor, davon bin ich fest überzeugt. Das reproduziert sich natürlich innerhalb der Parteien. Jüngere, echte Nachkriegsjahrgänge, die in die Bundesrepublik hineingeboren wurden, haben sich in der Regel schwerer getan, die deutsche Frage wirklich als offene Frage zu sehen; ganz anders die Älteren, für die die gesamtdeutsche Realität eben noch eine Lebenserfahrung gewesen ist.

MÖLLER: Was mich dennoch im Rückblick überrascht, das ist, wie lange die überwiegende Mehrheit der politischen Klasse der Bundesrepublik mit den führenden Köpfen der SED weiter unter den Vorzeichen der pragmatischen Anerkennungspolitik im Gespräch blieb und verhandelte. War das eigentlich nur der Rücksichtnahme auf die ständig präsente übergeordnete Ost-West-Konstellation geschuldet oder passte es auch schlicht nicht in die zeitgenössische Vorstellungswelt, dass sich der zweite deutsche Teilstaat irgendwann mal ganz aus der Geschichte würde verabschieden können?

WIRSCHING: Ich glaube, dass es da mehrere Ebenen gibt, die man unterscheiden muss. Das eine hatten wir gerade schon angesprochen: Der Generationenwechsel, die Tatsache, dass ein immer größerer Bevölkerungsanteil in die Bundesrepublik hineingeboren war, hat Wirkung gezeigt. Die Vorstellung, dass es etwas anderes geben könnte als diese beiden deutschen Staaten nebeneinander, war – das würde ich auch als Zeitzeuge sagen – in einem großen Teil der 50er- und 60er-Jahrgänge schlicht nicht mehr vorhanden. Da mag es durchaus auch Unterschiede innerhalb der betreffenden Generationen geben, aber majoritär hat diese Nachkriegsgeneration nicht mehr wirklich an eine Alternative zum Status quo glauben wollen.

Auf der anderen Seite ist natürlich diese pragmatische Anerkennungspolitik auch einem ganz nüchternen politischen Kalkül geschuldet. Die Bundesregierung unter Helmut Kohl und Hans-Dietrich Genscher wusste 1989, dass die Erosionserscheinungen in der DDR unverkennbar geworden waren. Sie wusste auch: In dem Augenblick, wo hier wirklich etwas ins Rutschen kommt, haben wir ein Problem mit den westeuropäischen Nachbarn. Das war nur allzu offenkundig. Sie werden sich erinnern, Giulio Andreotti etwa, der italienische Ministerpräsident, hat 1984 vom „Pangermanismus" der beiden deutschen Staaten gesprochen. Es gab hier also eine ganze Reihe von Befürchtungen und Ressentiments, die nicht unbedingt einer tatsächlichen Veränderung des Status quo in deutschlandpolitischer Hinsicht zuträglich waren. Insofern war die politische Rhetorik des „Nicht-Destabilisieren Wollens" für die Bundesregierung bis November 1989 einfach auch eine Notwendigkeit und insofern steckte auch Kalkül dahinter. Und beides verbindet sich nun: einerseits die Zwangsläufigkeit des Ost-West-Gegensatzes, auch die Konsequenzen, die sich aus der deutschen Geschichte ergeben haben, und andererseits die Vorstellungswelt eines Großteils der westdeutschen Bevölkerung, in der eine Überwindung der Teilung nicht vorkam.

MÖLLER: In jedem Fall gewann die Entwicklung gegen Ende der 80er-Jahre eine Dynamik, die offensichtlich für viele überraschend kam und nur von wenigen vorausgesehen wurde. Nun mag man geneigt sein, den damaligen politischen Akteuren im Rückblick durchaus mit Nachsicht zu begegnen; immerhin verlief der Auflösungsprozess der DDR wie auch des gesamten Ostblocks in seiner Schlussphase äußerst rapide und hat manchen sicher ganz einfach überrollt. Wer nach meinem Dafürhalten diese Entlastung für sich aber eigentlich kaum in Anspruch nehmen dürfte – und damit wären wir beim zweiten Schwerpunkt unseres Gesprächs – ist die westdeutsche DDR-Forschung. Dieser Forschungszweig hatte sich ja seit Ende der 40er-Jahre mit der SBZ und dann mit der DDR beschäftigt. Und er hat den Zusammenbruch des Ostblocks und der DDR offensichtlich kaum vorausgesehen. Was sind aus Ihrer Sicht zunächst einmal die fachimmanenten Gründe dafür, dass die westdeutsche Forschung der DDR ein so hohes Maß an Stabilität attestierte, das sie ja ganz offensichtlich letztendlich nicht besessen hat?

WIRSCHING: Die Frage ist, inwieweit es nur fachimmanente Gründe sind. Zunächst mal glaube ich schon, dass die Deutschlandforschung oder DDR-Forschung der alten Bundesrepublik unter dem Problem gelitten hat, dass sie zumindest in gewissem Umfang eine abhängige Variable der jeweiligen politischen Koordinaten gewesen ist.

MÖLLER: Das hieße im Klartext: zu starke Nähe zur Politik.

WIRSCHING: Nähe nicht unbedingt nur institutionell, aber Nähe zu dem, was als politisch opportun und dominant erschien. Das beginnt mit der SBZ-Forschung bzw. der DDR-Forschung der 50er-Jahre. Nehmen Sie allein die Bezeichnung „Forschungsbeirat für Fragen der Wiedervereinigung Deutschlands“ *beim* Bundesminister für gesamtdeutsche Fragen ...

MÖLLER: ... das Gremium, das zwischen 1952 und 1975 mit der Ausarbeitung von Maßnahmen beauftragt war, die im Falle einer Eingliederung der DDR in die Bundesrepublik zur Anwendung kommen sollten.

WIRSCHING: Genau, man sieht schon am Titel dieser Institution, dass da die Nähe zum deutschlandpolitischen Paradigma, das von einem raschen Zusammenbruch der DDR ausging, gegeben war. Das ändert sich dann in den 60er- und 70er-Jahren, und der Zeitgeist der Entspannung und der neuen Ostpolitik hat sich auch in der DDR-Forschung niedergeschlagen. Sie beginnt dann damit, den Systemvergleich zu betreiben. Sie geht also nicht mehr nach dem einfachen Strickmuster davon aus, dass die DDR nur ein Unrechtsstaat ist, sondern sie erkennt an, dass es durchaus auch zu vergleichende Aspekte gibt, die man untersuchen muss. Ich selbst habe beispielsweise in den 70er-Jahren als Schüler den Systemvergleich DDR-Bundesrepublik noch bis zum Exzess machen müssen. Ich fand das damals schon relativ steril, weil natürlich dabei das Moment einer normativen Distanz zwischen beiden Regimes – zwischen einem freiheitlichen und einem diktatorischen Regime – doch leicht verwischt worden ist. Das war ein Problem.

Es gibt aber auch – Sie hatten ja danach gefragt – ein wissenschaftsimmanentes Element, denn die alte SBZ-Forschung oder DDR-Forschung, und Ähnliches gilt auch für die Totalitarismustheorie, war eigentlich nicht wirklich in der Lage, mit ihrem methodischen Instrumentarium den Wandel der poststalinistischen Systeme zu erklären und zu erforschen. Sie war auch nicht in der Lage dazu, diese – wenn man so will – prekäre Stabilität richtig zu deuten, die, wie wir heute wahrscheinlich besser wissen, eben doch wohl eine Stabilität auf den Bajonetten war. Und erst in den 70er-Jahren tauchten dann neue Ansätze auf, etwa in den Arbeiten von Peter Christian Ludz und anderen, die stark von der Politikwissenschaft dominiert waren und meist strukturanalytisch vorgingen, während die eigentliche Historie, die nun auch konkret hätte erforschen können, worauf solche Stabilität beruht, damals zu wenig zu Wort gekommen ist bzw. sich auch zu wenig zu Wort gemeldet hat. Insofern gibt es auch wissenschaftsimmanente Gründe dafür.

MÖLLER: War die DDR-Forschung nicht insgesamt zu stark von der Zeitgeschichtsforschung bzw. auch von der Osteuropaforschung abgeschottet. Jürgen Kocka hat in dem Zusammenhang von einer Selbstisolierung gesprochen. Scheint Ihnen das berechtigt zu sein?

WIRSCHING: Die dominante Zeitgeschichtsforschung der 70er-Jahre, und die Betonung liegt jetzt auf *Geschichts*forschung, hat sich mit der DDR wenig befasst. Das waren in der Tat dann „Inseln“ oder vereinzelte Institutionen wie das Institut für Gesellschaft und Wissenschaft (IGW) in Erlangen oder Hermann Weber in Mannheim mit seiner Schule – wobei Hermann Weber sehr dezidiert auch empirisch gearbeitet hat und der bedeutendste DDR-Historiker im Westen gewesen ist. Insgesamt aber wird man sagen müssen, dass etwas dran ist an der relativ isolierten Position der DDR-Geschichtswissenschaft. Man muss natürlich auch sagen, dass sich die DDR-Forschung, sofern sie eben auch historische Forschung war, fast ausschließlich auf diejenigen gedruckten Quellen hat stützen müssen, die im Westen überhaupt zugänglich waren. Das hat ihre Reichweite methodisch a priori sehr stark eingeschränkt.

MÖLLER: Ist das auch eine der Ursachen dafür, dass bestimmte Aspekte der DDR-Geschichte in der Forschung außen vor geblieben sind, wie zum Beispiel die Rolle des Ministeriums für Staatssicherheit? Oder ist der Vorwurf berechtigt, derlei Forschungen seien aus politisch-pragmatischen Gründen gar nicht erst unternommen worden, weil man damit die deutsch-deutschen Beziehungen nicht belasten wollte, Stichwort: zu starke Politiknähe der Wissenschaft?

WIRSCHING: Im Einzelfall mag an solchen Vorwürfen etwas dran sein. Es passte nicht zum Zeitgeist dieser gouvernemental orientierten Deutschlandpolitik. Auf der anderen Seite würde ich die methodische Problematik doch stark betonen. Nehmen Sie als Gedankenexperiment den Fall, dass Sie über die NS-Diktatur nur mit gedruckten Quellen arbeiten würden, dann bekämen Sie ein völlig anderes Bild als durch Archivstudien. Und solche Archivstudien waren – bezogen auf die DDR – kaum möglich. Deswegen hat sich die DDR-Geschichtsschreibung, sofern es sie im Westen gegeben hat, auf andere Themen konzentriert. Um ein Beispiel zu nennen: Die Rolle Preußens in der Traditionsbildung der DDR und der DDR-Geschichtswissenschaft wird als Thema in den 70er-Jahren plötzlich interessant. In der Debatte um das Erbe und um die Tradition reklamiert die DDR- und Parteihistorie jetzt auf einmal Elemente der Geschichte Preußens für sich. Es kommt zu einer Umwertung Friedrich II., der den Beinamen „der Große" trägt, den zu nennen in der DDR aber lange verboten war. Ende der 70er-Jahre erscheint die bekannte Biografie der ostdeutschen Historikerin Ingrid Mittenzwei über Friedrich II., die dann auch ein etwas verändertes Preußenbild zeichnet: Preußen nicht mehr nur als die reaktionäre Kraft in der deutschen Geschichte. Und so etwas ist im Westen sehr genau beobachtet worden, es gibt zahlreiche Publikationen darüber, es sind Doktorarbeiten darüber geschrieben worden, wie diese Erbe- und Traditionsdebatte in der DDR-Parteihistoriografie wirkt und welche Nuancen verändert werden. Das mag aus heutiger Sicht vielleicht noch interessant wirken, aber es gehörte sicher nicht zu den zentralen Themen der DDR-Geschichte, die man schon damals gerne erforscht hätte.

MÖLLER: Hat denn die DDR-Geschichtsforschung nach dem Untergang ihres eigentlichen Gegenstandes und nach den jahrzehntelangen Forschungen, die bereits betrieben worden sind, aus ihrer Sicht überhaupt noch eine aktuelle Relevanz als eigenständiges Forschungsfeld? Oder müsste sie nicht streng genommen als eine Art Spezialfall einer Regionalgeschichte weitergeführt werden?

WIRSCHING: Das würde ich keinesfalls sagen. Die DDR-Geschichte ist mit Sicherheit mehr als ein Spezialfall einer Regionalgeschichte, wie etwa der nordrhein-westfälischen, der bayrischen oder derjenigen Schleswig-Holsteins.

MÖLLER: Wenn man es ganz platt nehmen möchte, könnte man darauf hinweisen, dass Bayern etwa dreizehn Millionen Einwohner hat, die DDR hatte sechzehn Millionen.

WIRSCHING: Wobei zu befürchten ist, dass Bayern eines Tages mehr Einwohner haben wird als die heutigen neuen Bundesländer ... Das kann man quantitativ natürlich so begründen, aber ich würde das Argument für wenig stichhaltig halten, denn was an der DDR-Geschichte entscheidend ist, ist ja nun einmal die Diktaturerfahrung. Das ist eben nicht nur Regionalgeschichte, es ist Diktaturgeschichte. Und wenn man das in den größeren Zusammenhang des 20. Jahrhunderts stellt und auch in einen europäischen Zusammenhang – und dafür würde ich unbedingt plädieren –, dann ist natürlich das 20. Jahrhundert die Geschichte der Diktaturen oder auch des Wechselspiels zwischen Demokratie und Diktatur. Da hat die DDR, wenn wir hier von deutscher Geschichte sprechen, ihren ganz wichtigen Platz, denn Deutschland ist das einzige Land, das im 20. Jahrhundert eine nationalsozialistische Diktatur ebenso erfahren musste, wie zumindest zum Teil auch eine kommunistische Diktatur. Das gibt einen Spannungsbogen, der in jeder Art von historischer DDR-Forschung präsent ist, und den man nicht ignorieren kann. Insofern hat die DDR-Geschichtsforschung eine hohe Signifikanz, die über ihren begrenzten geografischen Raum und ihre verhältnismäßig geringe Bevölkerungszahl doch deutlich hinausweist.

MÖLLER: Wenn wir davon ausgehen, dass die DDR-Forschung weiterhin zukunftsfähig sein könnte, was wären denn dann aus Ihrer Sicht künftige Forschungsfelder und -perspektiven?

WIRSCHING: Es gibt natürlich die Auffassung, die DDR-Geschichte sei bereits überforscht. Trotzdem würde ich sagen, dass alles das, was neue Erkenntnisse bringt, zum Beispiel über das Verhältnis von Staat und Gesellschaft – Stichwort: Repressionsapparat –, es wert ist, weiter erforscht zu werden. Wir haben beispielsweise hier an meinem Lehrstuhl eine wichtige Arbeit betreuen können, die insofern innovativ ist, als sie die Arbeit der Stasi und gleichzeitig Einzelfälle Betroffener untersucht hat. Es geht dabei konkret um dreißig Personen in Sachsen, deren Repressionsgeschichte mit Methoden der Oral History erforscht worden ist. Das sind Erzählinterviews, in denen die Betroffenen von den Stasimethoden berichten; und dies wiederum ist gekoppelt worden mit den personenbezogenen Akten in der Gauck- bzw. Birthler-Behörde.[1] Das ist eine sehr interessante Arbeit, weil sie eben beide Perspektiven zusammenführt. So etwas, finde ich, ist immer wichtig. Da kann man nicht sagen: Über die Stasi wissen wir heute genug, sondern solche Forschungen sind methodisch wie auch sachlich weiterhin notwendig. Gleichzeitig wird man einer bestimmten Tendenz entgegentreten müssen, die in der DDR ein hermetisch abgeschlossenes Forschungsgebiet sehen möchte. Bei künftigen Forschungen muss der europäische Vergleich stärker in den Fokus rücken, aber auch die diachrone Einordnung in die deutsche und europäische, auch in die mitteleuropäische Geschichte des 20. Jahrhunderts. Wir brauchen eine breite Einbettung des Gegenstandes, und dazu gibt es zahlreiche Ansatzpunkte.

Möller: Belassen wir es zunächst einmal bei diesen Stichpunkten. Ich würde im letzten Abschnitt unseres Gespräches gerne noch einmal von der DDR-Forschung auf die Fragestellung lenken, wie nach der erfolgten Wiedervereinigung eine zeitgemäße Abfassung der deutsch-deutschen Nachkriegsgeschichte insgesamt aussehen könnte. Das ist eine Fragestellung, die die Zeithistoriker und Deutschlandforscher seit einiger Zeit umtreibt. Es gibt in entsprechenden Fachkreisen seit Jahren Diskussionen und Bemühungen, zu einer sogenannten integrierten deutschen Nachkriegsgeschichte zu kommen. Dieses Bemühen firmiert unter Begrifflichkeiten, die für Außenstehende wie Wortungetüme klingen müssen. Christoph Kleßmann spricht zum Beispiel von der Notwendigkeit einer „asymmetrisch verflochtenen deutschen Parallel- und

1 Siehe dazu: Babett Bauer, Kontrolle und Repression. Individuelle Erfahrungen in der DDR 1971–1989. Historische Studie und methodologischer Beitrag zur Oral History, Göttingen 2006.

Kontrastgeschichte", Konrad Jarausch von einem „pluralen Sequenzmodell". Was sollte diese viel beschworene integrierte deutsche Nachkriegsgeschichte von den bisher vorliegenden Geschichtsdarstellungen unterscheiden?

WIRSCHING: Zunächst möchte ich feststellen, dass wir hier einem Problem begegnen, das für jeden historischen Großgegenstand gilt. Dieses Problem besteht in der Spannung zwischen dem Bedürfnis nach Synthese, nach „integrierter" Geschichtsdarstellung einerseits und nach der notwendigen Einzelforschung andererseits. Oder anders ausgedrückt: Es geht um das Spannungsverhältnis von Einheit und Vielfalt, das uns in jedem historischen Gegenstand begegnet. Einen Begriff wie „integrierte deutsche Nachkriegsgeschichte" finde ich deswegen problematisch, weil ein solcher Begriff die Verfügbarkeit einer Geschichte suggeriert, über die es aber eigentlich erst noch einmal nachzudenken gälte. Mir sind deshalb die „Wortungetüme", von denen Sie gesprochen haben, sogar sympathischer, weil sie eben die Differenzierung bereits andeuten und auch versuchen, sie auf den Begriff zu bringen. Ich glaube nicht, dass eine solche „integrierte deutsche Nachkriegsgeschichte" ohne weiteres verfügbar ist. Ich meine, jede deutsche Nachkriegsgeschichte sollte über zwei Punkte hinausgehen: Sie sollte die DDR über die Deutschlandpolitik hinaus thematisieren und auch über den Systemgegensatz hinaus. Das sind zwar zwei wichtige Aspekte, aber damit allein kann es nicht getan sein; vielmehr brauchen wir neue Gegenstände, gesamtdeutsche Gegenstände gewissermaßen, die dann historisch zu erforschen sind, vielleicht auch vergleichend zu erforschen sind und die dann aber auch in eine neue Synthesebildung einzugehen hätten.

MÖLLER: Wäre aus Ihrer Sicht eine solche groß angelegte Synthese, die dann auch von einem gemeinsamen Geschichtsbild auszugehen hätte, das zuweilen ja mit einem gewissen national-pädagogischen Unterton gefordert wird, in einer pluralistischen Gesellschaft wie der unseren überhaupt erstrebenswert?

WIRSCHING: Aus geschichtswissenschaftlicher Sicht würde ich nicht unbedingt sagen, dass wir ein gemeinsames Geschichtsbild brauchen oder dass es erstrebenswert ist. Auf der anderen Seite wird man natürlich gerade in der Zeitgeschichte auch als Historiker nicht an der Sache vorbeigehen können, dass die Suche nach Orientierung und damit auch die

Suche nach einem „Geschichtsbild" in der Öffentlichkeit stets vorhanden ist. Und es wäre sicher falsch, aus geschichtswissenschaftlicher Sicht einfach zu sagen: Damit haben wir nichts zu tun, wir machen nur unsere Spezialforschung, die eben immer hyperdifferenziert ist. Insofern glaube ich schon, dass Historiker sich auch in solche Debatten einschalten müssen. Gleichzeitig sollten sie aber immer auch ihre Dekonstruktionskompetenz, ihre methodische Kompetenz, solche Geschichtsbilder wieder in Frage zu stellen und zu relativieren, ebenfalls einbringen. Dabei bestehen natürlich auch für die Geschichtswissenschaft Versuchungen. Die Geschichte der Geschichtswissenschaft ist voll davon, und gerade gegenwärtig ist sie in der Versuchung, eine solche Suche nach gemeinsamen Geschichtsbildern auch zu bedienen. Umso mehr brauchen wir, und darauf würde ich insistieren, eine Mischung aus einer differenzierten Herangehensweise mit einer möglichst großen Vielfalt von Einzelaspekten, die dann in einen gemeinsamen Zusammenhang gestellt werden können.

MÖLLER: Riskieren wir zum Schluss noch einen Blick in die Zukunft. Wenn wir mal fünf bis zehn Jahre weiter denken, wird dann aus den Bemühungen der Geschichtswissenschaft so etwas wie eine Art großer Meistererzählung hervorgehen, die einen roten Faden spinnt von Adenauers Politik der Westintegration über Brandts Politik der Versöhnung mit dem Osten bis hin zur Wiedervereinigung unter Helmut Kohl, eine westliche Erfolgsgeschichte also?

WIRSCHING: Ich glaube, dass es eine solche Meistererzählung bereits gibt. Die ist größten Teils in der interessierten Öffentlichkeit präsent aber teilweise auch in neueren Gesamtdarstellungen zur Nachkriegsgeschichte Deutschlands nach 1945 zu finden. Es gibt sie bereits, das Datum 1990 verführt zur Teleologie. Es verführt dazu, 1990 als einen Höhepunkt zu sehen und im Lichte dieses Höhepunktes die widerstreitenden Elemente der Geschichte davor aus dem Blickwinkel der Gegenwart zu harmonisieren. Und was Sie angesprochen haben, die harmonische Kombination von Adenauers Politik der Westintegration und der Neuen Ostpolitik unter Brandt wäre ein solches Beispiel – mit Kohl als abschließender Synthese. Das ist natürlich viel zu einfach und führt im Detail historisch in die Irre. Man muss sich schon recht genau die schweren Konflikte ansehen, die es um all diese Fragen in der alten Bundesrepublik gegeben hat. Auch die ganzen Dinge, die inkommensurabel waren, sowohl in der Bundesrepublik wie auch zwischen der Bundesrepublik und der DDR. Manche Dinge lassen sich nicht auf einen Nenner bringen, sondern man muss die Widersprüche, die Ungleichzeitigkeiten, das Ensemble der Vielfalt akzeptieren und zum Teil auch bestehen lassen. Insofern glaube ich, hat die Geschichtswissenschaft da auch die Aufgabe, solche Meistererzählungen zunächst einmal zu analysieren, zu beschreiben, um sie dann vielleicht auch, wenn nicht zu dekonstruieren, so doch zumindest sehr kritisch zu diskutieren.

Vergangenheitsaufarbeitung und Erinnerungskultur nach 1989 im europäischen Kontext

Ein Gespräch mit Prof. Dr. Bernd Faulenbach, Bochum

MÖLLER: Herr Faulenbach, nach der Wiedervereinigung begann auf dem Gebiet der ehemaligen DDR an zahlreichen Gedenkstätten zur Erinnerung an den NS-Terror eine kritische Reflexion und Revision der dort vorhandenen Gedenkinszenierungen. Dabei ging es vor allem um eine angemessene Differenzierung zwischen den authentischen Orten der nationalsozialistischen Verbrechen einerseits und den unter der SED an diesen Orten ideologisch aufgeladenen Gedenkinszenierungen andererseits. Sie selbst waren als Mitglied einer Expertenkommission daran beteiligt, die Grundlagen für die Neuausrichtung der Gedenkstätten Sachsenhausen und Ravensbrück zu entwickeln. Die „doppelte Vergangenheit" dieser Orte wurde zu einem der sensibelsten Streitthemen innerhalb der Denkmaldebatten der 90er-Jahre in Deutschland. Wie stellen sich diese Auseinandersetzungen für Sie im Rückblick dar? Welche weiterführenden Erkenntnisse für eine gesamtdeutsche Erinnerungskultur konnten gewonnen werden?

FAULENBACH: Die Nationalen Mahn- und Gedenkstätten waren Orte, die den Sieg des Antifaschismus über den Faschismus gewürdigt und gefeiert haben. Damit waren bestimmte Einseitigkeiten verbunden. Zu diesen Einseitigkeiten gehörte, dass diejenigen, die politischen Widerstand gegen die Nationalsozialisten geleistet hatten, sowie der durch zahlreiche Opfer erreichte Sieg der Antifaschisten im Bündnis mit der Sowjetunion im Vordergrund der Inszenierungen standen. Die Opfer, die nicht in diese politische Widerstandstradition hineinpassten, spielten dagegen nur eine geringe bzw. gar keine Rolle. Man muss andererseits aber auch positiv registrieren, dass diese großen Gedenkstätten immerhin geschaffen, unterhalten und personell ausgestattet worden waren. Ob das Personal für seine Aufgaben qualifiziert war, ist dabei eine andere Frage.

Nach 1989/90 stellte sich die Frage: Wie geht man mit diesen Gedenkorten um? Theoretisch hätte man sie in der vorhandenen Form erhalten können, dann hätte man gleichsam ein Museum der Anschauungswelt des DDR-Antifaschismus gehabt. Das war aber zum damaligen Zeitpunkt nur eine rein theoretische Möglichkeit; sowohl die ostdeutsche Bevölkerung als auch die gesamtdeutsche Öffentlichkeit drängten darauf, dass die Gedenkstätten verändert würden. Dies führte schließlich zur Einsetzung entsprechender Kommissionen durch die betreffenden Länder. In der Kommissionsarbeit, an der ich beteiligt war, waren wir uns rasch einig, den jeweiligen Ort, viel stärker als das bis dahin geschehen war, ernst zu nehmen; das bedeutete u. a. eine viel stärkere Wahrnehmung der Gebäude bzw. der Überreste, und das hieß auch, die Geschichte des Ortes in ihrer Vielschichtigkeit aufzuarbeiten und darzustellen. Die Frage der politischen Botschaft, die im Mittelpunkt der DDR-Inszenierungen gestanden hatte, war ebenfalls neu zu bedenken. Wir waren der Ansicht, hier müsse eine offene Auseinandersetzung mit der Vergangenheit möglich sein. Das bedeutete den Verzicht auf eindeutige Botschaften. Hinsichtlich der bisherigen Denkmalgestaltung schien es angeraten, behutsam vorzugehen statt schnelle Lösungen zu suchen. Aus dem vergleichsweise offenen, den Prozess der Auseinandersetzung ernst nehmenden Konzept ist dann die heutige dezentrale Ausstellungsstruktur mit ihren Verknüpfungen und Überlagerungen entstanden.

MÖLLER: Wenn wir beim Beispiel des Lagers Sachsenhausen bleiben, dann kommt noch ein weiterer Aspekt hinzu, der aufgearbeitet und dargestellt werden musste. Nach 1945 wurde das Lager mehrere Jahre lang von der sowjetischen Militäradministration genutzt ...

FAULENBACH: Ja, dieses Speziallager des NKWD rückte seit 1989 schnell in den Mittelpunkt der Diskussionen. In Sachsenhausen befand sich das größte Lager dieser Art in der SBZ/DDR, und zwar auf dem Gelände des NS-Konzentrationslagers. Als wir unsere Arbeit begannen, fanden wir dort nach 1989 entstandene Broschüren vor, auf denen zu lesen stand: Konzentrationslager Sachsenhausen 1937 bis 1950. Das war aus unserer Sicht aber doch zu einfach. Aufgrund der Meinungsäußerungen aus der

Bevölkerung und der fachlichen Diskurse war aber auch klar, dass man die Nachkriegsgeschichte der Lager nicht aussparen konnte. Wir wussten zum damaligen Zeitpunkt allerdings vergleichsweise wenig über diese Speziallager, wir wussten übrigens auch noch bemerkenswert wenig über die Geschichte der NS-Konzentrationslager. Auch deren Erforschung hat seit Beginn der 90er-Jahre einen außerordentlichen Schub bekommen. Uns wurde rasch deutlich, dass viele Mitläufer aus der NS-Zeit in den Speziallagern eingesperrt gewesen waren, allerdings auch Personen, die mit der Besatzungsmacht in Konflikt geraten waren, etwa solche, die sich der Zwangsvereinigung von Sozialdemokraten und Kommunisten widersetzt oder sich als Sozialdemokraten und unabhängige Kommunisten der sowjetischen Besatzungsmacht und ihren deutschen Unterstützern nicht gebeugt hatten. Wir haben dann entschieden, auf dem Gelände von Sachsenhausen auch ein Museum für die Geschichte dieses Speziallagers einzurichten. Entsprechend dem Geschehen in Sachsenhausen musste der Schwerpunkt der Gedenkstätte weiterhin eindeutig auf der NS-Zeit liegen, doch die Nachkriegszeit sollte eben auch berücksichtigt werden. Das Verhältnis dieser beiden Komplexe zueinander entwickelte sich dann äußerst konfliktreich, sowohl in der öffentlichen Diskussion als auch zwischen den jeweiligen Opferverbänden.

Ich werde die erste Anhörung, die wir im November 1991 in dem zuständigen Ministerium in Potsdam mit den Verfolgtenverbänden abgehalten haben, nicht vergessen. Da saßen sich die Opfer des Konzentrationslagers der NS-Zeit und diejenigen, die im Speziallager inhaftiert gewesen waren, geradezu feindselig gegenüber und gifteten sich gegenseitig an. Es ist uns erst nach und nach gelungen, so etwas wie eine Gesprächsatmosphäre zu schaffen. Ich habe in dieser Situation, die später dann viel zitierte Formel improvisiert: Die NS-Verbrechen dürfen nicht unter Rekurs auf die Nachkriegsverbrechen relativiert, aber umgekehrt darf auch das Nachkriegsunrecht nicht unter Bezug auf die NS-Verbrechen bagatellisiert werden. Diese Formel hat durchaus zu einer gewissen Pazifizierung der Situation beigetragen. Das Verhältnis zwischen beiden Gruppen ist aber schwierig geblieben, und die Konflikte sind bei verschiedenen Gelegenheiten wieder aufgebrochen. In Sachsenhausen haben wir deshalb einen zweigeteilten Beirat, der nur sehr selten gemeinsam tagt. Der eine Teil ist für die NS-Vergangenheit, der andere Teil für die Nachkriegsgeschichte zuständig. Ein besonderes Gewicht hat vor diesem Hintergrund der wissenschaftliche Beirat.

MÖLLER: In der von Ihnen geschilderten Auseinandersetzung um die Mahn- und Gedenkstätten nach 1989/90 spiegelt sich pars pro toto auch die Intensität, mit der um die vermeintlich richtigen Wege der Vergangenheitsaufarbeitung und -darstellung gestritten wurde und wird. Man kann in dem Zusammenhang auch immer wieder hören, dass sich kaum ein Volk der Welt derart intensiv mit seiner eigenen Vergangenheit auseinandergesetzt habe wie die Deutschen. Offensichtlich ist die Erinnerung an den Nationalsozialismus inzwischen zu einem festen Bestandteil des deutschen Selbstverständnisses geworden. Erscheint es Ihnen angemessen oder vielleicht doch eher vermessen von einer erfolgreichen „Vergangenheitsbewältigung" zu sprechen, um diesen umstrittenen Terminus des Historikers Hermann Heimpel noch einmal aufzunehmen? Wie verlief diese „Bewältigung der Vergangenheit" in groben Zügen?

FAULENBACH: Die Deutschen sind von dem britischen Historiker Timothy Garton Ash als die „Weltmeister der Aufarbeitung" bezeichnet worden. Es ist schon richtig, dass sich die Deutschen in einem langen, mühsamen, von Skandalen und Widersprüchen nicht freien Prozess ihrer Vergangenheit gestellt haben. Sie ist hierzulande in einer Weise aufgearbeitet worden, wie das auch international ganz ungewöhnlich und in vielerlei Hinsicht einmalig ist. Rückblickend kann das als ein Prozess angesehen werden, bei dem die Problematik immer tiefer und konsequenter durchdrungen und mit der Gegenwart in Beziehung gesetzt worden ist. Aber das verkennt natürlich leicht, wie stark auch die Widerstände dagegen waren und welche Defizite es gegeben hat. Wir haben in Deutschland inzwischen eine Situation, in der – Reinhart Koselleck hat das einmal so formuliert – ein „negatives Gedächtnis" dominiert. Im Mittelpunkt unseres Geschichtsbewusstseins, und das ist international ohne Parallele, steht der Holocaust als etwas ausgesprochen Negatives der eigenen Geschichte. In der Gegenwart gibt es nun die Frage, ob die Identitätsbildung nicht um neue Aspekte erweitert werden sollte. Ich denke, dass dieses möglich ist, ohne das Paradigma „kritische Aufarbeitung" in Frage zu stellen. Ich bin aber gleichzeitig der Ansicht, dass man sehr genau darauf achten muss, wie so etwas erfolgt. Die Erweiterung um Fragenkomplexe wie zum Beispiel „Flucht und Vertreibung" oder „Bombenkrieg" und ähnliches scheint mir möglich und sinnvoll zu sein, solange sie nicht in irgendeiner Weise eine Tendenz zum Aufrechnen enthält und solange das Einzigartige des Holocaust und der NS-Verbrechen dadurch nicht tangiert wird. Es gibt eine Vielfalt von Opfergruppen, die nicht einzuebnen ist; doch ist gewaltsamer Tod als Faktum eben nicht hintergehbar. Daneben werden wir immer die Hintergründe, die Kontexte mit zu sehen haben, was manchmal zu sehr vernachlässigt wird. Es gilt den Gesamtprozess mit Ursachen und Wirkungen im Blick zu behalten. Wir brauchen also so etwas wie ein Mehr-Ebenen-Bewusstsein, an dem es manchmal mangelt, was dann unter anderem auch zu der Konkurrenz zwischen den Vertretern verschiedener Vergangenheiten führt.

MÖLLER: Besteht die Gefahr, dass im Rückblick die Beschäftigung mit der Vergangenheit in Deutschland zu einer Erfolgsgeschichte verklärt werden könnte, bei der die Brüche, Widerstände, Versäumnisse nach und nach zu Gunsten eines allzu glatten Bildes verschwinden? Sie selbst sprachen die Widerstände gegen die Aufarbeitung der NS-Geschichte ja schon an. Was sind aus Ihrer Sicht die größten Versäumnisse und Defizite in der Auseinandersetzung mit NS-Zeit und Stalinismus gewesen?

FAULENBACH: Da gibt es leider eine ganze Reihe. In den 50er-Jahren war zum Beispiel die Tendenz verbreitet, alle Schuld auf Hitler zu projizieren. Während Hitler in der NS-Zeit die Person war, auf die sich alle Loyalitäten bezogen hatten, sollte er jetzt derjenige sein, der für alles verantwortlich war und damit alle anderen Täter und die Mitläufer entlastete. Gemessen daran war die in den 50er-Jahren aufkommende Totalitarismustheorie sogar ein Fortschritt, weil sie stärker die Mechanismen des Systems aufzeigte. Aber es war schon ein längerer Prozess notwendig, bis man die Frage der gesellschaftlichen Verantwortlichkeit für die NS-Machtübertragung und für die NS-Politik tatsächlich aufgegriffen hat. Dieser Prozess beginnt eigentlich erst in den frühen 60er-Jahren. Bedeutsam sind herausragende Ereignisse wie der Auschwitz-Prozess oder auch die Verjährungsdebatten des Bundestages, die erkennbar werden ließen, dass nicht nur eine kleine Clique für die NS-Verbrechen verantwortlich war.

In den 50er-Jahren dominiert eindeutig das, was der Philosoph Hermann Lübbe bereits 1983 als das „kommunikative Beschweigen" der Verantwortlichkeiten gekennzeichnet hat. Lübbe hat das als Voraussetzung für die Integration der NS-Gefolgsmänner in die bundesrepublikanische Gesellschaft betrachtet, was zunächst einen Sturm der Entrüstung ausgelöst, dann aber zunehmend Zustimmung gefunden hat. Man sollte allerdings auch nicht die Schattenseiten dieses „Beschweigens" aus den Augen verlieren. Notwendige Fragen nicht zu stellen, kann für die politische Kultur eines Landes durchaus bedenklich sein.

Es gibt weitere Aspekte, die kritikwürdig sind, zum Beispiel die mangelnde Auseinandersetzung mit der Rolle der Justiz im „Dritten Reich" und andere Fragen der Kontinuitäten von Institutionen und Eliten. Doch ist man auch dabei inzwischen vorangekommen.

Andererseits drängt sich manchmal der Eindruck auf, dass wichtige Erkenntnisse auch wieder zu schnell in Vergessenheit geraten können. Vielleicht bedurfte es gerade in diesem Jahr der Erinnerung an die am 23. März 1933 erfolgte Abstimmung über das sogenannte Ermächtigungsgesetz, um erneut klar zu machen, dass entscheidende Weichenstellungen für die NS-Herrschaft vor 1933 vorgenommen wurden und dass es auch politische Kräfte gab, die man dafür verantwortlich machen kann. Der Nationalsozialismus ist mit seiner Vorgeschichte und der Nachgeschichte zusammen zu sehen.

Die Auseinandersetzung mit dem Stalinismus ist ein weiteres großes Feld, bei dem u. a. die Fixierung auf die Staatssicherheit als Problem zu nennen ist.

MÖLLER: Wenn wir den Blick jetzt einmal auf die mittelosteuropäischen Länder und auf deren Geschichtsdebatten weiten, dann stellen wir fest, dass dort – ähnlich wie in dem erweiterten Deutschland nach 1989/90 – in zunehmendem Maße um Erinnerung, um die Aufarbeitung der eigenen Geschichte und um verbindliche Geschichtsbilder gestritten wird. Erinnert sei an die heftigen Auseinandersetzungen wegen der Versetzung eines sowjetischen Kriegerdenkmals in der estnischen Hauptstadt Tallin mit anschließenden gewalttätigen Demonstrationen in Estland und Russland. Das ist nur ein Beispiel unter vielen. Können die deutschen Erfahrungen für den Erinnerungsdiskurs, der sich in den neuen Ländern Europas abzeichnet, in irgendeiner Weise nutzbar gemacht werden?

FAULENBACH: Ich habe an einer ganzen Reihe von Gesprächen in Osteuropa teilgenommen und dabei frühzeitig die Meinung vertreten, dass die dortigen Länder ihre eigenen Wege finden müssen. Die Historie ist dort doch recht unterschiedlich verlaufen, die Problemlagen sind nicht identisch, mancherorts wird der Prozess der Nationenbildung erst in der Gegenwart nachgeholt. Allerdings haben Vertreter dieser Länder ihrerseits gefragt, wie macht ihr das mit den Stasi-Akten und so weiter. Sicherlich sind die „aufarbeitungsgewohnten" Deutschen teilweise vorangegangen, da lassen sich Erfahrungen beschreiben und vermitteln. Dies ist im Hinblick auf die einzelnen mittelosteuropäischen Länder und die dortigen Verhältnisse zu bedenken. Worauf wir immer wieder hinweisen sollten, ist die Tatsache, dass es eine fachliche Eigengewichtigkeit der zeitgeschichtlichen Forschung bei der Auseinandersetzung mit Vergangenheit geben sollte. Ich habe in verschiedenen Ländern Osteuropas eine ausgesprochen funktionale Auseinandersetzung mit der Vergangenheit erlebt, bei der die Geschichte zum Kampfmittel der Politik geworden ist. In Deutschland ist – sicher unter recht spezifischen Umständen – die politische Instrumentalisierung, allerdings nicht die politische Relevanz, zunehmend zurückgetreten, worin man eine wichtige Voraussetzung für den insgesamt doch sehr gründlichen Prozess der Aufarbeitung sehen mag. Natürlich gibt es für die mittelosteuropäischen Länder spezifische Fragestellungen, die sich aus der Bedeutung des Kommunismus und mit der sowjetischen Politik ergeben; doch stellt sich eben auch die Frage nach dem Verhältnis zur NS-Politik, zu dem auch Formen der Kollaboration gehörten. Als Deutsche können wir Fragen formulieren, aber letztlich müssen die Länder Osteuropas selbst dazu kommen, ihre Geschichte aufzuarbeiten.

MÖLLER: Wir haben uns angewöhnt, gerade bezogen auf diejenigen Länder, die aus dem osteuropäischen Raum in den letzten Jahren zur EU gestoßen sind, nach dem Geschichtsverständnis und nach der Erinnerungskultur zu fragen. Mit der gleichen Berechtigung kann man aber auch den Blick Richtung Westen richten und zum Beispiel danach fragen, welche spezifischen Voraussetzungen in einzelnen Ländern die Durchführung des Holocaust begünstigt haben. Wie schätzen Sie den Aufarbeitungsprozess der westeuropäischen Länder in dieser Hinsicht ein?

FAULENBACH: Tatsächlich gibt es seit 1989 mehr Auseinandersetzung in Westeuropa mit diesem Fragenkomplex. Ich denke, man kann mit Antonia Grunenberg sagen, dass der Holocaust nach der Epochenwende von einem Geschehen in Europa zu einem europäischen Geschehen geworden ist. Ähnliches meint Franziska Augstein, wenn sie schreibt, dass das metaphorisch – nicht das buchstäblich – verstandene Auschwitz in den 80er-Jahren eindeutig in Deutschland lag, dass man es heute aber auch andernorts suche. Die Nationalsozialisten konnten zu einem Teil an Dispositionen anknüpfen, die in den verschiedenen Ländern bereitlagen, in Ost wie in West. Die Durchführung des Holocaust und der NS-Verbrechen ist durchaus auch abhängig gewesen von den Behörden der besetzten Länder, von der Bereitschaft zur Kollaboration und von den Vorurteilen, die es in der jeweiligen Bevölkerung gegeben hat. Mit Götz Aly kann man sagen, es wäre doch zu einfach anzunehmen, die Nationalsozialisten hätten eine ansonsten völlig heile Welt überfallen. Dazu gibt es auch im Westen noch Aufarbeitungsbedarf.

Mancherorts sind Diskussionen in Gang gekommen. Nehmen Sie Frankreich: Der Mythos der Résistance bröckelt. Dass die Résistance ein Minderheitsphänomen war und die Rolle des Vichy-Regimes stärker auszuleuchten ist, wird heute meist anerkannt. So hat auch der eigene Anteil der Franzosen an den Deportationen neue Aufmerksamkeiten gefunden. Ambivalenzen treten in den letzten Jahren also immer deutlicher zutage. Auch über Italien wäre einiges zu sagen. Und für Spanien kann man feststellen, dass die Auseinandersetzung mit dem Franco-Regime erst in der jüngsten Zeit verstärkt eingesetzt hat. Bis vor wenigen Jahren gab es noch einen weit reichenden Konsens darüber, diese Fragen nicht weiter öffentlich anzusprechen, jetzt wird die Auseinandersetzung nachgeholt – unter politischen Vorzeichen, wie mir scheint. Das ist in Frühphasen der kontroversen Beschäftigung mit der eigenen Geschichte nicht ungewöhnlich, erfolgt hier aber phasenverzögert, wobei es auch noch einmal um politische und moralische Abrechnungen geht. Bedeutsam aber ist, dass man anschließend die Eigengewichtigkeit historischer Forschung und öffentlicher Diskurse erkennt und respektiert.

MÖLLER: Lassen sich da Parallelen zur Abfolge der Aufarbeitung in der Bundesrepublik feststellen?

FAULENBACH: Eher nicht. Der Aufarbeitungsprozess wurde zunächst von den Alliierten vorangetrieben, wobei er im Osten Deutschlands unmittelbar mit politischen Zielen amalgamiert war. Andererseits waren in Westdeutschland, in einer Gesellschaft, die in erheblichem Maße durch Mitläufer dominiert wurde, diejenigen, die Widerstand geleistet hatten, tendenziell Außenseiter. Die Überlagerung der Aufarbeitung durch den Ost-West-Gegensatz und die besondere Verantwortung für einzigartige Verbrechen machen den deutschen Fall unvergleichlich.

MÖLLER: Der spanische Autor Jorge Semprun, der von 1943 bis 1945 Häftling in Buchenwald war, hat sich zum 60. Jahrestag der Befreiung der nationalsozialistischen Konzentrationslager dahingehend geäußert, die EU-Erweiterung könne kulturell und existenziell nur dann gelingen, „wenn wir unsere Erinnerung miteinander geteilt und vereinigt haben werden". Hängt die Zukunft Europas wesentlich von einer gemeinsamen Erinnerung, von einem gemeinsamen historischen Gedächtnis und der gemeinsamen Bearbeitung einer diktatorischen Vergangenheit ab? Braucht Europa tatsächlich eine gemeinsame Erinnerung?

FAULENBACH: Jedenfalls braucht Europa eine von allen gemeinsam respektierte Weise, wie wir mit der Vergangenheit umgehen wollen. Sicher werden die Nationen ihre jeweiligen Gedächtnisse auf lange Zeit behalten. Aber es kommt auch darauf an, den abgeschotteten Charakter dieser Gedächtnisse aufzuheben, sie kommunikativ zu verknüpfen und zur europäischen Geschichte in Beziehung zu setzen, selbst wenn das zu manchen Konflikten führt. Ich würde einen Teil der europäischen Identität gerade in dem Bewusstsein sehen, dass bei manchen Gemeinsamkeiten jede Nation eigene Erinnerungen hat.

Mit Semprun stimme ich insofern überein, als es für den europäischen Vereinigungsprozess kontraproduktiv wäre, wenn das historisch Verbindende – auch die schlimmen Erfahrungen – ignoriert würde und wenn Geschichtsbilder Nationalismus stützen oder begründen würden. Und dass dies eine durchaus reale Gefahr ist, haben etwa die Brüder Lech und Jarosław Kaczyński im Verlauf der letzten Jahre gezeigt, als sie mit ihren Attacken das deutsch-polnische Verhältnis belastet und auch die gemeinsame Beschäftigung mit der polnisch-deutschen Geschichte erschwert haben. Allgemein formuliert müssen wir den Versuch machen, neben dem nationalen so etwas wie ein transnationales Geschichtsbewusstsein in Europa zu entwickeln, in dem auch Katastrophen wie die Weltkriege und Verbrechen wie der Holocaust ihren Platz haben. Wir müssen in diesem Zusammenhang auch die kommunistische Herrschaft mit dem Stalinismus und dem GULAG einbeziehen. Ich glaube, dass neben der negativen auch die positiven Traditionen gemeinsam zu bestimmen wären. Ich würde zum Beispiel gerne einen Diskurs über die europäischen Freiheitstraditionen führen, in einem breit angelegten gemeinsamen Austausch. Es reicht bei weitem nicht aus, zu diesem Zweck einige Minister zusammenzubringen, um ein paar Beschlüsse herbeizuführen.

MÖLLER: Wenn wir noch einmal kurz bei der Schwierigkeit verweilen, zu einem gemeinsamen Grundverständnis europäischer Geschichte zu kommen, spiegelt sich da im europäischen Maßstab noch einmal das deutsch-deutsche Problem, nämlich das Singuläre an der industriell-bürokratischen Vernichtung der europäischen Juden und anderer Opfergruppen herauszustellen, ohne sie damit dogmatisch dem historischen Vergleich zu entziehen und die Verfolgung und Vernichtung der politischen Gegner im sowjetischen Einflussbereich zu bagatellisieren?

FAULENBACH: Das würde ich so sehen. Ich habe noch die Auseinandersetzung zwischen der früheren lettischen Außenministerin Sandra Kalniete und Salomon Korn vom Zentralrat der Juden in Deutschland in Erinnerung. Kalniete hat gesagt, dass beide Systeme – Nationalsozialismus wie Kommunismus – gleichermaßen verbrecherische Regime gewesen seien. Wie so häufig in den baltischen Ländern hatte dies auch einen biografischen Hintergrund ...

MÖLLER: Kalnietes Familie wurde 1941 im damals okkupierten Riga vom sowjetischen Geheimdienst verhaftet und nach Sibirien deportiert. Sandra Kalniete wurde dort geboren und konnte erst nach Stalins Tod mit den Eltern in ihre Heimat zurückkehren ...

FAULENBACH: Richtig, und es liegt auf der Hand, dass wir uns gerade auch im europäischen Kontext die Frage stellen müssen, in welchem Verhältnis Nationalsozialismus und Kommunismus zueinander stehen und wie wir sie in unser Geschichtsverständnis integrieren können, ohne zu relativieren und zu bagatellisieren.

MÖLLER: Was Sie jetzt am Beispiel Lettlands ansprachen, klingt auch ein wenig nach dem Wiederaufleben der Totalitarismustheorie in Osteuropa.

FAULENBACH: Sandra Kalniete würde die vermutlich, wie mancher in Osteuropa, bejahen. Als heuristische Mittel halte ich Totalitarismustheorien für begrenzt nutzbar. In gar keinem Fall würde ich sie zur politischen Doktrin machen wollen. Wir kommen jedoch nicht umhin, uns auch auf die Sichtweise der osteuropäischen Länder einzulassen. Wenn manchmal die These vertreten wird, dass die NS-Verbrechen nationale Verbrechen und die kommunistischen Verbrechen Regimeverbrechen gewesen seien und nur die ersteren die nationale Erinnerung beherrschten, so verkennt das doch die Realität der osteuropäischen Länder, die die Herrschaft Stalins und die Dominanz der Sowjetunion auch als Verbrechen an ihren Nationen erlebt haben. Aus ihrer Perspektive vermischt sich die Praxis des Kommunismus mit verschiedenen Formen von Imperialismus und Nationalismus, worüber nicht einfach hinweggegangen werden kann. Die kommunistischen Lagersysteme, in denen auch die Vernichtung von Menschen mehr oder weniger in Kauf genommen worden ist, gehören zur europäischen Erfahrung, auch zu der der Deutschen in der SBZ/DDR, was freilich den deutschen Eroberungs- und Vernichtungskrieg im Osten nicht ausblenden darf. Die Einzigartigkeit des Holocaust wird durch derartige Überlegungen nicht in Frage gestellt, obgleich der Archipel GULAG in mancher Hinsicht eben auch auf seine Weise singuläre Züge gehabt hat. Beim genaueren Blick auf das „Zeitalter der Extreme", wie Eric Hobsbawm formuliert hat, können und sollten die Historiker eine wichtige Rolle spielen, indem sie dazu beitragen, zumindest eine gemeinsame transnationale Gesprächsebene zu finden. Und – man sollte das nicht unterschätzen – sie können eine Vetomacht der Quellen mit ins Spiel bringen und die komplizierten Prozesse erfassen.

MÖLLER: Bleiben wir noch einen Moment bei der Frage der Europäisierung. Seit einiger Zeit wird eine Neufassung der Gedenkstättenkonzeption des Bundes diskutiert. Die alte stammt noch aus dem Jahr 1998. Sie selbst haben dabei in einer Sachverständigenkommission mitgearbeitet. Haben Sie den Eindruck, dass in den Vorschlägen zur Neukonzeptionierung das Profil der Einrichtungen als explizit europäische Gedenkorte in hinreichendem Maße berücksichtigt wird, oder geht die darauf bezogene Diskussion nicht viel zu stark in Richtung einer nationalen Sichtweise?

FAULENBACH: Man wird einräumen müssen, dass die Diskussion dort vorrangig als nationale Diskussion geführt worden ist. Dabei spielen die miteinander konkurrierenden Vergangenheiten, über die wir gesprochen haben, eine wichtige Rolle. Der erste Entwurf einer Fortschreibung des Konzeptes war sicherlich problematisch. Der jetzt vorliegende, überarbeitete Entwurf ist deutlich differenzierter. Dass es dabei um eine nationale Sichtweise geht, ist unübersehbar. Doch möchte ich in diesem Zusammenhang auf zwei Dinge hinweisen. Es gibt in den großen Gedenkstätten in Ost-

und Westdeutschland allein durch die Häftlingsgruppen eine stark ausgeprägte internationale Dimension. Das wird immer wieder an den Tagen der Befreiung der Lager deutlich, wenn die Überlebenden bzw. deren Angehörige anreisen. Und die gut funktionierenden Gedenkstätten achten sehr darauf, dass diese internationale Dimension auch zum Ausdruck kommt. Es gibt also so etwas wie eine implizite Sicht auf den europäischen Zusammenhang. Der zweite Punkt: Auch die Bundesstiftung zur Aufarbeitung der SED-Diktatur hat die Internationalisierung der Erinnerung zu ihrer Aufgabe gemacht. Derzeit wird zum Beispiel ein umfassender Führer zu den internationalen Gedenkstätten erarbeitet – für Deutschland gibt es so etwas ja bereits –, dessen Zustandekommen auch ein hohes Maß an Kommunikation mit den Trägern der Erinnerungskulturen der jeweiligen Länder erfordert. An einigen Stellen ist also – trotz der starken Binnenorientierung mancher Debatten – das Bemühen um eine Europäisierung des Diskurses zu spüren. Man muss es weiter stützen.

MÖLLER: Die Ausrichtung der großen Gedenkstätten als europäische Geschichtsorte ist die eine, und wenn man so will, neue Herausforderung. Die andere besteht im Umgang mit der Tatsache, dass jedweder Verdinglichung von Erinnerung auch ein Moment des Vergessens innewohnt. Wie können die Gedenkstätten der Gefahr entgehen, dass man das in ihnen manifestierte Geschehen zwar nicht mehr verdrängt, aber einfach ohne Schmerz zur Kenntnis nimmt und abhakt? Lässt sich in die Konzeptionen so etwas wie „Verunsicherung" als Faktor gegen die Routinen des Gedenkbetriebes einbauen?

FAULENBACH: Zunächst einmal beglaubigen die Gedenkstätten das Geschehen an dem jeweiligen Ort. Das bedeutet für die Menschen schon etwas: Das Erlebte ist nicht irgendwo geschehen, sondern hat ganz konkret hier stattgefunden. Deshalb sind diese Orte auch Kristallisationspunkte für Erinnerung und Geschichtsbewusstsein ...

MÖLLER: Wobei sich diese enge Verbindung zwischen Menschen und Orten durch den Generationenwechsel zunehmend auflöst ...

FAULENBACH: Das mag so sein. Es bleibt aber zum Beispiel für den Geschichtsunterricht ganz wichtig: Wir fahren nicht irgendwohin, sondern wir fahren konkret nach Sachsenhausen bei Berlin, den Ort des Geschehens. Es darf keine Erstarrung in Formen und Inhalten geben; Geschichte ist nicht als etwas Abgeschlossenes darzustellen, sondern als fortdauernder und widersprüchlich verlaufender Prozess. Man braucht in den Gedenkstätten dazu auch Wechselausstellungen und Kongresse, die sich unbequemen Fragen widmen; etwa der Frage, welche Informationen oder Vorstellungen in der Gesellschaft über Konzentrations- und Vernichtungslager vorhanden waren. Was hat man vom Holocaust gewusst? Gedenkstätten müssen Orte lebendiger Auseinandersetzung sein und nicht Orte, an denen ein enges, in festgelegten Bahnen sich vollziehendes Gedenken gepflegt wird, wie das etwa in der DDR der Fall war. Dass Gedenkstätten zeithistorische Einrichtungen besonderer Art sind, ist ebenso zu bedenken.

MÖLLER: Von der schulischen ebenso wie von der politischen Bildung wird sehr häufig gefordert, eine enge Verbindung zwischen Geschichte und Gegenwart herzustellen. Historische Ereignisse der NS-Zeit oder der Zeit des Stalinismus sollen genutzt werden, demokratische und antirassistische Verhaltensweisen als Bildungsziele zu verwirklichen. Halten Sie das für aussichtsreich oder überwiegt dabei nicht die Gefahr, dass die Rezeption von Geschichte – zum Beispiel in Form verordneter Gedenkstättenfahrten – zu naiv anmutenden Goodwill-Aktionen verkommt?

FAULENBACH: Die Gefahr gibt es. Die Vorstellung, man schickt Schüler in die Gedenkstätten und anschließend gibt es keinen Rechtsradikalismus mehr, ist in der Tat allzu schlicht. Geschichtsunterricht und politische Bildung funktionieren nicht nach dem Prinzip der Feuerwehr. Doch so etwas wie Sensibilisierung im Hinblick auf pathologische gesellschaftliche Tendenzen und Einsicht in eine realistische Anthropologie lassen sich durch den Besuch der Gedenkstätten fördern, woraus Verpflichtungen in der Zivilgesellschaft und für politisches Handeln abgeleitet werden können. Die Funktion von Gedenkstättenbesuchen ist vorrangig in der – durch Betroffenheit geförderten – Aufklärung über die Vergangenheit und im Hinblick auf die Gegenwart zu sehen. Dass sie entsprechender Einbettung in den Geschichts- und Politikunterricht bedürfen, ist hier nicht näher zu erläutern. Bloße Quantität der Behandlung der NS-Zeit im Unterricht ist gewiss nicht entscheidend, didaktische Reflexion ist nötig, überhaupt muss die Selbstreflexivität der Auseinandersetzung mit der neuesten Geschichte intensiviert werden.

II Dokumentation

ULRICH MÄHLERT · MANFRED WILKE

Die Auseinandersetzung mit der SED-Diktatur seit 1989*

1. Historische Selbstverständigung im (post)revolutionären Prozess

Im Herbst 1989 endete mit der friedlichen Revolution in der DDR das Medien- und Meinungsmonopol der SED. Die öffentliche Thematisierung zunächst aktueller und bald auch historischer Tabuthemen wurde zu einer der Voraussetzungen für die erfolgreiche Demokratisierung der DDR. In den Tagen nach der Absetzung Erich Honeckers am 18. Oktober 1989 konnten die bis dahin gleichgeschalteten DDR-Medien die Realität nicht länger verleugnen. Sie berichteten über Ausschreitungen der Sicherheitskräfte gegen Demonstranten, über die Wirtschaftskrise, bald auch über Privilegien der Führungsclique. Ein öffentlicher Diskurs setzte ein, der Denkverbote überwand und die Erosion der SED-Herrschaft ungemein beschleunigte.

Die Besetzung zahlreicher regionaler Dienststellen der Staatssicherheit im Dezember 1989 sowie am 15. Januar 1990 schließlich der Geheimdienstzentrale in Berlin durch Bürgerkomitees leitete die Öffnung der Archive von Staatssicherheit, Partei und Staat ein. Das Herrschaftswissen der Diktatur wurde vergesellschaftet. Die Gegenwart der Vergangenheit im öffentlichen Diskurs wurde zu einem Kennzeichen der revolutionären Überwindung der SED-Diktatur. Nicht nur die „etablierten" und inhaltlich sowie politisch rasch „gewendeten" Medien der DDR überboten sich mit Artikeln und Beiträgen

* Grundlegend überarbeitete und erweiterte Fassung des Beitrags: Die DDR-Forschung – ein Auslaufmodell? Die Auseinandersetzung mit der SED-Diktatur seit 1989, erschienen in: DDR-Geschichte vermitteln. Ansätze und Erfahrungen in Unterricht, Hochschullehre und politischer Bildung, hrsg. von Jens Hüttmann/Ulrich Mählert/Peer Pasternack, Berlin 2004, S. 141–161.

zu den bislang tabuisierten Themen der Geschichte ihres Landes. Vielerorts entstanden Zeitschriften und Zeitungen, die sich an der Aufarbeitung der Diktatur beteiligten. Neu gegründete Verlage druckten in der DDR bis dato verbotene Bücher zur Geschichte des Kommunismus oder seiner Dissidenten und publizierten erste Forschungsergebnisse, die auf der Aktenöffnung fußten. Der Leipziger Forum Verlag, die Berliner Verlage Linksdruck (heute Ch. Links) und Basisdruck wurden damals ins Leben gerufen. Letzterer veröffentlichte die von Armin Mitter und Stefan Wolle 1990 herausgegebene Stasi-Dokumentation „Ich liebe euch doch alle!“, in der die MfS-Maßnahmepläne des Jahres 1989 veröffentlicht wurden. Die Publikation sei hier stellvertretend für diese Form der gesellschaftlichen Auseinandersetzung mit der SED-Diktatur genannt.

Die offene Thematisierung „weißer Flecken“ in der DDR-Geschichte hinterfragte Geschichtsmythen der SED, die in vier Jahrzehnten zur Legitimation der Parteiherrschaft gehegt und gepflegt worden waren. Dies betraf vor allem die Gründungslegende der „antifaschistischen Geburt“ des Teilstaates, die die machtpolitischen Entscheidungen der Sowjets von 1945/46 – insbesondere die Zwangsvereinigung von KPD und SPD – negierte. Zahlreiche Publikationen widmeten sich der politischen Verfolgung und Repression vor und nach 1949. Die abrupte, öffentliche und schonungslose Abrechnung mit der SED-Diktatur schuf selbst unter ihren Anhängern zunächst eine Distanz gegenüber der Zeit vor dem Herbst 1989. Noch wichtiger waren die Auswirkungen dieser historischen Selbstverständigung für den „Normalbürger“: Der totalitäre Kern der SED-Diktatur, die es abzuschaffen galt, wurde nunmehr unübersehbar offengelegt.

Nachdem jedoch die staatliche Vereinigung in einem atemberaubenden Tempo vollzogen worden war, zeigte es sich in den Folgejahren, dass für eine tiefer gehende gesamtdeutsche Selbstverständigung damals das „Zeitfenster“ gefehlt hatte. Bald wurde deutlich, dass die deutsche Einheit in den beiden Teilgesellschaften höchst unterschiedliche Konsequenzen hatte: Für die Menschen in Westdeutschland änderte sich kaum etwas. Für die Menschen in Ostdeutschland teilte sich das Leben fortan buchstäblich in die Zeit vor und die Zeit nach 1989. Gleichsam über Nacht wurden die Ostdeutschen in zentralen Lebensbereichen mit einem neuen System konfrontiert, das sie bis dahin doch so gut aus dem Westfernsehen zu kennen geglaubt hatten. In dem Maße, in dem der ökonomische Transformationsprozess zum Niedergang ganzer Industrieregionen führte und die Arbeitslosenzahlen in die Höhe schnellten, entwickelte sich in Teilen der ostdeutschen Gesellschaft ex post eine „DDR-Identität", die die SED-Führung in 40 Jahren nicht zu schaffen vermocht hatte. Die „Ostalgiewelle", die 2003 ihren vorläufigen Höhepunkt erreichte, nicht zuletzt von West-Medien befördert wurde und in der westdeutschen Öffentlichkeit Befremden auslöste, war letztlich der folkloristische Ausdruck dieses Eigenbewusstseins. Gleichzeitig gilt, dass weder der 8. Mai 1945 noch der 3. Oktober 1990 eine Stunde Null waren. Die individuellen und kollektiven Erinnerungen an die DDR bilden für viele Ostdeutsche nach wie vor die Folie für den Vergleich mit der jetzigen Lebenssituation. Die Aufarbeitung der SED-Diktatur, die in den Jahren 1989/90 die Menschen in Ostdeutschland in den Bann gezogen und den revolutionären Umbruch so stark befördert hatte, stieß im Osten Deutschlands seit den 90er-Jahren zunehmend auf Skepsis und Reserviertheit, schien sie doch mit den Nöten des Alltags nur noch wenig zu tun zu haben.

2. Wer schreibt die DDR-Geschichte?

Nach der deutschen Wiedervereinigung gewann die nunmehr gesamtdeutsche DDR-Forschung einen unverhofften Aufschwung. Bis 1989 hatte die DDR-Historiografie als Magd der SED eine apologetische DDR-Sicht zu verantworten, die zahlreiche Legenden schuf, von denen einige bis heute als Mythen in der bundesdeutschen Öffentlichkeit herumgeistern. Nach dem Umbruch in Ostdeutschland begannen jene Historiker, die die parteilich verordneten „weißen Flecken" in der Geschichte ihres Staates hingenommen hatten (Parteisäuberungen, SED-interne Konflikte, politische Justiz, Speziallager etc.), diese aufzugreifen, um nach dem „guten Kern" des untergegangenen Systems zu suchen, den es aus ihrer Sicht zu bewahren galt.

In der westdeutschen DDR-Forschung hatte bis in die 50er- und 60er-Jahre das politische Herrschaftssystem der SED im Mittelpunkt des wissenschaftlichen und publizistischen Interesses gestanden. In den 70er-Jahren war schließlich das Konzept einer „sozialistischen Industriegesellschaft" immer stärker in den Fokus der Forschung gerückt. Diese Konzeption schien die wissenschaftliche Konsequenz zu ziehen aus der Anerkennung der DDR als zweiten deutschen Teilstaat durch die Bundesrepublik. Diese mehrheitlich wirtschafts-, rechts- und sozialwissenschaftlich orientierte bundesdeutsche DDR-Forschung fand ab den 70er-Jahren ein starkes Gehör in der Politik. Trotz der Niederschlagung des Prager Frühlings 1968 gab es in dieser Traditionslinie der DDR-Forschung nach wie vor Hoffnung auf eine systemimmanente Reform des SED-Staates. Aus der Logik dieser Perspektive heraus – und auch um die Entspannungspolitik nicht zu gefährden – wurde der repressive Kern der SED-Diktatur zunehmend als Relikt der totalitären Diktaturdurchsetzung in der Stalinzeit historisiert und die nach wie vor offene deutsche Frage ausgeklammert.

Vor diesem Hintergrund waren es 1990 vornehmlich jüngere Historiker, die sich in der DDR-Bürgerrechtsbewegung engagiert hatten, die die Frage nach der politischen Legitimität und der persönlichen Integrität der etablierten DDR-Forscher aus Ost- und (!) Westdeutschland formulierten. Diese Frage wurde auch von westdeutschen Historikern – zumeist aus dem konservativen Spektrum – aufgeworfen, die sich vor 1989 vom Mainstream der bundesdeutschen DDR-Forschung marginalisiert gefühlt hatten. Der Kern des Konflikts war in den unterschiedlichen Antworten begründet, die die Kontrahenten vor 1989 explizit oder implizit auf die Deutsche Frage gegeben hatten. Jene, die auch in den 80er-Jahren dem Gedanken an die deutsche Einheit verpflichtet geblieben waren, hatten normativere Perspektiven auf die DDR eingenommen und dabei insbesondere Fragen von Diktatur, Opposition und Repression thematisiert. Der ganz überwiegende Teil der bundesdeutschen DDR-Forscher vor 1989 war an der Normalität der Zweistaatlichkeit orientiert. Die DDR wurde seit Ende der 60er-Jahre vielfach systemimmanent betrachtet, als ein Forschungsgegenstand, den es „wertfreier" zu analysieren galt, als dies etwa in den 50er-Jahren der Fall gewesen sei. Diese Auseinandersetzung über „Deutsche Irrtümer", so der Titel eines Buches von Jens Hacker, wurde vor allem in der ersten Hälfte der 90er-Jahre in den Feuilletons einiger Zeitungen mit zum Teil verletzender Schärfe ausgefochten. Es sollte fast ein Jahrzehnt dauern, bis die beiden „Lager" in der kleinen Zunft der DDR-Forscher wieder kooperationsfähig waren. Mittlerweile herrscht weitgehendes Einvernehmen, dass die westdeutsche DDR-Forschung vor 1989 – bei aller Kritik – gleichsam in Stellvertreterfunktion die wesentlichen Aspekte der DDR-Entwicklung zutreffend beschrieben hatte. Die gesamtdeutsche DDR-Forschung besitzt somit die Möglichkeit, auf einen beachtlichen Forschungsstand zurückzugreifen, der in den vergangenen knapp zwei Jahrzehnten auf beispiellose Weise erweitert worden ist. Dazu hat auch eine neue Wissenschaftlergeneration beigetragen, die – zumeist in den 60er-Jahren in Ost- oder Westdeutschland geboren – weithin unbelastet von den skizzierten Konflikten ist, deren Wurzeln in der Zeit vor 1989 liegen.

Die wissenschaftliche und publizistische Auseinandersetzung mit der SED-Diktatur konnte nach 1990 auf der Grundlage einer einzigartigen Quellenlage in Angriff genommen werden. Bis 1992 erfolgte die Neuordnung des Archivwesens in den neuen Bundesländern. Von zentraler Bedeutung war dabei die Gründung der Stiftung Archiv der Parteien und Massenorganisationen der DDR im Bundesarchiv (SAPMO) und der Behörde des Bundesbeauftragten für die Stasi-Unterlagen, die den Zugang zu den riesigen Aktenbeständen des Geheimdienstes regelte und auf die im Weiteren noch eingegangen werden wird. An dieser Stelle sei lediglich angemerkt, dass es 1990 im Osten wie im Westen Deutschlands Tendenzen gegeben hatte, mit der Schließung der MfS-Akten einen Schlussstrich unter diese Vergangenheit der SED-Repression zu ziehen. Erst die Besetzung des Stasiarchivs durch DDR-Bürgerrechtler im Sommer 1990 führte dazu, dass die Öffnung dieser Akten im Einigungsvertrag verankert wurde. Die SAPMO schließlich vereinte das Archiv der SED sowie die Archive der von ihr angeleiteten Parteien und Massenorganisationen in der Obhut des Bundesarchivs. Auf Sperrfristen und Zugangsbeschränkungen wurde dort weitgehend verzichtet. Dies galt auch für die Archive der neuen Bundesländer. Damit stand und steht die gesamte archivarische Überlieferung der SED-Diktatur nahezu vollständig für die Wissenschaft, politische Bildung und Medien zur Verfügung. Einschränkungen gibt es beim Zugang zu den Stasiakten. Eine weitere – wenig nachvollziehbare und allenfalls in der Tradition des deutschen Archivwesens begründete – Ausnahme gilt für die Überlieferung des DDR-Außenministeriums, die in das Archiv des Auswärtigen Amtes übernommen wurde. Hier, wie auch für die Komplementärquellen aus der Bundesrepublik, gilt die übliche, 30-jährige Sperrfrist. Wer 2008 zu den deutsch-deutschen Beziehungen forscht, wird – angesichts dieser, so Hermann Weber, „Asymmetrie im Quellenzugang" – nur im Ausnahmefall westdeutsche Akten einsehen können, die nach 1978 entstanden sind. Die Akten der bundesrepublikanischen Geheimdienste bleiben der Forschung – trotz erster Hoffnungszeichen – nach wie vor weitgehend verschlossen.

3. Die Aufarbeitungslandschaft

Der Blick auf die Protagonisten der DDR-Forschung muss auch die Perspektive auf die diesbezüglichen Institutionen einschließen. Mit der Vereinigung Deutschlands ging rasch die Abwicklung der bis dahin bestehenden Forschungseinrichtungen zur DDR-Geschichte einher. Und zwar keineswegs nur in Ostdeutschland. Die einstigen Zentren der bundesdeutschen DDR-Forschung – wie etwa das Zentralinstitut 6 an der Freien Universität Berlin und das Institut für Gesellschaft und Wissenschaft in Erlangen – wurden aufgelöst oder – was den Arbeitsbereich DDR-Geschichte in Mannheim betrifft – schrittweise ausgetrocknet. Parallel dazu wurden in Ostdeutschland und in Berlin neue Forschungseinrichtungen zum Thema geschaffen. Hier sind das Potsdamer Zentrum für Zeithistorische Forschung, die Außenstelle des Instituts für Zeitgeschichte München in Berlin, der Forschungsverbund SED-Staat, das Dresdner Hannah-Arendt-Institut sowie die Abteilung Bildung und Forschung bei der Bundesbeauftragten für die Stasi-Unterlagen zu nennen. Auch auf das Militärgeschichtliche Forschungsamt in Potsdam ist zu verweisen, das auf ebenso kontinuierliche wie beachtliche Forschungsanstrengungen zur DDR-Geschichte blicken kann. Und schließlich widmen sich vor allem an ostdeutschen Universitäten Hochschullehrerinnen und Hochschullehrer der Geschichte der deutschen Teilung und der SED-Diktatur. Die einschlägigen Lehrstühle und Institutsleitungen wurden fast durchgängig mit westdeutschen Wissenschaftlern besetzt. Allerdings sind ostdeutsche Forscher auf den dort vorhandenen Stellen des wissenschaftlichen Mittelbaus alles andere als unterrepräsentiert.

Es dürfte eine der Besonderheiten der DDR-Forschung sein, dass sich außerhalb der Universitäten und Forschungsinstitute seit 1989/90 im Bereich der politischen Bildung eine „Aufarbeitungslandschaft“ entwickelt hat, die zum Teil beachtliche Beiträge zum Forschungsstand leistet. Diese außeruniversitären Beiträge zur Forschung kommen einerseits aus dem Gedenkstätten- und Museumsbereich und andererseits aus zivilgesellschaftlichen Initiativen, die häufig unter dem Begriff der „gesellschaftlichen Aufarbeitung“ der SED-Diktatur zusammengefasst werden.

Seit 1990 wurden in Ostdeutschland zahlreiche Gedenkstätten und Museen gegründet, die etwa an sowjetische Speziallager, DDR-Haftanstalten oder das Grenzregime erinnern und darüber informieren. Besonders hervorzuheben sind das Zeitgeschichtliche Forum Leipzig sowie dessen institutionelles Dach, das Haus der Geschichte in Bonn, die die Geschichte von Opposition und Widerstand im Speziellen (Leipzig) und der DDR im Allgemeinen (Bonn) musealisieren. Diese Museen und Gedenkstätten treten kontinuierlich mit Publikationen in Erscheinung, die zumeist auf der Arbeit zu einzelnen Ausstellungsprojekten beruhen.

Blickt man auf die „gesellschaftliche Aufarbeitung", so sind zuvorderst die Institutionen zu nennen, die von einstigen Protagonisten der DDR-Bürgerrechtsbewegung gegründet wurden. In den 90er-Jahren entstanden vielerorts „Aufarbeitungsinitiativen", die zum Teil aus den Bürgerkomitees der Jahreswende 1989/90 hervorgegangen waren, sowie privat initiierte Archive, die Dokumente der Opposition sammeln (z. B. die Berliner Robert-Havemann-Gesellschaft, das Archiv Bürgerbewegung Leipzig und die Umweltbibliothek Großhennersdorf) oder Museen bzw. Ausstellungen zur Geschichte von Opposition und Repression in der DDR (z. B. das Museum in der Runden Ecke Leipzig und die Forschungs- und Gedenkstätte Berlin-Normannenstraße). In diesem Kontext wurden zahlreiche Publikationen – häufig mit regionalhistorischer Perspektive und dokumentarischem Wert – erarbeitet, die wichtige Quellen und Sachverhalte für die Wissenschaft erschlossen haben.

Ein ganz anderes Milieu der „gesellschaftlichen Aufarbeitung" formierte sich im Umfeld der PDS (derzeit „Linkspartei"). Es rekrutierte sich aus Wissenschaftlerinnen und Wissenschaftlern, die in den frühen 90er-Jahren „abgewickelt" worden waren. Ihren organisatorischen Kern bilden die PDS-nahen Stiftungen und Bildungsvereine auf lokaler und auf Landesebene, unter dem Dach der Rosa-Luxemburg-Stiftung auf Bundesebene. Die „postkommunistische Aufarbeitungslandschaft" ist hinsichtlich ihrer Lesarten sowie der Qualität ihrer Beiträge alles andere als homogen. Während vor allem in den 90er-Jahren in diesem Milieu durchaus kritische und von der Forschung beachtete Beiträge zur Kommunismus- und DDR-Geschichte entstanden sind, erschienen auch Bücher und Broschüren, die in ihrer affirmativen Parteilichkeit auch vor 1989 in der DDR hätten erscheinen können. Doch auch jene Publikationen wurden letztlich von dem in den Schatten gestellt, was vormalige hochrangige Stasi-Offiziere sowie manch ehemaliger DDR-Historiker weithin sichtbar erst seit 2006 an geschichtsrevisionistischen Druckwerken und Initiativen auf den Weg gebracht haben. Mit vermeintlich wissenschaftlichem Anspruch wird in einer beständig steigenden Zahl an zunehmend professioneller gestalteten Publikationen die Arbeit des MfS im Besonderen und die Geschichte der DDR im Allgemeinen gerechtfertigt. Besonders bedenklich ist es, dass viele Buchhandlungen in Ostdeutschland diese Pamphlete in einer Mischung aus Ahnungslosigkeit und entsprechender Nachfrage in die Regale stellen. Sie bedienen das Lebensgefühl von Menschen, die sich in der DDR für „ihren Staat" und „ihren Sozialismus" eingesetzt hatten und daran festhalten, weil es ihr Leben war und weil „nicht alles schlecht gewesen" sein darf in der DDR.

Für alle lokalen und regionalen Aufarbeitungsinitiativen und Geschichtsvereine gilt, dass sie ihre heutige Existenz ursprünglich der Bundesanstalt für Arbeit in Nürnberg zu verdanken haben. Bis Mitte der 90er-Jahre waren dort scheinbar unerschöpfliche Finanzmittel für Arbeitsbeschaffungsmaßnahmen abrufbar. Hinzu kam, dass die etablierten parteinahen Stiftungen, die Bundes- bzw. die Landeszentralen für politische Bildung sowie die in den 90er-Jahren in Ostdeutschland (außer in Brandenburg) eingerichteten Landesbeauftragten für die Stasi-Unterlagen zahlreiche Projekte gefördert hatten, die im Milieu der einstigen Bürgerrechtler initiiert worden waren. Nach dem Wegfall der Förderung aus Nürnberg in der zweiten Hälfte der 90er-Jahre ist es seit 1998 vor allem der bundesunmittelbaren Stiftung zur Aufarbeitung der SED-Diktatur zu verdanken, dass viele der unmittelbar oder mittelbar aus der DDR-Bürgerrechtsbewegung hervorgegangenen Einrichtungen 2009 den zwanzigsten Jahrestag ihrer friedlichen Revolution begehen können. Die Fördermittel der Bundesstiftung Aufarbeitung – deren Arbeit sich keineswegs auf die Unterstützung der gesellschaftlichen Aufarbeitung beschränkt – haben vielfach erst dazu beigetragen, dass einige Länder den aus der DDR-Bürgerrechtsbewegung hervorgegangenen Institutionen eine längerfristige Förderung gewähren. Diese Entwicklung wurde durch den Umstand befördert, dass sich eine Reihe dieser Einrichtungen im Verlauf der vergangenen Jahre zunehmend professionalisiert hat.

Die postkommunistische Institutionenlandschaft konnte sich nach der Fusion von PDS und WASG zur Linkspartei und nach deren Wahlerfolg 2005 – anders als wenige Jahre zuvor erwartet – stabilisieren. 2007 hat die der Linkspartei nahe stehende Rosa-Luxemburg-Stiftung rund 17 Millionen Euro aus Steuermitteln erhalten, wobei diese Stiftung dem Thema DDR-Geschichte in den letzten Jahren auf Bundesebene bezeichnenderweise nur wenig Aufmerksamkeit geschenkt hat.

4. Die moralische und juristische Dimension der Aufarbeitung

Die Auseinandersetzung mit der SED-Diktatur beschränkte sich keineswegs auf die Wissenschaft oder die hier skizzierten zeitgeschichtlichen Vereinigungen bzw. Institutionen. Mit der friedlichen Revolution endete das (Be)Schweigen der Opfer des sowjetischen Besatzungsregimes und der SED-Diktatur in Deutschland, das im Osten strikt durchgesetzt worden war. Im Westen wurde das stalinistische Unrecht der 40er- und 50er-Jahre seit Beginn der Entspannungspolitik zunehmend als Begleiterscheinung der Diktaturdurchsetzung historisiert und in der Erinnerungskultur ausgeblendet. Mit der Öffnung der Akten wurde die Grundlage für die politische Rehabilitierung und partielle Entschädigung derer geschaffen, die nach 1945 von den Sowjets oder der SED aus politischen, sozialen oder ökonomischen Gründen verfolgt worden waren. Das SED-Unrechtsbereinigungsgesetz wurde seit 1992 mehrfach novelliert. Nach langen Debatten beschloss der Deutsche Bundestag im Juni 2007 endlich die Einführung einer Sonderrente für diejenigen Opfer der SED-Diktatur, die länger als sechs Monate inhaftiert waren und eine bestimmte Einkommensgrenze unterschreiten. Kollidierten bereits bei der Entschädigungsfrage die Erwartungen der Opfer mit der ökonomischen und politischen Realität – gleich unter welcher Regierung –, so fühlen sich viele Opfer der Nachkriegsdiktatur teils zu Recht, teils zu Unrecht im öffentlichen Gedenken der Vereinigungsgesellschaft als „Opfer zweiter Klasse" behandelt.

In diesem Kontext ist auch auf die juristische Auseinandersetzung mit der SED-Diktatur zu blicken. Wie immer man den Erfolg der strafrechtlichen Auseinandersetzung mit der jüngsten deutschen Diktaturvergangenheit bewerten mag, so haben die Prozesse gegen ehemalige Mitglieder des Politbüros als die politisch Verantwortlichen für die Toten an der innerdeutschen Grenze und gegen die Todesschützen der DDR-Grenztruppen zumindest dazu beigetragen, die öffentliche Aufmerksamkeit auf das SED-Unrecht zu lenken. Das Wort von Bärbel Bohley, „Wir wollten Gerechtigkeit und bekamen den Rechtsstaat", verdeutlicht aber auch das Unverständnis, das einstige Gegner oder Leidtragende des SED-Regimes den oft schleppenden Prozessverläufen entgegenbrachten. Es bedarf in der Tat einiger Überzeugungskraft, um die Schwierigkeiten zu erklären, etwa den einstigen Minister für Staatssicherheit, Erich Mielke, juristisch zu belangen. Gerade das Mielke-Verfahren zeigt die strafrechtlichen Grenzen, das „Verbrechen der Diktatur" juristisch zu ahnden. In der Bundesrepublik Deutschland gab es keine „Siegerjustiz", wie von ehemaligen SED-Funktionsträgern so oft behauptet wird. Im Gegenteil: Der Rechtsstaat hat nicht nur allen menschlich nachvollziehbaren Versuchungen widerstanden, offensichtliches Unrecht auch ohne gesetzliche Grundlage zu ahnden. Vielmehr haben sich seit 1990 allzu oft auch jene, die in der DDR das Recht mit Füßen traten, des Rechtsstaates virtuos bedient, um etwa die Veröffentlichung der eigenen Machenschaften in der DDR mit einstweiligen Verfügungen oder Urteilen zu verhindern.

5. Die Stasiakten

Eine wichtige Voraussetzung für die juristische und moralische Aufarbeitung der zweiten Diktatur in Deutschland bildete der Zugang zu den Stasi-Akten. Dieser war im Dezember 1991 gesetzlich festgeschrieben und ab Januar 1992 Realität geworden. Fortan war es möglich, durch Stasimitarbeit belastete Personen zu identifizieren, den Opfern der Staatssicherheit Klarheit über ihr persönliches Schicksal zu geben, die Durchdringung der DDR-Gesellschaft durch die Staatssicherheit zu dokumentieren und damit einen wichtigen Beitrag zur Aufarbeitung der SED-Diktatur zu leisten. Auf dieser Grundlage konnte zum Beispiel der Schriftsteller Jürgen Fuchs dechiffrieren, was das MfS unter „Zersetzung" verstand: die systematische psychische Zerstörung menschlicher Identität.

Die öffentliche Debatte über die Rolle der Stasi verlief insbesondere in der ersten Hälfte der 90er-Jahre sehr stark personenzentriert. Die Folge war, dass die strukturelle Verantwortung der SED für die Entwicklung in der DDR dabei oft in den Hintergrund trat: An die Stelle der verantwortlichen Nomenklatura rückten deren Büttel. Auch muss man bis in die Gegenwart erleben, dass so manches medienöffentliche Urteil über die Stasiverstrickung des einen oder anderen Zeitgenossen sowohl Verhältnismäßigkeit als auch historischen Sachverstand der voyeuristischen, häufig aus dem Westen stammenden „Richter" vermissen ließ. „Versuch, in der Wahrheit zu leben", dieses Schlüsselbuch von Václav Havel geißelte die geistige Verfassung der kommunistischen Diktaturen. Die Fortwirkung der Unkultur der Lüge und die konkrete Angst vor den Konsequenzen führten nach 1989 fast immer zum reflexartigen Verleugnen der eigenen Verstricktheit mit dem MfS. Ab Mitte der 90er-Jahre wurden viele Entlassungen ehemaliger „Inoffizieller Mitarbeiter" aus dem Öffentlichen Dienst nicht mit deren konkreten Handlungen als „IM" begründet, sondern mit dem Umstand, dass diese in den Jahren zuvor ihre Zuträgerschaft für die Stasi in ihren Personalfragebögen verschwiegen hatten. Damit waren Einzelfälle vorprogrammiert, die dem Gerechtigkeitsempfinden vieler Menschen widersprachen. Aus demselben Lehrerkollegium zum Beispiel konnte ein Lehrer wegen einer Stasimitarbeit zur Zeit seines Militärdienstes entlassen werden, während sein Kollege, der viele Jahre SED-Funktionen innegehabt hatte, weiter unterrichten durfte. Beispiele wie dieses trugen dazu bei, dass sich in Teilen der ostdeutschen Gesellschaft eine kontraproduktive Abwehrhaltung zur Frage der Aufarbeitung entwickelte. Dennoch war die Aktenöffnung unverzichtbar und entsprach der Logik der friedlichen Revolution: Aufklärung statt Vergeltung. Die Aktenöffnung wurde von den Betroffenen der Stasibespitzelung durchgesetzt. Sie kehrte die Frage des MfS, „Wer ist wer?", um. Dadurch konnte die Ungewissheit beseitigt werden, ob eigene Freunde, Verwandte oder Bekannte den vielleicht befürchteten oder unterstellten Anwerbungsversuchen der Staatssicherheit erlegen waren. Und schließlich wurde mit dem Stasiunterlagengesetz ein bedeutender Aktenbestand für die Wissenschaft – wenn auch mit wachsenden Einschränkungen – zugänglich gemacht.

Ende der 90er-Jahre wurde deutlich, dass Teile der westdeutschen politischen Klasse das Interesse an der Auseinandersetzung mit der DDR-Geschichte schlagartig verlieren können, wenn diese den eigenen Interessen zuwiderläuft. In den 90er-Jahren wurden die Themen Staatssicherheit sowie SED-Diktatur noch primär als ein genuin ostdeutsches Thema begriffen. 1999 sorgte die Streitschrift über „Die unterwanderte Republik" von Hubertus Knabe für eine kurze, aber hitzige Debatte über die Einflussnahme der Staatssicherheit auf die westdeutsche Politik. Erst mit der CDU-Parteispendenaffäre, in deren Kontext belastendes Aktenmaterial aus der Abhörtätigkeit der Staatssicherheit in Westdeutschland eine Rolle spielte, gewann diese Debatte eine eigentümliche Dimension. In beiden großen Parteien fanden sich erstmals gewichtige Stimmen, den Zugang zu den MfS-Akten künftig wesentlich einzuschränken. Aus Westdeutschland meldeten sich nur wenige Kommentatoren zu Wort, um sich für eine Beibehaltung des Status quo auszusprechen. Dennoch gelang es, das Stasiunterlagengesetz im Sommer

2002 zu novellieren und den Aktenzugang im Grundsatz zu erhalten. Und immerhin wurde dabei auch die bis dato drohende Gefahr abgewendet, dass Originalakten auf Antrag von Betroffenen vernichtet werden könnten. Dies wäre zu einem einzigartigen Vorgang in der Archivgeschichte geworden. Die Auseinandersetzung zeigte auch, wie klein die Lobby derer ist, die sich „ohne wenn und aber" diesem Thema widmen.

Seit einiger Zeit nun wird die Frage erneut kontrovers diskutiert, ob die Akten der Staatssicherheit in das Bundesarchiv überführt werden sollten. Die Befürworter dieses Schritts erhoffen sich deren bessere Erschließung und Zugänglichkeit. Die Gegner bestreiten die Berechtigung dieser Erwartung vehement. Die Stasiunterlagenbehörde selbst hatte die Debatte über die eigene Existenzberechtigung durch ihr Agieren im Zusammenhang mit den Rosenholz-Akten sowie im Juni 2007 mit einem PR-Desaster im Kontext eines vermeintlich neuen Aktenfundes zum Schießbefehl an der Grenze zusätzlich befördert. Die jüngst geführte Auseinandersetzung über den Verbleib der Akten entbehrt auf beiden Seiten nicht selten der Sachlichkeit und krankt zudem daran, die Zukunft der Stasiaufarbeitung vor allem an der institutionellen Zuordnung des Archivbestandes festzumachen. So wenig bislang der Versuch unternommen worden ist, das Für und Wider wirklich fachkundig zu erörtern, so wenig haben jene, die einer raschen Überführung der Akten das Wort reden, bislang Vorschläge unterbreitet, ob und wie die gewachsene inhaltliche Kompetenz der Behörde weiter fruchtbar genutzt werden kann, sollten die Akten tatsächlich dem Bundesarchiv zugeordnet werden.

6. DDR-Aufarbeitung und Politik

Den Stellenwert, den die Auseinandersetzung mit der Geschichte der DDR und der deutschen Teilung in den 90er-Jahren in der Bundesrepublik auch im politischen Raum einnahm, verdeutlicht der Umstand, dass der Deutsche Bundestag zwei Enquete-Kommissionen zu diesem Thema eingerichtet hatte. „Aufarbeitung von Geschichte und Folgen der SED-Diktatur" war der Name der ersten Kommission. Zwischen 1992 und 1994 wurden die Anhörungen und Diskussionen dieses Gremiums zu einem Zentrum der gesellschaftlichen Auseinandersetzung mit der SED-Diktatur. Unter großer medialer Aufmerksamkeit und in bis dahin nicht gekannter Form rangen Bundestagsabgeordnete und wissenschaftliche Sachverständige gemeinsam um Deutungsfragen. Das 18 Bände und mehr als 15 000 Druckseiten zählende Protokoll ihrer Tätigkeit ist nicht nur eine – viel zu oft übersehene – Fundgrube an Expertisen und Zeitzeugenberichten. Es ist zugleich eine einzigartige Quelle, wenn es darum geht, die historische Auseinandersetzung mit dem Erbe der DDR als solche zu untersuchen. Mit großer personeller Kontinuität arbeitete in den Jahren von 1994 bis 1998 die Enquete-Kommission „Überwindung der Folgen der SED-Diktatur im Prozeß der deutschen Einheit". Die Arbeit dieser Kommission war weitaus weniger konfliktreich. Auch sie hinterließ mehr als nur ein vierzehn Bände umfassendes Protokoll. Die Kommission hatte ein Konzept für die Gedenkstättenarbeit des Bundes entwickelt, das sich die Bundesregierung schließlich im Kern zu eigen machte und das auf einem breiten Konsens beruht. Der Enquete-Kommission gelang es, einen Grundsatz zu formulieren, der die gemeinsame Thematisierung der so unterschiedlichen Diktaturen im Deutschland des 20. Jahrhunderts ermöglicht: „NS-Verbrechen dürfen nicht durch die Auseinandersetzung mit dem Geschehen der Nachkriegszeit relativiert werden, das Unrecht der Nachkriegszeit darf aber nicht mit dem Hinweis auf die NS-Verbrechen bagatellisiert werden."

Auch empfahl die Kommission dem Deutschen Bundestag, die Stiftung zur Aufarbeitung der SED-Diktatur zu etablieren. Diese sollte dauerhaft dafür Sorge tragen, dass die Auseinandersetzung mit den Ursachen, der Geschichte und den Folgen der Diktatur in der SBZ und DDR in Gesellschaft, Wissenschaft und politischer Bildung nicht zum Erliegen kommt. Der Deutsche Bundestag folgte dieser Empfehlung noch im Jahre 1998.

Bis der fragile erinnerungspolitische Konsens im Umgang mit den zwei Diktaturen in Deutschland erreicht werden konnte, diente die Auseinandersetzung mit der DDR im politischen Raum zeitweilig nicht nur der Delegitimierung der SED-Herrschaft und der SED/PDS, sie wurde rasch zu einem Instrument im politischen Tageskampf zwischen den demokratischen Parteien. Wohl selten hat es in der zeitgeschichtlichen Forschung eine Phase gegeben, in der ein engeres und hektischeres Wechselverhältnis zwischen wissenschaftlicher Grundlagenforschung, den Medien und der Politik zu verzeichnen war. Die Frage nach der historisch-politischen Bewertung und Einordnung der SED-Diktatur wurde in der ersten Hälfte der 90er-Jahre zu einer politischen Tagesfrage. In dieser Konstellation genossen diejenigen Wissenschaftler, die sich bereits vor oder zumindest seit 1989 mit der DDR-

Geschichte beschäftigt hatten, eine bis dato nicht erlebte Aufmerksamkeit. Gleichzeitig tat sich ein Füllhorn an Fördermitteln über der Forschungslandschaft auf, das einen wahren Boom an Forschungsprojekten nach sich zog. Und zeitweilig traten in den Debatten nicht nur die vielfach vorhandenen, sich zum Teil auch wandelnden parteipolitischen Orientierungen dieser Wissenschaftler stärker als je zuvor in Erscheinung.

Die Auseinandersetzung um die Verstrickung der evangelischen Kirchen mit der Staatssicherheit, die Bonner Deutschlandpolitik in den 70er und 80er-Jahren sowie selbst genuin zeitgeschichtliche Themen wie die Zwangsvereinigung von KPD und SPD zur SED im Jahre 1946 spielten plötzlich bei Wahlkämpfen eine Rolle. SPD wie CDU bemühten sich, den politischen Gegner etwa mit dem Hinweis auf die Vereinigung von KPD und SPD oder auf die Rolle der einstigen „Blockflöten" in der gesamtdeutschen CDU in Misskredit zu bringen. Wie rasch wissenschaftliche Fragestellungen zur Aufarbeitung der DDR-Geschichte Gegenstand politisierter Kontroversen werden können, zeigte sich zuletzt im Frühsommer 2006. Damals hatte eine noch von Kulturstaatsministerin Christina Weiß beauftragte Kommission Empfehlungen zur Neuordnung der Aufarbeitungslandschaft sowie zu möglichen künftigen Themenschwerpunkten vorgelegt. Eine Forderung lautete dabei, dem Alltag in der Diktatur und damit der Diktatur im Alltag stärkere Aufmerksamkeit zu widmen. Bei aller sachlich begründeten Kritik an diesem Papier, dessen Substanz nicht unbedingt in nachvollziehbarer Relation zum zeitlichen Aufwand von dessen Erarbeitung stand, war der Furor, mit dem sich einige Kritiker gegen eine Beschäftigung mit Alltagsphänomenen der DDR wandten, nur dadurch zu erklären, dass es bei derlei Konflikten stets um mehr als nur die Sache selbst geht: Abgesehen davon, dass bereits die Zusammensetzung der Kommission die allseits bekannten „Lager" unzureichend berücksichtigt hatte, stecken hinter solcherlei Konflikten meist auch Verteilungskämpfe um die knappen Ressourcen. Und letztlich geht es um die Frage, was die doppelte Vergangenheit für die Formung eines neuen Selbstverständnisses der Vereinigungsgesellschaft bedeutet. Michael Stürmer vertrat im Historikerstreit der 80er-Jahre die These, „[...] dass in geschichtslosem Land die Zukunft gewinnt, wer die Erinnerung füllt, die Begriffe prägt und die Vergangenheit deutet" (FAZ vom 25. April 1986). Diese These scheint seit den 90er-Jahren aktueller denn je zu sein und vermag die Bedeutung zu erklären, die die Politik der Auseinandersetzung mit der Geschichte der DDR beimisst.

7. Die SED-Diktatur in der deutschen Erinnerungskultur

Im Verlauf der zweiten Hälfte der 90er-Jahre klangen die heftigen politischen Kontroversen um die DDR-Geschichte ab. Der zehnte Jahrestag des Mauerfalls und der friedlichen Revolution im Herbst 1999 wurde in den offiziellen Feierlichkeiten zum Gründungsmythos der Berliner Republik. Der Prozess der Historisierung der DDR-Geschichte erfuhr im Juni 2003 seinen vorläufigen Höhepunkt. Anlass war der 50. Jahrestag des Aufstandes vom 17. Juni 1953 in der DDR. Noch zum Jahreswechsel 2002/2003 wurde das bevorstehende Jubiläum in der politischen Bildung, den wissenschaftlichen Institutionen, in der Politik wie auch in den Medien eher als Pflichtübung vorbereitet. Plötzlich entwickelte sich jedoch eine unverhoffte Dynamik. In deren Folge wurden die Zahl der Veranstaltungen und Publikationen sowie die Medienberichterstattung zu diesem Thema unüberschaubar. Am 17. Juni 2003 gedachten die Verfassungsorgane im Deutschen Bundestag gemeinsam des Aufstandes. In den dort gehaltenen Reden, aber auch in den Kommentaren der Medien wurde der Aufstand als ein Ereignis der deutschen und nicht lediglich der ostdeutschen Geschichte bewertet. Zum ersten Mal wurde die DDR-Geschichte als Teil der im doppelten Wortsinne geteilten deutschen Nachkriegsgeschichte erinnert. Auch ist bemerkenswert, dass keine politische Partei den Versuch unternommen hatte, dieses Thema für ihre Zwecke offenkundig zu instrumentalisieren.

Im Jahr 2006 sorgte schließlich paradoxerweise ausgerechnet ein deutscher Spielfilm für zunächst gesamtdeutsche und mit der Verleihung des Oscars 2007 auch für internationale Aufmerksamkeit für die Geschichte der SED-Diktatur. Florian Graf Henckel von Donnersmarcks Stasidrama „Das Leben der Anderen" regte allein in Deutschland über zwei Millionen Cineasten dazu an, sich mit Stasi und DDR-Geschichte auseinanderzusetzen. Und schließlich nötigte das bereits erwähnte offensive geschichtsrevisionistische Auftreten ehemaliger Stasikader Kultuspolitiker und die Öffentlichkeit gleichermaßen, seit 2006 bewusster als je zuvor den Bestrebungen, die SED-Diktatur zu rechtfertigen, entgegenzutreten.

Erhebliche Kenntnisdefizite unter Schülern – gleichzeitig jedoch auch ein erfreulich großes Interesse am Thema – konstatierte eine im Sommer 2006 von der Bundesstiftung Aufarbeitung veröffentlichte bundesweite Erhebung an Schulen, die von einer Nachfolgestudie des Berliner Forschungsverbundes

SED-Staat kürzlich bestätigt und weiter präzisiert wurde. Im Ergebnis der hier aufgezeigten Entwicklungen zeichnen sich seit 2007 erfreulicherweise verstärkte Bemühungen insbesondere der Kultusministerien ab, die Geschichte der SED-Diktatur und der deutschen Teilung stärker als bisher im Unterricht zu thematisieren. Zudem sind bereits jetzt umfangreiche Planungen der unterschiedlichsten Institutionen auf den Weg gebracht worden, den 20. Jahrestag der friedlichen Revolution und sechzig Jahre doppelte Staatsgründung im Jahr 2009 auf vielfältige Weise öffentlich und in ganz Deutschland zu thematisieren.

Der Streit um die Stiftung Sächsische Gedenkstätten, der seit 2004 schwelt, verdeutlicht indes, wie fragil der gesellschaftliche Konsens in der Auseinandersetzung mit der doppelten diktatorischen Vergangenheit Deutschlands ist. „NS-Verbrechen dürfen nicht durch die Auseinandersetzung mit dem Geschehen der Nachkriegszeit relativiert werden, das Unrecht der Nachkriegszeit darf aber nicht mit dem Hinweis auf die NS-Verbrechen bagatellisiert werden." So lautete der bereits zitierte Konsens, der nach intensiven Debatten über eine Gedenkstättenkonzeption in der zweiten Enquete-Kommission gefunden wurde. Was auf den Umgang mit Gedenkstätten mit doppelter, das heißt nationalsozialistischer und sowjetischer bzw. kommunistischer Vergangenheit gemünzt war, wurde zum stillschweigenden Konsens bei der Auseinandersetzung mit den beiden Diktaturen insgesamt. Im Januar 2004 jedoch stellten der Zentralrat der Juden in Deutschland und Verbände der Verfolgten der NS-Diktatur die Mitarbeit im Stiftungsrat der Stiftung Sächsische Gedenkstätten ein. Der Zentralrat begründete dies mit der Gefahr, dass durch eine „‚Zwangsvereinigung' der unterschiedlichen Interessenvertreter der Opferverbände im Stiftungsbeirat fundamentale Unterschiede zwischen den Verbrechen der Nationalsozialisten mit europäischer Dimension und denen der Willkürherrschaft des Kommunismus in Ostdeutschland mit nationaler Dimension" eingeebnet werden könnten. Dieser Schritt begründete sich allenfalls zum Teil aus der konkreten Arbeitspraxis in der sächsischen Gedenkstättenstiftung. Der Konflikt war einerseits Ausdruck der unseligen erinnerungskulturellen bzw. -politischen Konkurrenz der beiden Diktaturvergangenheiten, die nach 1990 entstanden ist. Andererseits wurde Sachsen zum Nebenkriegsschauplatz eines Konflikts, der sich im Vorfeld des 60. Jahrestages des Endes des Zweiten Weltkrieges angebahnt hatte. Dabei ging es um die – nach wie vor letztlich noch nicht beantwortete Frage –, welche

Formen und welchen Stellenwert das Gedenken an das Leid einnehmen soll, das Deutsche im Bombenkrieg des Zweiten Weltkriegs sowie im Gefolge von Flucht und Vertreibung erfahren haben. Zwischenzeitlich ist es der Großen Koalition gelungen, sich 2008 über die Eckpunkte eines „sichtbaren Zeichens" der Erinnerung an Flucht und Vertreibung Millionen Deutscher in der Kriegs- und Nachkriegszeit zu einigen, das in Berlin errichtet werden soll. Und auch bei der seit einigen Jahren geforderten und sachlich notwendigen Überarbeitung des Gedenkstättenkonzepts der Bundesregierung zeichnete sich zum Zeitpunkt der Niederschrift dieses Beitrages endlich ein parteiübergreifender Konsens ab.

8. Perspektiven der zeitgeschichtlichen Deutschlandforschung

Der im Sommer 2003 von der Bundesstiftung Aufarbeitung herausgegebene Sammelband „Bilanz und Perspektiven der DDR-Forschung" dokumentiert die enormen Erträge der Wissenschaft seit 1989/90. Dennoch ist es in den 90er-Jahren nicht gelungen, die zeitgeschichtliche Auseinandersetzung mit der DDR-Geschichte in der akademischen Forschung dauerhaft in ausreichendem Maße zu verankern. Nachdem insbesondere die Förderschwerpunkte der Volkswagen-Stiftung und der Deutschen Forschungsgemeinschaft zur DDR-Geschichte in den 90er-Jahren ausgelaufen waren, nahm nicht nur die Zahl der neuen Forschungsprojekte, sondern auch die der universitären Lehrangebote zur DDR-Geschichte erheblich ab. Und in dem Moment, in dem der Drittmittelbereich dieses Forschungszweiges einen Einbruch erlebte, offenbarten sich grundlegende strukturelle Probleme: Plötzlich wurde auch deutlich, dass nur eine ausgesprochen kleine Zahl von Lehrstuhlinhabern die DDR- und/oder vergleichende Deutschlandforschung zum eigenen Schwerpunkt in Forschung und Lehre gewählt hat; zudem sind diese zumeist in Ostdeutschland verortet. Besonders bedenklich erscheint, dass sich DDR-bezogene Themen zwar anhaltender Beliebtheit bei Doktorandinnen und Doktoranden erfreuen, von denen seit 2001 bundesweit fast sechzig mit einem Promotionsstipendium der Bundesstiftung Aufarbeitung gefördert worden sind oder gefördert werden. Der Umstand indes, dass die Bundesstiftung erst 2008 erstmals das von ihr alljährlich ausgeschriebene Habilitationsstipendium vergeben hat, unterstreicht die Beobachtung, dass dieses Feld der Zeitgeschichte offenbar von jungen Wissenschaftlerinnen und Wissenschaftlern, die eine Hochschullaufbahn anstreben, trotz fantastischer Quellenlage und vielerlei Ressourcen als nicht unbedingt karriereförderlich eingeschätzt wird. Und schließlich dürfte die unzureichende Verankerung des Themas an den Hochschulen letztlich auch ein gutes Stück der Sogkraft geschuldet sein, die von den großen, produktiven und zumeist außeruniversitären Forschungseinrichtungen wie dem ZZF Potsdam, dem IfZ in Berlin, der Abteilung Bildung und Forschung oder dem Forschungsverbund SED-Staat ausgegangen sind.

Kurz vor dem zwanzigsten Jahrestag der friedlichen Revolution kann konstatiert werden, dass die Auseinandersetzung mit den Ursachen, der Geschichte und den Folgen der Diktatur in der SBZ und DDR im vereinigten Deutschland bislang zwar kontrovers aber letztlich produktiv geführt wurde. Das Gedenken an den Aufstand vom 17. Juni 1953 im Juni 2003 und die sich unmittelbar anschließende mediale „Ostalgiewelle" markieren zwei besonders prominente Pole, zwischen denen sich die diesbezügliche historische Selbstverständigung in der Gesellschaft bewegt. Die DDR-Forschung hat in den vergangenen fast 20 Jahren nicht nur quantitativ, sondern auch qualitativ beachtliche Ergebnisse vorgelegt. Die DDR ist alles andere als ein „weißer Fleck" im Gesamtbild der jüngeren deutschen Geschichte. Das historische Bild der DDR hat wesentliche Konturen gewonnen. Dennoch sind weiterhin Leerstellen in diesem Mosaik zu verzeichnen, die ausgefüllt werden müssen. Das betrifft ihren inneren Bestand. Wie die DDR im Verlauf ihrer vier Jahrzehnte währenden Existenz tatsächlich „funktionierte", wie die nahezu erschöpfend erforschten politischen Konzepte der Ostberliner Zentrale vor Ort auf der Bezirks-, Kreis-, Orts- oder Betriebsebene umgesetzt wurden, kann bislang nur partiell erklärt werden. Besonders frappierend ist der Umstand, dass die Staatspartei, die SED, sieht man von den späten 40er- und frühen 50er-Jahren ab, alles andere als erforscht ist. Vergleicht man den heutigen Kenntnisstand zur Geschichte der NSDAP mit dem zur SED, dann wird dies besonders offenkundig. Auch der Alltag in der Diktatur muss von der Forschung genauer als bisher ausgeleuchtet werden. Vier Jahrzehnte SED-Diktatur lassen sich nicht allein mit der Präsenz sowjetischer Panzer, dem Grenzregime und der Allgegenwart der Staatssicherheit erklären. Die Bindekräfte des Systems gilt es gleichermaßen zu untersuchen, wie das Mittun und die Anpassung so vieler und die Verweigerung der wenigen im Alltag. Auch die Gründe, die mehr als vier Millionen Menschen vor und nach 1961 dazu brachten, ihre Heimat zu verlassen, und die Folgen dieser Wanderungsbewegung für beide Teilstaaten bedürfen weiterer Forschung. Solche Perspektiven leisten der Verklärung der DDR mitnichten Vorschub, sondern erhellen im Gegenteil erst die Diktatur im Alltag, die seit 1989 von vielen Menschen zunehmend verdrängt oder vergessen worden ist.

Andererseits wird bei dem Blick auf den Forschungsstand zur Geschichte der DDR deutlich, dass das Mosaik der deutschen Geschichte im Zeitraum ihrer Diktaturen immer dann vergleichsweise konturlos bleibt, wenn Fragen zur Gesellschaftsgeschichte gestellt werden, deren Determinanten weder von der Zäsur des Jahres 1945 noch vom Stacheldraht und Beton der innerdeutschen Grenze allein bestimmt wurden. Die Auseinandersetzung mit den Ursachen, der Geschichte und den Folgen der Diktatur in der SBZ und DDR steht nach fast zwei Jahrzehnten gesamtdeutscher Forschungsanstrengungen somit weder an ihrem Anfang noch vor ihrem Ende. Gleichwohl ist die DDR-Forschung, wie sie seit Jahrzehnten betrieben wird, ein Auslaufmodell. Die von Jürgen Kocka 2003 postulierte „Verinselung" dieses zeitgeschichtlichen Forschungszweiges ist ein spätes Relikt der Mauern, die die SED-Diktatur nicht nur aus Beton errichtet hatte. Auf Dauer muss sich die wissenschaftliche Auseinandersetzung mit der SBZ/DDR einerseits als Teil der zeitgeschichtlichen Deutschlandforschung verstehen, die die Dualität und den Widerstreit von Diktatur und Demokratie im Deutschland des 20. Jahrhunderts in ihrem internationalen Kontext in den Blick nimmt. Andererseits lassen sich viele Fragen an die DDR-Geschichte nur im Kontext der historischen Kommunismusforschung beantworten. Selbstredend wird und muss es auch weiterhin Forschungsprojekte geben, die sich auf Fragen der Weimarer Republik, des Nationalsozialismus, der Bundesrepublik, der DDR oder des vereinigten Deutschland fokussieren. Doch wo immer möglich, sollten übergreifende Themenstellungen aufgegriffen werden. Und so war es durchaus konsequent, von der 1967 etablierten Tradition der DDR-Forschertagungen abzurücken, auf denen Aspekte der Kultur-, Wirtschafts- oder Gesellschaftsgeschichte sowie der internationalen Beziehungen im Nachkriegsdeutschland meist losgelöst sowohl von vergleichenden Perspektiven auf Westdeutschland bzw. die ostmitteleuropäischen Staaten behandelt wurden. Jene, die sich dem Thema DDR-Geschichte verpflichtet fühlen und auf diesem Feld weiter arbeiten wollen, müssen sich im besonderen Maße dafür engagieren, dass die Insel der DDR-Forschung mit dem Festland der zeitgeschichtlichen Deutschlandforschung eine dauerhafte Verbindung eingeht. Christoph Kleßmann hat die Formel von der „asymmetrisch verflochtenen Parallelgeschichte" der beiden deutschen Teilstaaten geprägt. Jetzt bedarf es Forschungsanstrengungen, die diesen Gedanken aufgreifen. Diese könnten den Grundstein für den Brückenschlag der DDR-Forschung hin zur zeitgeschichtlichen Deutschlandforschung bilden. Von Seiten der bundesrepublikanischen Zeitgeschichtsschreibung wird dieser Brückenschlag nicht kommen. Diese hatte die DDR-Geschichte bereits vor 1989 als „Spezialdisziplin" behandelt und sich nach 1990 allenfalls zögerlich dem Thema Zweistaatlichkeit genähert.

JÜRGEN KOCKA

Bilanz und Perspektiven der DDR-Forschung

Hermann Weber zum 75. Geburtstag[1]

Nicht alle Historiker werden 75 Jahre alt; es ist ein Glück, das vierte Viertel des Jahrhunderts gesund und aktiv zu erreichen. Nicht alle fünfundsiebzigjährigen Historiker erhalten eine Festschrift; wer sie bekommt, freut sich in aller Regel darüber als ein Zeichen der Anerkennung eigener Tüchtigkeit und Verdienste. Nicht alle Festschriften für fünfundsiebzigjährige Historiker sind für Wissenschaft und Öffentlichkeit nützlich und kaum eine ist so nützlich und eindrucksvoll wie die Festschrift, die von Rainer Eppelmann, Bernd Faulenbach und Ulrich Mählert, den Herausgebern, an Hermann Weber überreicht wird und den Titel „Bilanz und Perspektiven der DDR-Forschung" trägt. Denn sie ist nicht nur das Zeichen der breiten Anerkennung eines hochverdienten Historikers und Politikwissenschaftlers, sondern auch ein umfassendes, gelungenes Kompendium über den Stand der DDR-Forschung heute. Sie ist, mit ihren 53 Beiträgen und einer gut gegliederten Bibliografie von 2066 Titeln, der beste derzeit verfügbare Führer durch ein historisches Forschungs- und Erinnerungsgebiet, das in den letzten vierzehn Jahren geradezu explodiert ist, das kaum einer noch ganz überschaut und das gleichzeitig weiterhin auf größeres allgemeines, auch politisches Interesse stößt als die meisten anderen Themengebiete historischer Forschung. Wie sieht das

1 Vortrag bei der Präsentation der Festschrift aus Anlass des 75. Geburtstags von Prof. Dr. Dr. h. c. Hermann Weber, Berlin 21. 8. 2003. Eine gekürzte Fassung des Beitrags erschien am 22. August 2003 in der Frankfurter Rundschau und vollständig in: Deutschland Archiv (DA) 36 (2003), S. 764–769.

Bild der DDR-Forschung aus, das sich aus diesem Band mit seinen stolzen 557 Seiten ergibt?

Aufschwung und Blüte

Das „Jahrbuch der historischen Forschung in der Bundesrepublik" hat für das Berichtsjahr 1989 67 Vorhaben zur Geschichte der SBZ und DDR aufgeführt, zehn Jahre später nannte es 224. Die „Bibliographie zur Zeitgeschichte" wies 1999 dreimal so viele Titel zu diesem Themenfeld aus wie noch zehn Jahre zuvor. 1999 befassten sich 45 Prozent sämtlicher Studien zur deutschen Geschichte zwischen Kapitulation und Wiedervereinigung mit SBZ und DDR, 1989 waren es dagegen nur 18 Prozent. Eine einschlägige Datenbank nennt 7700 Titel, die seit 1989 im Bereich der DDR-Forschung erschienen sind. Ich entnehme diese Zahlen dem Beitrag von Klaus-Dietmar Henke.

Es wäre falsch anzunehmen, vor 1989 sei in der Bundesrepublik nichts oder nichts Ergiebiges an DDR-Forschung geleistet worden. Das Gegenteil war der Fall, in der Geschichte wie in den Sozialwissenschaften; diese ältere DDR-Forschung ist nach 1989/90 oft übertrieben stark kritisiert worden. Auch wäre es nicht richtig zu behaupten, die DDR sei heute überforscht oder auch nur besser erforscht als die alte Bundesrepublik, das „Dritte Reich" oder die Weimarer Republik. Das Gegenteil ist der Fall, zumal sich unter den 7700 Publikationen seit 1989 neben viel Getreide auch einiges an Spreu befindet und sich überdies in unserem ungeplanten Forschungsbetrieb die Aufmerksamkeit auf die Themen sehr ungleichmäßig verteilt. Trotzdem: Die Expansion, der Aufschwung der DDR-Forschung passierte atemberaubend rasch – nach Öffnung der Quellen, angetrieben durch wissenschaftliche und außerwissenschaftliche Motive. Das war ein Quantensprung sondergleichen, eine Explosion der Neugier, des Interesses und der Forschung, die ruckartige Ausdehnung eines Forschungsfeldes – mir fallen, was die Geschwindigkeit des Aufstiegs angeht, keine Parallelen ein.

Das Wissen über die DDR ist ungeheuer gewachsen. Vieles, sehr Vieles weiß man jetzt besser als vor vierzehn Jahren. Manches Bild wurde revidiert. Das Bild des älteren Ulbricht zum Beispiel, der heute viel stärker als (erfolgloser) Reformer erscheint als sein Nachfolger Honecker. Wer wusste schon 1989, dass die Sowjetunion die DDR zwar in ihren ersten Jahren ökonomisch ausgebeutet, seit den späten 50er-Jahren aber unaufhörlich subventioniert hat – bis zum Ende, als dieser Mechanismus nicht mehr funktionierte? Wem war Ende der 80er-Jahre bewusst, dass der 17. Juni 1953 nicht nur ein relativ begrenzter Arbeiterprotest, sondern ein breiter Volksaufstand mit ökonomischen, sozialen und politischen Zielen war, der die Systemfrage stellte? Die Beziehungen zwischen Moskau und Ost-Berlin, die Diskussionen hinter den Kulissen der SED-Macht, der ganze Umfang der Stasi-Tätigkeit, die kleinen Streiks in DDR-Betrieben und die vielen Formen der Resistenz im täglichen Leben, die verschiedenen Aspekte der Alltagsgeschichte, das sind Themen, so Mary Fulbrook, die vor 1989 kaum ausgeleuchtet waren, mittlerweile aber gut erforscht sind.

Ich hebe drei besonders gut untersuchte Gebiete, meinerseits ordnend, hervor: erstens die Herrschaftsgeschichte. Die Institutionen und Instrumente, das Personal, die Orte und die Methoden der Herrschaft, der Unterdrückung, der Verfolgung, der Diktatur, auch des Terrors sind am ausgiebigsten und genauesten erforscht. Damit ist der diktatorische Charakter der DDR scharf und akzentuiert herausgearbeitet worden. Zwar hat sich hinsichtlich der begrifflichen Kategorisierung keine Einigkeit ergeben. Doch ist die Kennzeichnung „totalitär" heute viel breiter akzeptiert als in den 80er-Jahren, zumindest in einigen Spielarten dieses vieldeutigen Begriffs und für einige Phasen der DDR-Geschichte. Am Diktatur-Charakter der DDR besteht kein Zweifel, wenn auch die näher kennzeichnenden Adjektive variieren: von „spättotalitär" oder „autoritär" bis „modern" oder „fürsorglich". Insgesamt sind die repressiven, die grausamen, die menschenverachtenden Aspekte der DDR-Wirklichkeit genauer bekannt, auch im allgemeinen Bewusstsein präsenter, unabweisbarer geworden als früher. Das Bild der DDR ist nicht nur schärfer und genauer, sondern auch dunkler geworden, und das resultiert auch aus Erträgen der Forschung. Allerdings bleiben die tatsächlichen Wirkungen diktatorischer Herrschaft oft unterbelichtet, sie sind methodisch nur schwer zu fassen.

Zweitens ist neben und in Verbindung mit der Geschichte der Opfer die Geschichte der Resistenz, der Opposition und des Widerstands gegen die diktatorische Herrschaft intensiv und ausführlich erforscht worden: von der sozial- und christdemokratischen Opposition gegen die sich bildende kommunistische Monopolpartei über den 17. Juni 1953 und die Künstlerproteste der 70er-Jahre bis zur vielgestaltigen Bürgerrechtsbewegung vor und in der Revolution von 1989/90. Da gibt es weiterhin große begriffliche Probleme und aus meiner Sicht manche Tendenz zur rückblickenden Hochstilisierung und Teleologie – die These von der Ausbürgerung Biermanns als des angeblichen Beginns der schleichenden Todeskämpfe der DDR als Beispiel. Aber die Forschung hat in diesem Bereich sehr viel Neues erbracht bzw. manches bestätigt, was in früheren Jahrzehnten nur von Außenseitern behauptet worden war. Das gängige Bild von der DDR hat sich damit geändert. Deren Geschichte hat insofern Anschluss an die Geschichte der Proteste, der Emanzipation, der Freiheit im 20. Jahrhundert gefunden. Die bereits erwähnte Aufwertung des Platzes des 17. Juni 1953 in der Geschichte der DDR ist das auffälligste und überzeugendste Beispiel.

Drittens hat die Forschung sehr viele Aspekte der DDR-Geschichte rekonstruiert, die unmittelbar weder mit der Herrschafts- noch mit der Widerstandsgeschichte zu tun hatten, besonders im Bereich der Sozial-, Kultur- und Alltagsgeschichte. Teilweise geschah dies in bewusster Absetzung von der sich durchsetzenden neuen „Meistererzählung", die die Geschichte der DDR als die Geschichte der Durchsetzung diktatorischer bzw. totalitärer Herrschaft und des Kampfes dagegen konstruiert. Beispielsweise wurde der These von der politischen Durchherrschung der DDR-Gesellschaft früh die Frage nach den Grenzen dieser Durchherrschung, nach den Grenzen der Herrschaft entgegengesetzt. Daraus entwickelte sich eine fruchtbare Forschungsdebatte. Und in der Folge wurde empirisch vielfältig gezeigt, was sich in Gesellschaft, Wirtschaft und Kultur der DDR dem politischen Durchherrschungsanspruch entzog, quer dazu stand oder indirekt gegen ihn wandte – aufgrund unterschiedlichster Mechanismen. So entstanden beispielsweise in der Wirtschaft marktähnliche und informelle Beziehungsnetze, die die Planwirtschaft erst einigermaßen funktionsfähig machten und sie gleichzeitig konterkarierten: der Plan als Befehl und Fiktion. Die nicht-intendierten Folgen politischer Herrschaft, aber auch die systematischen Begrenzungen ihrer Eindringtiefe – nirgends scheinen sie dramatischer als in einer Diktatur diesen Typs. Vieles, sehr vieles bestand und passierte in der Gesellschaft der DDR und im Leben der Menschen dort, was in der Herrschafts- und Widerstandsgeschichte nicht aufging, wenn es auch nicht völlig unberührt davon war und fast immer innerhalb der Grenzen verblieb, die durch jene Herrschaft gezogen wurden. Die DDR war Diktatur, zweifellos, und in gewisser

Hinsicht war sie totalitär. Aber sie war immer auch Anderes und mehr, was in den Erinnerungen vieler damals Lebender weiter bzw. wieder sehr präsent ist, mit oder ohne „Ostalgie", und was von der ethnologisch orientierten Kulturgeschichte, von Zeitzeugeninterviews und von der Alltagsgeschichte zunehmend rekonstruiert wird. Das geschieht einfallsreich, aus zunehmender Distanz, oft auch mit Distanz zu den großen Begriffen, mit Lust an Vielfalt und Fremdheit, manchmal nicht ohne Beliebigkeit. „Alles war so. Alles war anders. Bilder aus der DDR".[2]

Viele andere Gebiete müssten genannt werden, auf denen der Wissens- und der Erkenntniszuwachs der letzten Jahre immens war, so die Geschichte der protestantischen Kirchen und die der Juden in der DDR, Landwirtschaft, Bodenreform, Zwangskollektivierung und ländliche Gesellschaft, die Geschlechtergeschichte, vor allem auch die Außen- und Deutschlandpolitik von der Entstehung der DDR bis zu ihrem Ende in der friedlichen Revolution von 1989/90. All dies und viel mehr dokumentiert der vorliegende Band in konzisen, informativen, ordnenden und wertenden Literaturberichten, unter denen allerdings die Politikgeschichte im weitesten Sinn den größten Raum findet und auch die Chronologie der Darstellung vorgibt, während sozial-, wirtschafts- und kulturgeschichtliche Themen knapper und ergänzend angefügt werden, nach altem Muster. Welches aber sind die empfindlichsten Defizite und Desiderata?

Offene Fragen

Fast jeder der 53 Berichte bezeichnet offene Fragen, unerforschte Stellen und Dinge, die noch zu tun sind. Durchweg mit guten Gründen. Wer ein Spezialgebiet sehr gut kennt, kennt erst recht die noch – und immer – bestehenden Lücken. Aus der Sicht der unmittelbar Beteiligten ist die DDR-Forschung trotz des Aufschwungs der letzten Jahre immer noch sehr am Anfang.

Jedes Spezialgebiet steht sehr stark für sich. Was hält ihre Darstellung in diesem Band zusammen? Zum einen: Hermann Weber. Es ist bewun-

2 So der Titel eines Buches von Kerstin Hensel/Thomas Billhardt, Alles war so. Alles war anders. Bilder aus der DDR, Leipzig 1999.

dernswert, zu wie vielen Teilgebieten er publiziert hat und Stellung genommen hat. Die Verweise auf sein Werk verknüpfen die einzelnen Abschnitte wie ein roter Faden. Zum anderen stellt Bernd Faulenbach die DDR in breitere Kontexte. Sein Einleitungsaufsatz wirkt wie ein Dach, unter dem viele Leute ihr Eigenleben führen. Schließlich: die Aufsätze zur friedlichen Revolution von 1989/90. Wenn man diese erklären will, muss man versuchen, die verschiedensten Teilbereiche der DDR-Geschichte zusammenzusehen. Der Fortschritt der DDR-Forschung wird mit davon abhängen, ob es gelingt, interessante Synthesen unter neuen Fragen zu verfassen und insbesondere die Herrschafts-, Gesellschafts- und Alltagsgeschichte zu verknüpfen. Im vorliegenden Band macht Thomas Lindenberger dazu wichtige Vorschläge.

Merkwürdig am Rande bleibt in dem Band die sozialwissenschaftlich orientierte DDR-Forschung. Was diese über die immensen Wanderungsbewegungen aus SBZ und DDR sowie über die einzigartige Aufstiegsmobilität herausgefunden hat, die die DDR-Gesellschaft bis in die 60er-Jahre kennzeichnete und danach rasch einer neuen Abschottung und sozialen Schließung gewichen ist, hat große Bedeutung für die frühe Akzeptanz und spätere Zurückweisung des DDR-Systems durch große Teile der Bevölkerung. Die Zerstörung der herkömmlichen Klassen- und Schichtenbildung und besonders des Bürgertums, die Herausbildung neuer Berufsgruppen und neuer Muster sozialer Ungleichheit unter politischem Vorzeichen – das sind große Themen der DDR-Geschichte, die der Band nur am Rande streift. Auch das wichtige Thema der Sozialpolitik, mit der sich die DDR überhob, wird stiefmütterlich behandelt. Die Ökonomie kommt zu kurz. Übrigens haben nicht nur Historiker DDR-Forschung betrieben, ich erinnere nur an die ungemein aufschlussreiche Lebenslauf- und Karriereforschung des Berliner Max-Planck-Instituts für Bildungsforschung unter Leitung von Karl-Ulrich Mayer. Aber ich möchte drei offene Fragen hervorheben, die mir für die DDR-Forschung überhaupt kennzeichnend zu sein scheinen, und die der vorliegende Band entweder nennt oder spiegelt.

1. In seinem aufschlussreichen Essay über die Bedingungsfaktoren der friedlichen Revolution von 1989/90 fordert Detlev Pollack zu Recht, dass jede gute Erklärung des Umbruchs sowohl das Scheitern des Staatssozialismus wie auch seine vierzig Jahre währende Existenz plausibel machen muss. Im Grunde gilt das für die DDR-Forschung insgesamt. Sie muss die innere Kri-

senhaftigkeit und das eklatante Scheitern der DDR ebenso ausleuchten und begreiflich machen wie deren relative Stabilität und Lebensfähigkeit über viele Jahrzehnte. Diese war nicht nur eine Funktion der sowjetischen Macht, so unabdingbar diese für die Entstehung und die Erhaltung war, wie die Forschung in aller Deutlichkeit zeigt. Sie war auch nicht nur eine Funktion von Drohung und Zwang, Überwachung, Zensur und Unterdrückung. Stabilität und Lebensfähigkeit der DDR folgten vielmehr auch aus der Zustimmung und Akzeptanz, die sie bei Teilen der Bevölkerung fand, aus ihren Erfolgen und Leistungen, aus den vielfältigen Arrangements, die Konflikte verarbeiteten, bevor sie ausbrachen und, wenn schon nicht Zustimmung, doch Tolerierung bewirkten. Soweit ich sehe, ist die Forschung derzeit besser in der Lage, die Krisen und das Scheitern der DDR verständlich zu machen, als ihre relative Stabilität und ihr langes Überleben zu erklären.

2. Es ist nicht zu übersehen, wie sehr die DDR-Forschung der letzten Jahrzehnte von den Quellen geprägt ist, die ihr in überwältigender Fülle und ohne Sperrfristen plötzlich zugänglich wurden – zweifellos ein großes Historikerglück. Aber in der Folge ist die DDR-Forschung nicht nur zu ihrem Vorteil empirisch sehr dicht geworden, sondern auch ungemein kleinschrittig. Sicher hängt es auch damit zusammen, dass sie zu einem erheblichen Teil an spezialisierten Instituten und Forschungsabteilungen betrieben wird, nur zum kleineren Teil an den Hochschulen und Universitäten. Jedenfalls scheint mir in der historischen DDR-Forschung etwas besonders stark ausgeprägt zu sein, was im Ansatz für den Betrieb der modernen Geschichtsforschung generell kennzeichnend ist: ein sehr hohes Maß an Spezialisierung. Mustert man den vorliegenden Band mit den Kurzbiografien seiner 55 Autorinnen und Autoren, dann fällt auf, dass der größte Teil der DDR-Forschung von Personen vorgelegt wird, die ausschließlich oder fast ausschließlich DDR-Forschung betreiben. So zerstritten sie unter sich sein mögen – heute weniger als früher –, letztlich bleiben die DDR-Forscher und -Forscherinnen im Großen und Ganzen unter sich. Mit Ausblicken in andere Forschungsbereiche der deutschen, europäischen oder globalen Geschichte sind sie sparsam. Komparative Arbeiten, die nach Ähnlichkeiten und Unterschieden, nach dem Spezifischen und Generellen in der DDR-Erfahrung fragen, fehlen nicht ganz. Insbesondere hat man mit der nationalsozialistischen Diktatur des Öfteren verglichen und dabei vor allem Differenzen gefunden. Auch der zeitgleiche Vergleich zwischen DDR und Bundesrepublik ist oft propagiert und

bisweilen versucht worden, bei gleichzeitiger Berücksichtigung des wichtigen deutsch-deutschen Wechselverhältnisses. Am wenigsten ist der Vergleich der DDR mit den anderen kommunistischen Diktaturen Ostmittel-, Südost- und Osteuropas vorangekommen. Da stehen Sprachbarrieren und mächtige Traditionen des Wissenschaftsbetriebs im Wege. Dabei wäre durch solche Vergleiche unendlich viel zu holen, beispielsweise auch eine realistische Einschätzung der Oppositionsbewegung in der DDR, einem Land, das im Vergleich zu manchen Nachbarn im Osten nach 1953, bis in die späten 80er-Jahre, eben doch relativ konfliktarm blieb – was mit dem dauernden Exodus potenzieller Störenfriede nach Westen ebenso zusammenhing wie mit der Nichtverfügbarkeit des nationalen Arguments für die Kritik der Intellektuellen an Diktatur und sowjetischer Hegemonie.

Insgesamt ist die DDR-Forschung bei uns durch ein hohes Maß an Selbstreferenzialität und Selbstisolierung gekennzeichnet. Sie wird an wissenschaftlicher und intellektueller Relevanz gewinnen, je mehr es gelingt, ihre Fragen und Antworten mit anderen Erinnerungs- und Forschungsbereichen in Verbindung zu setzen, mit den großen Fragen der europäischen Geschichte des 20. Jahrhunderts – sei es vergleichend, sei es durch Verflechtungsgeschichte, sei es auf andere Weise. Übrigens könnte die DDR-Geschichte auch zum methodischen Experimentierfeld für neue transnationale Zugriffe werden, die insbesondere unter jüngeren Historikern gegenwärtig so heiß und fruchtbar diskutiert werden.

Schließlich ist – 3. – eine Eigenart der DDR-Forschung zu nennen, die ich für eine Stärke und eine Schwäche zugleich halte. Ich spreche hier als Historiker, als Wissenschaftler. Aber selbstverständlich ist die Geschichte der untergegangenen DDR nicht nur eine Sache der Berufshistoriker und ihrer Institutionen. Der vorliegende Band macht klar, wie sehr es auch eine „gesellschaftliche Aufarbeitung der SED-Diktatur“ (Tobias Hollitzer) gibt, an der viele politische Initiativen, Enqueten, Ausschüsse, Behörden, Opferverbände, Stiftungen, Geschichtswerkstätten, Ausstellungen und Museen beteiligt sind – nicht zuletzt die Stiftung zur Aufarbeitung der SED-Diktatur, die diese Veranstaltung ausrichtet. Es sind nicht nur wissenschaftliche Interessen, die die DDR-Forschung antreiben, vielmehr liegen sie im Gemenge mit anderen, oft mächtigeren Interessen an der DDR und ihrer „Aufarbeitung“. Es geht nicht nur um wissenschaftliche Erkenntnis, sondern auch um Abrechnung und Selbstbestätigung, um Delegitimierung und

Verteidigung,[3] um die Zurechnung von Schuld und Verdienst, um Identitätsbildung und Durchsetzung im Kampf um öffentliche Anerkennung, oft mit praktischen Konsequenzen. Es geht um wissenschaftliche Erkenntnis – ja, aber zugleich um die Klärung moralischer und politischer Grundsatzfragen und die Verteilung von Einfluss und Macht, nicht nur durch wissenschaftliche Diskurse, sondern auch in persönlicher und politischer Auseinandersetzung. Einerseits: Viele von denen, die DDR-Geschichte betreiben, waren selbst Teil dieser Geschichte, zu unterschiedlichen Zeiten und auf unterschiedlichen Plätzen. Sie schreiben mit Leidenschaft, wenngleich in unterschiedlicher Weise und oft im Konflikt miteinander. Andererseits: Das aktuelle Verhältnis zur DDR hat das Selbstverständnis der Bundesrepublik immer geprägt. Das historische Verhältnis zur untergegangenen DDR prägt das Selbstverständnis des wiedervereinigten Deutschland. Geschichtswissenschaft und Geschichtspolitik liegen aus all diesen Gründen in engstem Gemenge.

Bis zu einem gewissen Grad ist das immer so in der Geschichte. Aber im historischen Umgang mit der DDR ist dies besonders ausgeprägt. Dieser Umstand als solcher ist auch aus wissenschaftlicher Perspektive nicht zu kritisieren. Vielmehr zeigt sich daran die große Bedeutung unserer Wissenschaft für das Leben, das Gemeinwesen, die Politik. Wissenschaft kann helfen und unersetzbar sein bei der Klärung praktischer Fragen. Dabei darf sie sich aber nicht übernehmen, vielmehr wird sie auf Grenzen achten. Denn die Logik der Wissenschaft ist nicht die Logik der Politik. Wo sich das Politische allzu direkt und unvermittelt in das Wissenschaftliche eingemischt hat (und umgekehrt), ist dies jedenfalls der wissenschaftlichen Seite schlecht bekommen. Auch dafür bietet die DDR-Forschung der letzten Jahre und Jahrzehnte viele Beispiele. Andererseits hätte sie ohne das öffentliche Interesse, die Bedürfnisse der Politik und andere außerwissenschaftliche Antriebe nie den fulminanten Aufschwung erlebt, den der vorliegende Band dokumentiert.

3 Nachträglich sei angemerkt, dass die minderheitlichen Positionen, die die untergegangene DDR im Meinungsstreit verteidigen oder dafür plädieren, „ihrer mit Nachsicht zu gedenken" (G. Benser), im vorliegenden Band kaum berücksichtigt oder vertreten sind, vielmehr nur kurz zurückgewiesen werden (S. 18). Vgl. zu der durchaus interessanten Literatur im Umkreis der Leibniz-Societät, der „Hellen Panke", des Luisenstädtischen Geschichtsvereins und ähnlicher Initiativen in Berlin und den östlichen Ländern: Stefan Berger, Was bleibt von der Geschichtswissenschaft der DDR? Blick auf eine alternative historische Kultur im Osten Deutschlands, in: ZfG 50 (2002), S. 1016–1034.

Neue Fragen sind notwendig

Manches deutet darauf hin, dass das außerwissenschaftliche Interesse an der Geschichte der DDR nicht ewig auf dem hohen Stand der letzten anderthalb Jahrzehnte bleiben wird. Nicht, dass es schwindet, das wäre falsch, und davor werden uns schon die Betroffenen, ihre Organisationen und Stiftungen noch lange zu bewahren wissen. Aber es nimmt ab, und das heißt, die DDR-Forschung wird ihre Energie und ihre Attraktivität zukünftig weniger selbstverständlich aus drängenden politischen, moralischen und praktischen Problemen außerhalb ihrer selbst beziehen können als bisher. Sie wird als wissenschaftliche Anstrengung mehr selbst dafür tun müssen, dass sie interessant bleibt und wirkt.

Das wird ihr umso besser gelingen, je mehr sie über den Rand des eigenen Tellers hinausblickt und den Anschluss an die großen wissenschaftlichen und intellektuellen Fragen der Zeit verstärkt. Der Ort der DDR in der Geschichte der deutschen Nation und des deutschen Nationalstaats ist noch lange nicht ausdiskutiert. Die DDR ist ein einzigartiges Untersuchungsfeld, wenn es um die Geschichte von Diktatur und Demokratie in Europa, um die Folgen der Kriege und die Spätfolgen der Spaltung der europäischen Arbeiterbewegung geht. An keinem anderen Fall lässt sich die Spannung zwischen staatlicher Planwirtschaft und den Imperativen der dritten industriellen Revolution, zwischen politischer Gängelung und gesellschaftlicher Kreativität besser studieren als an der DDR, die ja im kommunistischen Machtbereich das ökonomisch entwickeltste Land war. Die DDR als gescheiterter Sozialstaat, was ergibt sich daraus für die heutige Debatte über den nötigen Umbau des Sozialstaats in Europa? Auch in einer Geschichte der Grenzen, ihrer vergeblichen Befestigung und unaufhaltsamen Auflösung im 20. Jahrhundert ist der Fall der DDR von großer Bedeutung. Das sind nur Beispiele, die zeigen sollen, dass die Geschichte der DDR sehr viel mehr als eine Fußnote der Weltgeschichte ist und dass sie eine interessante Zukunft hat – besonders wenn es gelingt, die Fixierung auf sie zu überwinden.

Hermann Webers bewundernswertes Werk enthält dazu viele Anregungen. Mit dem Ausdruck des größten Respekts und den besten Wünschen für die Fortsetzung dieses Werkes schließe ich mich der Gratulation an.

Viel Glück, alles Gute!

HENRIK BISPINCK · DIERK HOFFMANN
MICHAEL SCHWARTZ · PETER SKYBA
MATTHIAS UHL · HERMANN WENTKER

DDR-Forschung in der Krise?*

Defizite und Zukunftschancen – Eine Entgegnung auf Jürgen Kocka

I.

Reitet die gegenwärtige Forschung die DDR-Geschichte zu Tode? Jürgen Kocka, Professor für Geschichte an der FU Berlin und Präsident des Wissenschaftszentrums Berlin für Sozialforschung, zog jüngst eine eher düstere Bilanz der Beschäftigung mit der Vergangenheit der SED-Diktatur. In seiner Rede anlässlich einer Festveranstaltung für Hermann Weber, den Nestor der bundesrepublikanischen DDR-Forschung, hob er zwar die historiografischen Leistungen der letzten 14 Jahre hervor, sparte aber nicht mit deutlicher Kritik an der Forschungslandschaft, die durch „ein hohes Maß an Selbstreferenzialität und Selbstisolierung gekennzeichnet" sei.[1] Die bisher im empirischen Klein-Klein verstrickten Forscher müssten mehr über ihren eigenen ‚Tellerrand' hinausblicken und „Anschluss an die großen wissenschaftlichen und intellektuellen Fragen der Zeit" finden. Die Vergangenheit der DDR habe umso mehr Zukunft, je mehr es der Wissenschaft gelinge, „die Fixierung auf sie zu überwinden".[2]

Eine kritische Rückschau kann der DDR-Forschung nur gut tun und ihr neue Impulse verleihen. Aber – steht es wirklich so schlecht um die Standards

* Der Text ist in leicht gekürzter Fassung bereits am 30. September 2003 in der Frankfurter Rundschau und vollständig in Deutschland Archiv (DA) 36 (2003), S. 1021–1061 erschienen. Die Autoren, Mitarbeiter des Instituts für Zeitgeschichte, Abteilung Berlin, reagierten damit auf einen Beitrag von Jürgen Kocka in der gleichen Zeitung vom 22. August, der in voller Länge abgedruckt ist in: DA 36 (2003), S. 764–769 (im vorliegenden Band: S. 143–152).

1 DA 36 (2003), S. 768 (im vorliegenden Band: S. 150).

2 DA 36 (2003), S. 769 (im vorliegenden Band: S. 152).

der wissenschaftlichen Beschäftigung mit der ostdeutschen Vergangenheit? Hat die Zunft ihre Hausaufgaben bei der empirischen Rekonstruktion des Gegenstands wirklich soweit erledigt, dass es mit der Untersuchung DDR-spezifischer Themen nun allmählich sein Bewenden haben kann? Ist es schon an der Zeit, sich dem Gegenstand primär in größeren Zusammenhängen einordnend und vergleichend zu widmen? Nun ist die Forderung nach aktuellen Methoden, Fragestellungen und insbesondere vergleichenden Studien ebenso alt wie richtig und außerdem allgemein konsensfähig. Problematisch scheint aber die Unbedingtheit, mit der der Co-Direktor des Zentrums für vergleichende Geschichte Europas einerseits die konzentrierte Beschäftigung mit dem Gegenstand DDR verwirft und andererseits die „große Perspektive" einfordert. Schließlich geht es auch um die Perspektiven einer Forschungslandschaft in Zeiten deutlich nachlassenden öffentlichen Interesses und knapper werdender Mittel.

II.

Neue Fragen sind immer notwendig, die Frage ist aber, ob die alten Fragen schon beantwortet oder gar obsolet sind. Liegt die Zukunft der DDR-Forschung primär im Komparativen und in der Europäisierung der DDR? Oder hat sie nicht doch noch einiges auf der heimischen Baustelle zu tun? Unzweifelhaft hat die Beschäftigung mit der ostdeutschen Vergangenheit seit 1990 enorme Fortschritte gemacht. Zu Recht hebt Kocka etwa das Herrschaftssystem oder den Komplex Resistenz – Opposition – Widerstand heraus, zu denen eine Vielzahl von Publikationen unterschiedlicher Qualität erschienen ist. Dagegen ist seine Sicht des Forschungsstands in der Sozial-, Kultur- und Alltagsgeschichte wohl zu optimistisch; gerade das Verhältnis von diktatorischem Herrschaftsanspruch und dessen gesellschaftlichem Reflex ist allenfalls in Ansätzen ausgelotet. Dass gar „die Diskussionen hinter den Kulissen der SED-Macht [...] gut erforscht" seien,[3] lässt sich – bedauerlicherweise – beim besten Willen nicht sagen. Bisher haben vergleichsweise wenige Spezialstudien lediglich Ausschnitte davon freigelegt. Solche Arbeiten machen deutlich, dass die Rekonstruktion von Meinungsbildung und

3 DA 36 (2003), S. 765 (im vorliegenden Band: S. 145).

Entscheidungsfindung im Herrschaftszentrum möglich ist, aber umgekehrt eben auch, dass in vielen anderen Arbeiten aus der außergewöhnlich guten Quellenlage nicht immer der optimale Profit gezogen worden ist. Natürlich muss sich die DDR-Forschung an ihrer Fähigkeit zur begrifflichen Einordnung der DDR in die deutsche und europäische Geschichte des 20. Jahrhunderts messen lassen. Hier hat es in den vergangenen Jahren eine Vielzahl von Deutungsversuchen gegeben, die aber eher der schnellen Etikettierung als der analytischen Durchdringung dienten. In einem regelrechten Wettkampf der Begriffe war etwa von der „modernen Diktatur", der „Fürsorgediktatur" oder der „Konsensdikatur" die Rede, nur um am Ende, wie Kocka resümiert, die zeitweise verpönte „Kennzeichnung ‚totalitär' heute viel breiter akzeptiert" erscheinen zu lassen als zuvor.[4] Viele Begriffsbildungen besaßen eine geringe Halbwertzeit und haben die Debatte inhaltlich kaum bereichert. Eines aber zeigt diese Beliebigkeit mit Sicherheit: eine erhebliche Unsicherheit über den eigentlichen Kern des Untersuchungsgegenstandes und damit offenkundigen Forschungsbedarf.

Wie jeder andere Teilbereich der Geschichtswissenschaft ist die DDR-Forschung gefordert, scheinbar gesicherte Erkenntnisse kritisch zu prüfen. Walter Ulbricht etwa erlebt eine gewisse Renaissance als Reformer, dessen Ziel eines modernisierten Sozialismus durch seinen Nachfolger sabotiert und ruiniert worden sei. Dieses Bild, das übrigens in einem merkwürdigen Kontrast zur zeitgenössischen Wahrnehmung in Ost und West steht, beruht auf einer deutlich vereinfachenden Interpretation des politischen und wirtschaftlichen Systems sowie der Handlungsoptionen Ulbrichts.

Schließlich tobt ein Kampf um die Deutungshoheit zwischen Historikern und ehemaligen Akteuren, dessen Ausgang keineswegs entschieden ist. So prägen die Aussagen ehemaliger hochrangiger Wirtschaftsfunktionäre weithin die Perzeption der Wirtschaftspolitik der Ära Honecker. Hier erliegen einige Forscher sogar dem Glauben, das Zusammenspiel von Politik und Wirtschaftsverwaltung mit den bereitwilligen Äußerungen der früheren „Insider" besonders kritisch durchleuchtet zu haben. Das personalisierte und simplifizierte Bild wird der Komplexität von Strukturen und Prozessen der Planwirtschaft bei weitem nicht gerecht. Übrigens arbeitet nicht zuletzt das ehemalige Spitzenpersonal des Ministeriums für Staatssicherheit an der

4 Ebenda.

Weichzeichnung der Stasi als quasi normalen Sicherheitsapparats – wenngleich bisher nicht mit ähnlichem Erfolg.

Die Desiderata überwiegen bei weitem das schon Geleistete. Eine Bilanz darf auch jene Studien und Projekte nicht verschweigen, die Themen der DDR-Geschichte im Längsschnitt des 20. Jahrhunderts verorten oder unter verschiedenen Vergleichsperspektiven behandeln. Hieran gilt es anzuknüpfen, ohne allerdings die intensive wissenschaftliche Auseinandersetzung mit dem spezifischen Gegenstand zu vernachlässigen. Wo aber liegen Aufgaben und Chancen künftiger DDR-Forschung?

III.

Die Forderung, die DDR-Forschung müsse sich an allgemein gängigen Theorie- und Methodenangeboten orientieren, enthält eine berechtigte Herausforderung, aber auch eine nicht geringe Gefahr. Zahlreiche Theoreme und methodische Ansätze beleben zwar kurzfristig die „Metadiskussion", haben jedoch in der konkreten Arbeit oftmals nur begrenzten Nutzen. Der Gegenstand DDR hat offenkundig seine Eigenheiten und Tücken, welche den Ertrag von Modellen, die am Beispiel pluralistischer Gesellschaften entwickelt wurden, schmälern. Maßstab für die Beurteilung sollte folglich nicht primär die Anwendung der jeweils im Trend liegenden Methoden und Theorien sein. Die DDR-Forschung muss den Mut haben und die Fähigkeit wahren, eigene Fragen in die Diskussion der breiteren Wissenschaftsgemeinde einzubringen und danach ihre Methodenauswahl zu treffen.

Dies betrifft etwa die dauerhaft hohe Bedeutung einer modernen Politikgeschichte für die Erforschung der DDR als eines unzweifelhaft politisch dominierten Gesellschaftssystems. Dieser Zugriff auf die DDR-Geschichte hat inhaltlich immer noch erhebliche Defizite; gravierender aber ist die Unkenntnis über die Strukturbedingungen politischen Handelns in der DDR. Wo es längst um die Aufdeckung komplexer interner Akteurskonstellationen gehen müsste, nehmen nicht wenige DDR-Forscher immer noch Zuflucht zu undifferenzierten Kollektivsingularen wie „die SED" oder „die Sowjets". Die Klärung der Funktionsmechanismen des politischen Systems der DDR und ihrer Veränderungen erfordert nicht nur die Aufarbeitung formeller Organisationsstrukturen, sondern auch die Analyse des informellen

Netzwerk-Handelns diverser Funktionärsgruppen. Auf diese Weise könnte tatsächlich hinter die Fassade des scheinbar monolithischen Herrschaftssystems geschaut werden, was auch eine erstrangige konzeptionelle Herausforderung für die Totalitarismustheorie wäre. Ein gruppenbiografischer Zugang bietet gute Voraussetzungen dafür, diese Netzwerkstrukturen historisch fassbar zu machen. Auch zur Bestimmung des Wechselverhältnisses von Individuum und „Kollektiv" in der DDR vermag die neuere Biografieforschung Wichtiges beizutragen.

Die zu Recht eingeforderte Erklärung der „relativen Stabilität" und des „langen Überlebens" der DDR[5] muss insbesondere bei den bisher von der Forschung stiefmütterlich behandelten 60er- und 70er-Jahren ansetzen. Dies geht freilich nur, wenn der Mauerbau nicht nur als Musterbeispiel für die „vergebliche Befestigung und unaufhaltsame Auflösung" von Grenzen interpretiert wird.[6] Er war vielmehr die fundamentale Bedingung für die Stabilisierung der DDR zwischen 1961 und 1989. Um die identitäts- oder konsensstiftenden Momente der weiteren DDR-Entwicklung herauszuarbeiten, bedarf es einer vertieften Erforschung der DDR-Sozialpolitik. Doch sollte diese ebenso wie der Mauerbau nicht nur vom Ende der DDR her bewertet werden: Eine ambivalente Beurteilung erscheint ungleich angemessener und weiterführender als Kockas allzu eindeutiger Rückblick auf die „DDR als gescheiterter Sozialstaat".[7] Gescheitert ist dessen ökonomische Fundierung und damit teilweise die angestrebte Regimelegitimation durch Lebensstandardsteigerung. Gegen ein bloßes Scheitern sprechen aber die tief greifende gesellschaftsverändernde Prägekraft der Sozialpolitik gegenüber sozialen Strukturen und kulturellen Werthaltungen sowie deren weit über 1989 hinausreichenden Nachwirkungen.

DDR-Forschung sollte auf mehreren Ebenen stattfinden – von der internationalen über die (halb-)nationalstaatliche bis zur regionalen und lokalen Stufe. Bekanntlich ist in der NS-Forschung eine differenzierte Sicht des Verhältnisses zwischen Herrschaft und Gesellschaft wesentlich durch regionalhistorische Studien befördert worden. Auch für die DDR versprechen solche Untersuchungen regionaler Schnittstellen zwischen politischem System

5 DA 36 (2003), S. 767 (im vorliegenden Band: S. 149).

6 DA 36 (2003), S. 769 (im vorliegenden Band: S. 152).

7 Ebenda.

und gesellschaftlichen Lebenswelten reichen Ertrag. Eine derartige Sozialgeschichte regionaler Herrschaft trägt dazu bei, den Grundwiderspruch totalitärer Diktaturen und damit auch der DDR – ein hohes Maß interner Konflikte bei gleichzeitiger Systemstabilität – zu erklären. Daneben sollten auch Fragestellungen größeres Gewicht erhalten, die stärker Eigendynamiken gesellschaftlichen Handelns jenseits des Antagonismus von Anpassung und Abweichung in den Blick nehmen. Regional- und Stadtgeschichtsforschungen zur DDR haben gegenüber Forschungen zu Westdeutschland und zur NS-Zeit nicht nur enormen Nachholbedarf, sondern auch ganz besondere Relevanz. Zahlreiche Projekte bedienen sich bereits des in der westdeutschen und internationalen Stadtgeschichtsforschung entwickelten Methoden- und Theorienarsenals, soweit es auf die DDR sinnvoll anwendbar ist. Zudem versuchen Längsschnittuntersuchungen, die weit über das Jahr 1945 zurückgehen, langfristig angelegten ostdeutschen Spezifika nachzugehen und dabei nicht zuletzt die im Unterschied zur westdeutschen Entwicklung besonders auffällige diktatorische Kontinuität zwischen 1933 und 1989 zu berücksichtigen. Gegenüber der häufig kaum über den eigenen Tellerrand hinausblickenden NS-Regionalforschung methodisch weiterführend wäre die Stärkung komparativer Ansätze: Interregionale Vergleiche könnten räumliche Disparitäten der DDR-Gesellschaft klären und deren Verklammerung mit Strukturen sozialer Ungleichheit erhellen. Zugleich können regional oder lokal angelegte Untersuchungen Parallelentwicklungen außerhalb der DDR ins Auge fassen.

Auch auf der staatlichen „Makroebene" können DDR-spezifische Konturen durch vergleichende Forschungen stärker herausgearbeitet werden. Frauen-, Gesundheits- oder Bildungspolitik bieten hierfür ebenso fruchtbare Ansatzpunkte wie die Wirtschaftspolitik oder das Wechselverhältnis von gesellschaftlich-kulturellem Wertewandel und sozial- oder rechtspolitischen Reformansätzen – etwa in der globalen „Reformzeit" um 1970. Dabei kann sich die Forschung freilich noch nicht auf einen hinreichenden Kenntnisstand zur DDR stützen. Die Zukunftsaufgabe besteht daher in einer stärkeren methodischen Verknüpfung von vergleichender Methode und sorgfältiger Empirie. Ohne eine vertiefende empirische Differenzierung unseres Wissens über die DDR läuft man Gefahr, nur Schablonen miteinander zu vergleichen, die lediglich die Prämissen des Vergleichenden bestätigen würden.

Ein weiteres Desiderat besteht in der Klärung des Anteils der DDR an der „Verflechtungsgeschichte" des Ostblocks. Dabei spielen insbesondere die bislang wenig beachteten transnationalen Funktionärsnetzwerke und Interessengruppen eine Rolle. Auch hier trügt freilich die Hoffnung auf Eindeutigkeit. Während etwa die Funktionseliten in den Militär- und Repressionsapparaten kooperative und integrative Züge aufweisen, scheinen sich die nationalen Netzwerke in der Sozial- und Wirtschaftspolitik eher durch wechselseitige Abschottung, wenn nicht durch Konfrontation ausgezeichnet zu haben. Beide Sachverhalte sind erklärungsbedürftig. Doch lassen sich die notwendigen Forschungen nur durch auf Dauer gestellte transnationale Arbeitsgruppen produktiv bündeln.

IV.

Kockas Aussage, dass „nicht nur wissenschaftliche Interessen [...] die DDR-Forschung antreiben", sondern dass diese auch von öffentlichem und politischem Interesse getragen und beeinflusst wird,[8] ist zu unterstreichen. Die Motive derer, die sich nicht nur unter wissenschaftlichen Aspekten mit Staat und Gesellschaft Ostdeutschlands beschäftigen, sind vielfältiger Natur. Persönliche Betroffenheit durch Verfolgung und Ausgrenzung in der DDR zählen ebenso dazu wie der Verlust von Macht und Einfluss durch den Untergang der DDR; hinzu kommt die Vermarktung selektiver Bilder der ostdeutschen Vergangenheit in den Medien. Von diesem vielfältigen Interesse hat die Wissenschaft auch profitiert. So konnte und kann sie etwa die von Bürgerrechtsgruppen erhaltenen Sammlungen von Schriften und Archivalien für ihre Arbeit nutzen. Darüber hinaus musste sie sich angesichts des allgemeinen „DDR-Booms" um ihre öffentliche Legitimation keine Gedanken machen. Damit einher ging in den 90er-Jahren die Bereitschaft, DDR-Forschung großzügig zu fördern, sodass sich diese als anerkannter Zweig der Zeitgeschichte etablieren konnte. Gleichwohl bestanden und bestehen dabei zwei Gefahren. Zum einen die selektive Nutzung von Forschungsergebnissen für politische Interessen: Eine solche Politisierung der Zeitgeschichte, wie sie etwa in den Wahlkämpfen der 90er-Jahre zu beobachten war, ist der

8 DA 36 (2003), S. 768 (im vorliegenden Band: S. 150).

Wissenschaft nicht zuträglich. Zum anderen kann die Nachfrage nach spektakulären Enthüllungen dazu führen, dass sich Zeithistoriker darin erschöpfen, ein öffentliches Bedürfnis zu bedienen. Die Beteiligung an der Jagd nach Informellen Mitarbeitern des MfS und die Stasi-Fixierung in einigen Arbeiten des vergangenen Jahrzehnts sind hier ebenso zu nennen wie die diesjährige Publikationsflut zum 17. Juni 1953. Diese Veröffentlichungen sind vor allem dadurch gekennzeichnet, dass sie wenig wirklich Neues zum Thema selbst zutage gefördert, dafür aber umso stärker Wertungen transportiert haben, die medial gut vermittelbar sind. So mutierte die Juni-Erhebung in der DDR unversehens zu einer deutschen Revolution, die in einem Atemzug mit denen von 1848, 1918 und 1989 genannt wurde. Hier wurde Geschichtswissenschaft mit Geschichtspolitik verwechselt.

In solchen Debatten hat die DDR-Forschung – wie jede zeitgeschichtliche Forschung – „ein kritisches Korrektiv" zu sein. Indem sie „einen Fundus kritisch geprüften Wissens erarbeitet und bereitstellt", hat sie „eine unentbehrliche Servicefunktion für alle anderen Bereiche", die eher vermittelnd als ermittelnd tätig sind (so Hans Günter Hockerts). Dieser Aufgabe muss sie freilich auch durch ihr öffentliches Auftreten gerecht werden. Hier haben DDR-Forscher jedoch vor allem durch vorschnelle Begriffsprägungen auf sich aufmerksam zu machen gesucht. Beherbergte die DDR eine „entdifferenzierte", eine „durchherrschte" oder eine „konstitutiv widersprüchliche Gesellschaft"? Die Jagd nach dem gängigen Begriff hat die Diskussion um die Tragfähigkeit des Begriffs dabei fast völlig ersetzt. Nicht spektakuläre Wortschöpfung, sondern eine auf empirischer Grundlage gründlich erarbeitete Darstellung, eine nach erkennbaren Kriterien formulierte Deutung ist bleibende Aufgabe. Sicher ist die „Ostalgiewelle" immun gegen wissenschaftliche Einwände. Sie funktioniert nach den Gesetzen der Mediengesellschaft. Gleichwohl bleiben politische Bildungs- und Öffentlichkeitsarbeit wichtig, um differenzierte Forschungsergebnisse zu vermitteln. Nur eine vielfältige Forschung kann der Öffentlichkeit das Material zur Verfügung stellen, das sie benötigt, um ihre Debatten zu versachlichen; nur auf dieser Grundlage kann der DDR-Historiker sich kompetent zu Wort melden und auch der Wissenschaft den ihr gebührenden Platz in der Öffentlichkeit erarbeiten.

V.

Die Zukunft der DDR-Forschung kann also nicht darin aufgehen, die DDR nur noch vergleichend und „europäisiert" zu sehen. Differenzierte empirische Untersuchungen zum ostdeutschen Staat und seiner Gesellschaft unter innovativen Fragestellungen müssen ebenso vorangetrieben werden wie vergleichende Studien und Bemühungen um historisierende Einordnung. Ein einzelner Forscher kann gewiss nicht alles leisten. Grundsätzlich gilt jedoch: Wer die DDR nur isoliert betrachtet, verliert den Blick für größere Zusammenhänge; aber wer nur noch vergleicht, läuft Gefahr, die DDR selbst aus dem Blick zu verlieren.

THOMAS LINDENBERGER · MARTIN SABROW

Zwischen Verinselung und Europäisierung: Die Zukunft der DDR-Geschichte*

Der Kompass der Zeitgeschichte

Die DDR ist ein Findelkind der Zeitgeschichte, und als sie nach der deutschen Vereinigung plötzlich vor der Tür lag, war die Aufregung groß. Der zwischen Sozialwissenschaft und Politikberatung angesiedelten „DDR-Forschung" der alten Bundesrepublik wurde in einem kurzen, aber heftigen Streit die Vaterwürde aberkannt und die schlechte Vorbereitung auf den Zuwachs als Versagen angelastet. Nachdem sie sich von der Verblüffung erholt hatten, nahmen sich die Zeithistoriker des Themas DDR dann mit überschwänglichem Enthusiasmus an, als wollten sie damit ihre kühle Distanz von einst vergessen machen. Jetzt kommt das Kind in die Flegeljahre, und seine Zieheltern machen sich ernsthafte Gedanken über seine Zukunft.

Jürgen Kocka, unter anderem Gründungsdirektor des Zentrums für Zeithistorische Forschung in Potsdam, hat in dieser Zeitschrift auf das ungeheuere Wachstum unseres Wissens über die DDR verwiesen, aber auch offene Fragen benannt.[1] Eine sechsköpfige Autorengruppe der Berliner Außenstelle des Münchner Instituts für Zeitgeschichte hat dagegen gehalten und Kocka einer zu düsteren Bilanz geziehen, um anschließend – etwas selbstwidersprüchlich – auf die vielen Desiderata hinzuweisen, die das Geleistete bei weitem überwögen.[2]

* Der Beitrag erschien erstmals am 12. November 2003 in der Frankfurter Rundschau sowie vollständig in: Deutschland Archiv (DA) 37 (2004), S. 123–127.

1 DA 36 (2003), S. 764 (im vorliegenden Band: S. 143–152).

2 DA 36 (2003), S. 1021 ff. (im vorliegenden Band: S. 153–161).

Beide Stellungnahmen eint der Glaube, dass die Historiografie nach einem mehr oder minder klaren Kompass voranschreite. Sie argumentieren in einem stabilen Koordinatensystem, vor dem die schon bearbeiteten Felder sich ebenso abzeichnen wie die noch weißen Flächen, und sie sind von der Zuversicht getragen, dass die DDR, wie sie eigentlich gewesen ist, eines Tages komplett kartiert vor uns liegen wird.

Tummelplatz der Narrative

Aber ist dem wirklich so? Das nachhaltigste Ergebnis der DDR-Forschung nach 1989 besteht jedenfalls im Niedergang bislang geltender Narrative und Orientierungen. Mit der DDR fiel die in der Bundesrepublik vorherrschende systemimmanente, auf Normalisierung und Annäherung durch Wandel setzende Forschung wie ein Kartenhaus zusammen. Mangels Alternativen kehrte als neues Paradigma ein altes wieder: die Totalitarismustheorie in ihrer für die innenpolitischen Zwecke der frühen Bundesrepublik verkürzten Lesart. Staatliche Repression und politischer Widerstand traten in den Vordergrund, der Alltag einer Industriegesellschaft in der Mitte Europas in den Hintergrund. Dank der institutionellen Macht staatlich kommissionierter Wahrheitsfindung – Enquetekommissionen, Bundesbeauftragte, Strafrecht und Unrechtsbeseitigung – etablierte sich die DDR-Vergangenheit zunächst vor allem als ein Kampffeld der Politik, auf dem es mit der Deutungshoheit immer auch um politische Gestaltungsmöglichkeiten ging. Erst allmählich trat mit dem abziehenden Pulverdampf der hitzigen Wortgefechte um die Meinungsführerschaft zutage, dass Zeitgeschichte auch als Streitgeschichte mehr ist als der Aufeinanderprall von Medienöffentlichkeit, Zeitzeugenschaft und Geschichtspolitik: Wissenschaftlich betrieben, eröffnen sich ihr horizonterweiternde Erkenntnismöglichkeiten, die weit über die DDR selbst hinausreichen.

Von der Öffentlichkeit kaum bemerkt, ist in den letzten Jahren die Renaissance der Totalitarismustheorie in Agonie übergegangen. Sie hat forschungspraktisch nicht gehalten, was sie geschichtspolitisch versprach. Die DDR erweist sich als umso komplizierter, je gründlicher sich die Forschung auf die konkreten historischen Grundlagen ihrer vierzigjährigen Existenz einlässt, anstatt nach Bestätigungen geschichtsphilosophischer Glaubenssätze zu suchen. Weniger die klaren Konturen totaler Herrschaft als vielmehr Aporien, Antinomien und Paradoxien prägten die Entwicklung dieses Staates. Je nachdem, unter welchem Blickwinkel sie betrachtet wird, ändert sie ihre Gestalt. Sie verkörpert zusammen mit ihrem westdeutschen Zwilling den Fortgang deutscher Nationalgeschichte in der Zeit der staatlichen Teilung, aber sie steht auch für die Preisgabe nationaler Eigenständigkeit auf dem Weg der Integration in den Ostblock. Sie präsentiert sich vom Anfang her betrachtet als die Inszenierung eines radikalen Neuanfangs und sozialistischen Gesellschaftsexperiments, das schließlich an widrigen Umständen scheiterte, und sie zeigt sich von ihrem Ende her gesehen als fortschreitender Verfall einer im Ansatz realitätsblinden Utopie, als „Untergang auf Raten“, wie schon 1993 ein Buchtitel verkündete.

Die Suche nach der DDR-Formel

Kein einheitlicher Deckel passt auf den Topf der DDR. Sie lässt sich in Max Webers Kategorien nur schwer verorten; ihr Herrschaftssystem war weder traditional noch bürokratisch-legal, aber charismatisch schon gar nicht. Ein sozialistischer Rechtsstaat war der zweite deutsche Staat gewiss nicht, aber ebenso wenig ein bloßes Unrechtssystem, das die systematische Verletzung des Rechts zum Prinzip seiner Herrschaft machte. Der ostdeutsche Antifaschismus war verordnet, aber er ging im Oktroi nicht auf; die „durchherrschte“ Gesellschaft funktionierte erst und gerade dank des Eigen-Sinns ihrer realitätstüchtigen und improvisationsbereiten Bürger und Bürgerinnen. Letztere nutzten ihre historisch noch nicht dagewesenen Möglichkeiten einer auf Erwerbsarbeit und sozialen Aufstieg gegründeten Unabhängigkeit von Männern, und dennoch blieb die DDR-Gesellschaft ein Mündel halsstarriger Patriarchen. Nicht umsonst sind die wissenschaftlichen Interpreten der DDR dazu übergegangen, die konstitutive Widersprüchlichkeit ihres Forschungsgegenstandes mit Spannungsetiketten zu bekleben – sei es als Fürsorgediktatur, Konsensdiktatur oder Diktatur der Liebe. Die DDR bildet eine Vergangenheit, die sich nicht fügen will, und alle Versuche ihrer eindeutigen Verortung brechen sich an den Dilemmata und Paradoxien ihrer realen Vielgestaltigkeit.

Doch die Zeitgeschichte würde sich aus ihrem Amt stehlen, beließe sie es bei der Feststellung, dass verschiedene Filter, verschiedene Farben und unterschiedliche Deutungsachsen unterschiedliche Geschichten produzieren. Nur in der Nacht sind alle Katzen grau, und es ist die doppelte Aufgabe einer zugleich auf Erkenntnis (der Vergangenheit) und Verständnis (in der Gegenwart) zielenden Zeitgeschichte, den unterschiedlichen Erklärungswert der vorgestellten Interpretationsrahmen zu zeigen, ohne einen oder mehrere von ihnen ganz zu verwerfen oder einen anderen mit Monopolgeltung auszustatten.

Vor allem hat sie der Versuchung des fachhistorischen Kinderglaubens zu widerstehen, wonach all die genannten historischen Ambivalenzen auf eine gemeinsame Ursache zurückgehen, die sich in einer Formel des DDR-spezifischen Grundwiderspruchs zusammenfassen ließe. Die DDR blieb bis zu ihrem Ende immer Teil und Fragment: als Nation unzureichend legitimiert, als Wirtschaftsgebiet in existenzieller Abhängigkeit von zwei ungleichen großen Brüdern, als Medienöffentlichkeit schon lange vor 1989 an den Westen angeschlossen, als Lebensweise mit dem Fluch des permanenten Mangels und der Zukunftsvertröstung geschlagen. In der ostdeutschen Dichotomie von Offiziellem und Persönlichem geriet das stille Arrangement der Unterworfenen mit der Macht ebenso wie die als Selbstverständlichkeit begriffene Kunst des Lesens zwischen den Zeilen zu einer „Normalität" des Alltags, die George Orwells New-speak-Phantasien alle Ehre gemacht hätte. Und dennoch: Die DDR war, wie Detlef Pollack zu Recht unterstrich, „eine in sich widersprüchlich, ja paradox strukturierte Gesellschaft", die aber in ihrem Diktaturcharakter nicht aufging, und das Leben in ihr bewegte sich nicht nur zwischen den Polen von Anpassung und Widerstand und der Suche nach dem „wahren Leben im Falschen".

Auch nach über zehn Jahren teils erbitterter, teils einfühlender Auseinandersetzung bleibt die Frage offen, ob die Verdammung des Systems auch die Biografien seiner Bürger entwertet oder nicht. Es ist eine Frage, die sich nicht grundsätzlich entscheiden lässt, sondern zu ambivalenten Antworten zwingt. Auf der einen Seite steht das Verständnis für die Allgegenwart eines „Ansteckungsstaats" DDR (Charles Maier), dem man kaum entgehen konnte, auf der anderen Seite der Respekt vor dem tausendfach gelebten kategorischen Imperativ des aufrechten Gangs auch in gedrückten Verhältnissen.

Für jede Zeitgeschichte als Geschichte der Mitlebenden, wie sie Hans Rothfels vor fünfzig Jahren in Deutschland als eigenständige Disziplin begründet hat, ist die Spannung zwischen zeitgenössischer Erfahrung und historischer Analyse konstitutiv. Sie gehört zu ihrem Normalzustand. Doch anders als nach den Zäsuren von 1918 und 1945 steht die Zeitgeschichtsschreibung nach dem Ende der DDR vor dem Problem, dass sich mit dem Gegenstand ihrer Forschung auch deren Adressat verwandelt hat: Bildeten vordem Nation und Vaterland den selbstverständlichen Horizont und Resonanzraum zeithistorischer Vergegenwärtigung, so entspricht der in die gegensätzlichen Perspektiven von Herrschaft und Gesellschaft, von Oben und Unten gespaltenen DDR eine von disparaten Erfahrungen und Erwartungen geprägte Öffentlichkeit, deren eigene Zerklüftungen auch dem Historiker als berufenem Vermittler zwischen Vergangenheit und Gegenwart keine flächigen Bildentwürfe mehr gestatten.

DDR-Geschichte als Regionalgeschichte

Auf diese Herausforderung mit dem Beharren auf einer tendenziell unbegrenzten Ausforschung der DDR-Vergangenheit um ihrer selbst willen zu antworten, stellt der Fachöffentlichkeit lediglich ein gehobenes Pendant zur derzeitigen „Ostalgie"-Konjunktur an die Seite. Auch deren Inszenierung arbeitet nach dem Rezept des Mehr-vom-Selben an der Ausdehnung des Guten. Während es dem Fernsehen um Quoten geht, geht es in der Forschung um Förderungen. Im gewohnten Gleis bewegt man sich auf sicherem Terrain, kann in Sachen Zuschauererwartung kaum etwas falsch machen und wird wohl im Osten auch immer Abnehmer finden. Natürlich lässt sich die DDR als selbstgenügsamer Forschungsgegenstand etablieren; auch die alte DDR-Forschung vor 1989 funktionierte recht und schlecht als closed shop.

Doch selbst für eine zukünftige DDR-Geschichte als Regionalgeschichte würde der Verzicht auf vergleichende Fragestellungen einen Rückfall hinter bereits erreichte wissenschaftliche Standards darstellen. Gerade im Bereich des 20. Jahrhunderts hat sich Regionalgeschichte in den letzten Jahrzehnten gegen den alten Zopf der Landesgeschichte durchgesetzt, indem sie den Vergleich als sozialwissenschaftliche Methode integriert hat. Die DDR und ihre Teile als historische Region(en) zu definieren, verspricht in der Tat Erkenntnisgewinn – aber nur im Kontext einer vergleichenden Perspektive, die auf die Entwicklung moderner Regionen in Mitteleuropa insgesamt abhebt.

Wenn die zeitgeschichtliche DDR-Forschung heute an einem Scheideweg steht, hat sie dies vor allem ihrem eigenen Erfolg zu verdanken. Bis 1989 war Zeitgeschichte an deutschen Universitäten, unbenommen ihrer beeindruckenden Leistungen vor allem auf dem Gebiet der Geschichte des Nationalsozialismus, traditionell ein überwiegend von der konventionellen Politikgeschichte dominiertes Feld, in dem es die neueren Ansätze der Sozial-, Geschlechter-, Alltags- und Kulturgeschichte lange schwer hatten, festen Fuß zu fassen.

Die historisch einmalige Öffnung der Archive eines untergegangenen Staates und die umfangreiche Finanzierung von Forschungen zur DDR-Geschichte hat diesen Zustand binnen weniger Jahre verändert. Hunderte von Forschern, die vorher Themen der Frühen Neuzeit oder des 19. und frühen 20. Jahrhunderts bearbeitet hatten, wechselten angesichts der verlockenden Aussichten auf unberührte Quellen und reichliche Projektförderungen in die Erschließung des neuen Forschungsfeldes. Natürlich nahmen sie dabei die wissenschaftlichen Standards ihrer „Herkunftsgebiete" mit, und nicht zuletzt aus diesem Grunde präsentiert sich heute Zeitgeschichte in Deutschland von ihrem theoretischen und methodischen Selbstverständnis her genauso vielfältig und innovationsorientiert wie etwa die entsprechenden scientific communities in den USA, Großbritannien oder Frankreich. Der Boom der DDR-Geschichte in der historischen Forschung der 90er-Jahre war auch ein Glücksfall für die Subdisziplin Zeitgeschichte als Ganzes, zumal die DDR-bedingte Expansion der Zeitgeschichte nicht zu Lasten anderer zeithistorischer Themenfelder ging. Im Gegenteil machte auch die Geschichte des Nationalsozialismus wie der alten Bundesrepublik in dieser Zeit beachtliche Fortschritte

Zwischen Verinselung und Europäisierung

Nun ist die Anwendung sozialwissenschaftlicher Konzepte auf historische Fragestellungen fast immer mit implizit oder explizit vergleichenden Perspektiven verbunden. Definitionen, Typologien und Modelle beinhalten immer eine Subsumtion verschiedener Fälle unter allgemeine Begriffe; mit ihnen zu operieren heißt zu vergleichen. Doch auch die DDR selbst bietet Gründe, die es nahe legen, sie nicht als einen sich selbst genügenden Gegenstand zu betrachten, sondern mit seinem historischen Umfeld in Beziehung zu setzen. Zur Geschichte der DDR gehören nicht nur die Integration nach innen, sondern auch die Abgrenzung nach außen und der Blick von außen. Insbesondere das Ende der DDR ist als ein europäischer, wenn nicht globaler Umwälzungsprozess erlebt – und gestaltet – worden, und seine Konsequenzen müssen in internationalen Bezügen interpretiert werden. Noch vor zehn Jahren war „europäische Zeitgeschichte" kaum mehr als ein Synonym für die blutleere Institutionengeschichte eines halben Europas, nämlich das der Europäischen Gemeinschaft in Westeuropa. Gegenwärtig wird sie mehr und mehr ersetzt durch das Interesse an der Geschichte der wechselseitigen Beziehungen, Ähnlichkeiten und Differenzen in den europäischen Staaten und Gesellschaften in Ost und West. Längst zeichnet sich eine Europäisierung der Zeitgeschichte ab, und es darf getrost die Prognose gewagt werden, dass dieser Paradigmenwechsel zu transnationalen Betrachtungsweisen bald auch die Grenzen Europas hinter sich lassen wird, um in einer Verbindung lokaler, nationaler, europäischer und globaler Perspektiven zu münden.

Wenn die DDR-Geschichte als Forschungsgebiet in Zukunft noch wesentlich zum Erkenntnisfortschritt der Zeitgeschichte beitragen will, muss sie auf diesem Weg mitgehen – oder sie wird auf den Status einer regionalen, außerhalb Deutschlands immer weniger beachteten und vermittelbaren Spezialforschung zurücksinken. Dabei könnte eine DDR-Zeitgeschichte in europäischer Absicht mit ihrem Pfund wuchern: Die DDR drängt sich als Untersuchungsobjekt für transnationale Perspektiven geradezu auf. Ebenso wie die westdeutsche ist die ostdeutsche Geschichte nach 1945 zu keinem Zeitpunkt nur aus sich selbst heraus erklärbar. Immer war ihre Entwicklung das Produkt sich überlagernder nationaler und internationaler Entwicklungen und Entscheidungen. Ihre historische Gestalt ist ohne ein methodisch reflektiertes Anpassungs- und Abgrenzungsverständnis zu ihren europäischen und transkontinentalen Nachbarn nicht zu erfassen: Dazu gehört das Verhältnis von Imitation und begrenzter Eigenständigkeit der DDR gegenüber dem sowjetischen Modell und seinen osteuropäischen Varianten ebenso wie die paradoxe Gleichzeitigkeit der Abgrenzung vom und der Orientierung am Feind- und Leitbild Bundesrepublik. Die umfangreiche Überlieferung der SED als kommunistischer Herrschaftspartei bietet einzigartige Möglichkeiten, die nach 1989 weitgehend verwaiste Kommunismusforschung, eine genuin internationale Disziplin, mit neuen Impulsen wieder zu beleben.

In einer übergreifenden Perspektive des sozialen und mentalen Wandels rückt die DDR in den Mittelpunkt einer vom italienischen Faschismus über den deutschen Nationalsozialismus bis zu den verbliebenen kommunistischen Diktaturen reichenden Untersuchungsdimension, die den Gemeinsamkeiten und Unterschieden von Diktaturen in modernen Gesellschaften nachgeht. Vor allem verspricht sie Aufschluss über die entscheidende Frage des 20. Jahrhunderts: der säkularen Konkurrenz von liberaler und illiberaler Moderne und der Fähigkeit konkurrierender Herrschaftssysteme, Massenloyalität zu erzeugen, aber auch ihres Unvermögens, diese Bindungskraft auf Dauer aufrechtzuerhalten. Auf einer anderen Ebene gefragt: Was lehrt uns die DDR als gescheitertes europäisches Sozialstaats-Experiment, und wie ist sie in die variantenreiche Geschichte des europäischen Wohlfahrtsstaates einzuordnen? Gerade ihre Exponiertheit als äußerster westlicher „Vorposten“ unter den Ostblockstaaten und ihre aktiv vorangetriebenen Ambitionen auf Einbindung in internationale Wirtschaftsbeziehungen machen die DDR zum idealen Forschungsfeld einer vielfältigen histoire croisée internationaler Verflechtungen, Kooperationen und Konkurrenzen.

Auch eine schwierige Vergangenheit ist eine historiografische Chance. Die vierzigjährige Teilung des deutschen Nationalstaats bietet einer deutschen Zeitgeschichte in europäischer Perspektive einen einzigartigen Zugang zur Doppelgeschichte des Kontinents während des Kalten Krieges. Die doppelte Diktaturprägung und das Leben in einer durch die Blockgrenze geteilten Nation in der Spannung zwischen Staat und Gesellschaft bilden das Fundament ostdeutscher Geschichte nach 1945, aber ihre fachliche Provinzialisierung würde verdunkeln, in welchem Maße sie zugleich die Substanz jeder Zeitgeschichte Europas ausmachen.

Nach dem Ende der bipolaren Blockkonfrontation, die mitten durch Europa ging, steht die Zeitgeschichte vor einem kommenden Umbruch, der die überkommenen Nationalgeschichten keineswegs außer Kurs setzen, wohl aber zu einer europäischen Gesellschaftsgeschichte hin erweitern und in vergleichende Bezüge stellen wird. Die Frage ist, ob die DDR-Forschung mitkommt.

HENRIK BISPINCK · DIERK HOFFMANN
MICHAEL SCHWARTZ · PETER SKYBA
MATTHIAS UHL · HERMANN WENTKER

Die Zukunft der DDR-Geschichte*

Potenziale und Probleme zeithistorischer Forschung

Seit Jürgen Kocka die DDR-Forschung zum Auslaufmodell erklärt hat, überschlagen sich ihre Nothelfer schier mit Vorschlägen, wie Remedur zu schaffen sei: Weg von einer staatlich-nationalen Betrachtungsweise, hin zu einer Einbettung der DDR-Geschichte in transnationale, europäische und globale Bezüge, so lautet der vorgeschlagene Paradigmenwechsel. Die Verfasser des Aufsatzes, sämtlich Mitarbeiter der Berliner DDR-Forschungsabteilung des Instituts für Zeitgeschichte, plädieren dafür, die Kirche im Dorf zu lassen. Gerade zur Untersuchung der DDR biete ein – methodisch offener – politikgeschichtlicher Zugriff nach wie vor die besten Erkenntnischancen.

Einleitung

Vor 15 Jahren ist die DDR untergegangen. Seitdem widmet sich die deutsche Historiografie der Geschichte des ostdeutschen Teilstaates mit einer Intensität, die nur durch die NS-Forschung übertroffen wird. Doch seit Jürgen Kockas Bilanz vom August 2003, derzufolge die Geschichte der DDR als weitgehend erforscht gelten könne und im Übrigen zu sehr im eigenen Saft

* Der Beitrag erschien erstmals in: Vierteljahrshefte für Zeitgeschichte (VfZ) 53 (2005), H. 4, S. 547–570.

schmore,[1] wird sie zunehmend in Frage gestellt. Die Meinungen darüber, inwieweit die DDR-Forschung ihre Aufgaben im Wesentlichen schon erledigt hat oder ob hier noch einiges zu tun bleibt, gehen weit auseinander.[2] Auf der einen Seite werden zahlreiche Desiderata konstatiert, auf der anderen steht die bange Frage, ob die DDR-Forschung ein „Auslaufmodell" sei.[3] Dies nicht zuletzt – so der Vorwurf von Konrad Jarausch –, weil sie den Anschluss an die aktuellen Trends der Zeitgeschichtsforschung verloren habe, ja sogar zur „Provinz der Zeitgeschichte" verkommen sei und Gefahr laufe, zur Bedeutungslosigkeit herabzusinken. Berechtigung und wissenschaftlicher Ertrag einer Forschung, die sich allein am Gegenstand DDR abarbeitet, werden aus dieser Sicht zunehmend angezweifelt. Bleibende Relevanz könne DDR-Forschung nur dann erreichen, wenn sie ihren Gegenstand in eine „breitere Nachkriegsgeschichte" einbette und die vielfältigen Beziehungsebenen deutscher Geschichte nach 1945 ebenso integriere wie die unterschiedlichen Erfahrungen der Menschen in Ost und West.[4] Als Königsweg wird immer mehr die Integration in noch größere Einheiten propagiert: Die DDR soll also im Kontext von Europäisierung und Globalisierung und unter der Frage nach transnationalen Beziehungen thematisiert werden.[5]

1 Vgl. Jürgen Kocka, Der Blick über den Tellerrand fehlt, in: Frankfurter Rundschau vom 22. 8. 2003; ähnlich ders., Bilanz und Perspektiven der DDR-Forschung. Hermann Weber zum 75. Geburtstag, in: Deutschland Archiv (DA) 36 (2003), S. 764–769 (im vorliegenden Band: S. 143–152).

2 Vgl. ebenda; Henrik Bispinck/Dierk Hoffmann/Michael Schwartz/Peter Skyba/Matthias Uhl/Hermann Wentker, Ist die DDR-Forschung wirklich in der Krise? Defizite und Zukunftschancen, in: Frankfurter Rundschau vom 30. 9. 2003; ähnlich dies., DDR-Forschung in der Krise? Defizite und Zukunftschancen – Eine Entgegnung auf Jürgen Kocka, in: DA 36 (2003), S. 1021–1026 (im vorliegenden Band: S. 153–162).

3 Vgl. Ulrich Mählert/Manfred Wilke, Die DDR-Forschung – ein Auslaufmodell? Die Auseinandersetzung mit der SED-Diktatur seit 1989, in: DA 37 (2004), S. 465–474.

4 Konrad H. Jarausch, Die Zukunft der ostdeutschen Vergangenheit – Was wird aus der DDR-Geschichte?, in: Jens Hüttmann/Ulrich Mählert/Peer Pasternack (Hrsg.), DDR-Geschichte vermitteln. Ansätze und Erfahrungen in Unterricht, Hochschullehre und politischer Bildung, Berlin 2004, S. 81–99, hier S. 82 u. 96.

5 Vgl. z. B. Thomas Lindenberger/Martin Sabrow, Das Findelkind der Zeitgeschichte. Zwischen Verinselung und Europäisierung: Die Zukunft der DDR-Geschichte, in: Frankfurter Rundschau vom 12. 11. 2003; dies., Zwischen Verinselung und Europäisierung: Die Zukunft der DDR-Geschichte, in: DA 37 (2004), S. 123–127 (im vorliegenden Band: S. 163–170).

Nun wäre es blauäugig zu behaupten, die DDR-Forschung befände sich rundum in Bestform. Wie anderswo gibt es auch hier viel Licht, aber eben auch Schatten.[6] So ist es nicht gerade ein Ausweis großer Lebendigkeit, dass die von Kocka angestoßene öffentliche Debatte nach wenigen Positionsmeldungen wieder einschlief.[7] Offenkundig findet zeitgeschichtlicher Meinungsstreit vor allem außerhalb der DDR-Forschung statt. Dennoch stellt sich die Frage, ob die Krisendiagnose neben sachlichen nicht auch andere Hintergründe hat. In Zeiten knapper Forschungsetats weckt die immer noch vergleichsweise gut ausgestattete DDR-Forschung Begehrlichkeiten, obwohl auch hier Fördersummen und Zahl der Projekte deutlich rückläufig sind.[8] Eine Normalisierung ist absehbar, zumal die Geschichte der DDR den Reiz des Neuen zu verlieren scheint. Die Geschwindigkeit dieses Schrumpfungsprozesses wird wesentlich davon abhängen, inwieweit die Forschung als Teil der „Aufarbeitung" der Diktaturen politische und öffentliche Relevanz behaupten und damit Förderung erwarten kann.

Öffentliche Erwartungen an die DDR-Forschung sind somit immer gegeben, zugleich aber nicht ungefährlich. Das Feuilleton kritisiert zuweilen die DDR-Historiografie sogar als „Forschungsunwesen", das „industrielle Maßstäbe" erreicht habe und bei dem „wissenschaftlicher und politischer Verwertungsprozess" ineinander greife.[9] Gerade letzterer Vorwurf ist nicht völlig von der Hand zu weisen, sind doch Kontroversen um die DDR-Geschichte – ähnlich wie die zum Nationalsozialismus – oftmals geschichtspolitisch aufgeladen. Nichts zeigte dies deutlicher als der 50. Jahrestag des Volksaufstands vom 17. Juni 1953, aus dessen Anlass unzählige wissenschaftliche Tagungen, Veröffentlichungen,[10] öffentliche Gedenkveranstaltungen sowie

6 Vgl. den besten Überblick in: Rainer Eppelmann/Bernd Faulenbach/Ulrich Mählert (Hrsg.), Bilanz und Perspektiven der DDR-Forschung, Paderborn u. a. 2003.

7 Vgl. Kocka, Blick über den Tellerrand; Bispinck u. a., DDR-Forschung; Lindenberger/Sabrow, Findelkind; Mählert/Wilke, DDR-Forschung.

8 Vgl. Ulrich Mählert (Hrsg.), Vademecum DDR-Forschung. Ein Leitfaden zu Archiven, Forschungsinstituten, Bibliotheken, Einrichtungen der politischen Bildung, Vereinen, Museen und Gedenkstätten, Berlin 2002; Jarausch, Zukunft, in: Hüttmann/Mählert/Pasternack (Hrsg.), DDR-Geschichte vermitteln, S. 82.

9 Frank Ebbinghaus, Lasset uns beten, in: Süddeutsche Zeitung vom 14. 9. 2004.

10 Siehe die Überblicke bei Henrik Bispinck/Jürgen Danyel/Hans-Hermann Hertle/Hermann Wentker, Krisen und Aufstände im realen Sozialismus. Einleitung, in: dies.

Fernsehdokumentationen und -filme geradezu in einem „medialen Overkill“[11] kulminierten. Dies ging einher mit dem Versuch einiger DDR-Forscher, den Volksaufstand in den Rang einer Revolution zu heben und ihn in einem Atemzug mit denen von 1848, 1918 und 1989, mitunter gar mit der von 1789 zu nennen.[12] Derartige Vergleiche speisen sich weniger aus einem Interesse an innovativer historischer Komparatistik als vielmehr aus dem Bestreben, den 17. Juni zu einem nationalen Gedenktag aufzuwerten, ja mehr noch: ihn als positive (ost-)deutsche Gründungslegende der neuen Bundesrepublik zu etablieren, die Auschwitz – der „Gründungslegende ex negativo der [alten] Bundesrepublik“ – zur Seite gestellt werden soll.[13]

In diesen „erinnerungskulturellen“ Debatten sind die Konfrontationslinien zwischen Ost und Ost oftmals schärfer als die zwischen Ost und West.[14] Auf der einen Seite stehen Verfolgte der SED-Diktatur, die den Charakter der DDR als „Unrechtsstaat“ herausstellen und ihre eigene Opferrolle sowie ihre Beteiligung an Opposition und Widerstand gewürdigt sehen wollen.[15] Auf der anderen Seite stehen Repräsentanten des Regimes, die dem ihrer Ansicht nach dominierenden falschen oder zumindest verzerrten Bild von der DDR ihre eigene Sicht entgegensetzen. Zwischen diesen beiden Polen bewegen sich diejenigen ehemaligen DDR-Bürger, die – obwohl sie das politische System des ostdeutschen Teilstaats nicht unbedingt bejaht haben – dessen bisherige Erforschung als unzureichend empfinden, weil sie „die Nahbereiche des eigenen Lebens in den Produkten

(Hrsg.), Aufstände im Ostblock. Zur Krisengeschichte des realen Sozialismus, S. 9–22, hier S. 11 ff.; Bernd Eisenfeld/Ilko-Sascha Kowalczuk/Ehrhart Neubert, Die verdrängte Revolution. Der Platz des 17. Juni 1953 in der deutschen Geschichte, Bremen 2004, S. 717–740.

11 Marc-Dietrich Ohse, Rückblicke, Aussichten. Erinnerungskultur und deutsche Befindlichkeit, in: DA 36 (2003), S. 924–928, hier S. 925.

12 So etwa Eisenfeld/Kowalczuk/Neubert, Verdrängte Revolution, S. 808–820.

13 Ebenda, S. 817 f., unter Bezugnahme auf ein Zitat von Rainer Eckert.

14 Dass „die Auseinandersetzungen über die DDR-Verhältnisse zwischen Ost und Ost“ „härter“ sind, als die zwischen Ost und West, hat jüngst zu Recht auch der Theologe Richard Schröder festgestellt. Vgl. Richard Schröder, Nachdenken über die DDR, in: Frankfurter Allgemeine Zeitung vom 31. 8. 2004, S. 6.

15 Vgl. z. B. Peter Eisenfeld, „... rausschmeißen ...“. Zwanzig Jahre politische Gegnerschaft in der DDR, Bremen 2002; Ehrhart Neubert, Geschichte der Opposition in der DDR 1949–1989, Bonn 1997.

der Geschichtswissenschaft nicht hinreichend wiedererkennen".[16] Seinen Ausdruck findet dieses Empfinden etwa in der boomenden Erinnerungsliteratur über das Alltagsleben in der DDR, die darauf abzielt, ein Wir-Gefühl anzusprechen bzw. zu konstruieren.[17] Solche Formen der Selbstvergewisserung von „Erinnerungsgemeinschaften" (Hockerts) existieren weitgehend unabhängig von der zeithistorischen Forschung und können durch diese auch nicht ersetzt werden. Auch deshalb sollte sich die Geschichtswissenschaft davor hüten, ihre Herangehensweise, wie jüngst postuliert, danach auszurichten, inwieweit sich Erinnerungen von Ostdeutschen darin spiegeln.[18]

Vor diesem Hintergrund öffentlicher Interessen gewinnt der Kampf um die Meinungsführerschaft in der DDR-Forschung besondere Schärfe. Wer sich hier durchsetzen kann, erhöht seine Chance, auch künftig an knappe Ressourcen zu gelangen. Bauschen einige hier nicht etwas zur Krise auf, um sich gleichzeitig als die Retter der DDR-Forschung präsentieren zu können? Die Rezepturen jedenfalls, die zur Behebung echter oder vermeintlicher Gebrechen der DDR-Forschung angeboten werden, sind keineswegs unumstritten. Der vorgeschlagene Paradigmenwechsel weg vom Staatlich-Nationalen hin zum Transnationalen, zur europäischen oder globalen Perspektive ist keine etablierte und allgemein akzeptierte Herangehensweise der Zeitgeschichte, der sich die DDR-Forschung lediglich anzupassen hätte. Vielmehr ist dieser Paradigmenwechsel Ausdruck einer allgemeinen Suchbewegung: Das, womit einige deutsche Zeithistoriker den verloren geglaubten Anschluss an internationale Standards wiedergewinnen wollen, resultiert letztlich aus der Verunsicherung durch 1989, als die plötzliche Wiederkehr des Politischen und des Nationalen sicher geglaubte Gewissheiten zusammenbrechen ließ. Die dahinter stehende Befürchtung, gesellschaftliche und politische Trends zu verpassen und damit an öffentlicher Bedeutung zu verlieren, ist letztlich ein Symptom

16 Hans Günter Hockerts, Zugänge zur Zeitgeschichte. Primärerfahrung, Erinnerungskultur, Geschichtswissenschaft, in: Konrad Jarausch/Martin Sabrow (Hrsg.), Verletztes Gedächtnis. Erinnerungskultur und Zeitgeschichte im Konflikt, Frankfurt a. M. 2002, S. 39–74, hier S. 50.

17 Vgl. z. B. Jana Hensel, Zonenkinder, Reinbek 2002; Claudia Rusch, Meine Freie Deutsche Jugend, Frankfurt a. M. 2003; Jakob Hein, Mein erstes T-Shirt, München 2001.

18 So Jarausch, Zukunft, in: Hüttmann/Mählert/Pasternack (Hrsg.), DDR-Geschichte vermitteln, S. 87.

der „vorherrschenden Orientierungslosigkeit“, die dadurch stimuliert wird, „daß in den Geschichtswissenschaften eine Mode die andere jagt“.[19]

Im Fall der DDR dürfte die Forderung, die vermeintlich veralteten Kategorien Staat und Nation über Bord zu werfen,[20] eher das Gegenteil dessen bewirken, was damit bezweckt werden soll – nämlich den Relevanzverlust der DDR-Geschichte innerhalb der Zeitgeschichte. Denn die Nation und der Staat – in unserem Fall die doppelte Staatlichkeit – bildeten trotz Überwölbungen durch die Strukturen der Blöcke oder durch säkulare Prozesse auch nach 1945 wesentliche politische und gesellschaftliche Bezugsrahmen. Implizit setzen selbst jene Ansätze, die sich von der Ebene der Staatlichkeit zu lösen versuchen, begrifflich wie forschungspraktisch deren Relevanz voraus. Wer nach transnationalen Beziehungen oder Prozessen fragt, erkennt eben auch das Nationale als wirkmächtig an. Insofern behält die DDR gerade in ihrer staatlichen Dimension ihre Bedeutung als Untersuchungsobjekt. Die Aufgabe lautet daher nicht, einen einheitlichen neuen Forschungstrend zu zementieren, sondern möglichst verschiedene Zugangsweisen zu testen, die dem Gegenstand DDR angemessen sind. Zeitgeschichte bewegt sich immer in einem vielschichtigen „dynamischen Mehrebenensystem“ zwischen „Regionalisierung, Nationalstaat, Europäisierung, internationaler Arena und Globalisierung“, sie entzieht sich einseitigen Festlegungen und erfordert „ein wachsendes Bewußtsein für verschiedene Ebenen historischer Prozesse“.[21] Dies gilt jeweils für die DDR als eigenes Forschungsfeld, als deutsche Teilgesellschaft und deutscher Teilstaat, als Bestandteil (Ost-)Europas, als Haus im „Global Village“ und – dazu quer liegend – als Teil deutscher Geschichte im 20. Jahrhundert.

19 Ludolf Herbst, Komplexität und Chaos. Grundzüge einer Theorie der Geschichte, München 2004, S. 16.

20 So behauptet Konrad Jarausch etwa, dass nur „die ersten Nachkriegsjahre noch als eine Art auslaufender Nationalgeschichte beschrieben werden“ können, danach müsse die „nationale Dimension [...] neu problematisiert werden“, ders., „Die Teile als Ganzes erkennen“. Zur Integration der beiden deutschen Nachkriegsgeschichten, in: Zeithistorische Forschungen 1 (2004), S. 10–30, hier S. 22 f.

21 Michael Gehler, Zeitgeschichte im dynamischen Mehrebenensystem. Zwischen Regionalisierung, Nationalstaat, Europäisierung, internationaler Arena und Globalisierung, Bochum 2001, S. 194.

Die DDR als eigenständiges Forschungsfeld

Die genuine Beschäftigung mit der DDR ist auch deshalb in Zukunft so wichtig, weil es hier nicht nur um neue Erkenntnisse geht, sondern immer wieder auch um die Neubewertung von Interpretationen und Fakten, die wir allzu gut zu kennen glauben. Ungeachtet der großen Fortschritte seit 1990 gilt es, einige seitdem gewonnene Ergebnisse einer kritischen Überprüfung zu unterziehen. So erlebte etwa Walter Ulbricht vor einigen Jahren eine fragwürdige Renaissance als Reformer, dessen Ziel eines modernisierten Sozialismus in den 60er-Jahren durch seinen Nachfolger Erich Honecker sabotiert worden sei.[22] Dieses Bild, das Ulbrichts Rolle bei der Etablierung der SED-Herrschaft weitgehend ausblendet, beruht auf einer stark vereinfachenden Interpretation des politischen und wirtschaftlichen Systems sowie der Handlungsspielräume des Ersten Sekretärs des ZK der SED. Auch die immer noch weit verbreiteten Vorstellungen einer monolithischen Hegemonialpartei[23] sowie einer Planwirtschaft, die starke Kontinuitäten zur NS-Kriegswirtschaft aufgewiesen habe,[24] bedürfen einer kritischen Revision.

Zugleich sind wichtige Themengebiete noch immer weitgehend unerforscht. Insbesondere sind unsere Kenntnisse über die Strukturbedingungen politischen Handelns immer noch begrenzt. Wer die Funktionsmechanismen des politischen Systems der DDR und ihre Veränderungen erforschen

22 Vgl. Monika Kaiser, Machtwechsel von Ulbricht zu Honecker. Funktionsmechanismen der SED-Diktatur in Konfliktsituationen 1962 bis 1972, Berlin 1997.

23 Vgl. Klaus Schroeder (unter Mitarbeit von Steffen Alisch), Der SED-Staat. Geschichte und Strukturen der DDR, München 1998.

24 Vgl. Jürgen Schneider, Von der nationalsozialistischen Kriegswirtschaftsordnung zur sozialistischen Zentralplanung in der SBZ/DDR, in: ders./Wolfgang Harbrecht (Hrsg.), Wirtschaftsordnung und Wirtschaftspolitik in Deutschland (1933–1993), Stuttgart 1996, S. 1–90. So auch Thomas Großbölting, SED-Diktatur und Gesellschaft. Bürgertum, Bürgerlichkeit und Entbürgerlichung in Magdeburg und Halle, Halle (Saale) 2001, S. 255; Armin Owzar, Sozialistische Bündnispolitik und gewerblich-industrieller Mittelstand. Thüringen 1945 bis 1953, München/Jena 2001, S. 56. Vgl. dagegen zur Kennzeichnung des NS-Wirtschaftssystem als „gelenkte Marktwirtschaft" Christoph Buchheim/Jonas Scherner, Anmerkungen zum Wirtschaftssystem des „Dritten Reichs", in: Werner Abelshauser/Jan-Otmar Hesse/Werner Plumpe (Hrsg.), Wirtschaftsordnung, Staat und Unternehmen. Neue Forschungen zur Wirtschaftsgeschichte des Nationalsozialismus. Festschrift für Dietmar Petzina zum 65. Geburtstag, Essen 2003, S. 81–97, hier S. 97.

will, muss nicht nur formelle Organisationsstrukturen, sondern auch das informelle Netzwerk-Handeln diverser Funktionärsgruppen analysieren. Neuere Forschungen zu unterschiedlichen Politikfeldern haben gezeigt, dass hinter der Fassade des scheinbar monolithischen Herrschaftssystems zahlreiche Interessengegensätze und Bündniskonstellationen bestanden. Politische Entscheidungen waren vielfach nicht Ergebnis gemeinsamen, zielgerichteten, programmatischen Handelns, sondern waren wesentlich durch Gruppenkonflikte bestimmt. Um Netzwerkstrukturen im Parteiapparat der SED oder im DDR-Regierungsapparat historisch fassbar zu machen, bietet beispielsweise ein gruppenbiografischer Zugang gute Voraussetzungen. Auch zur Bestimmung des Verhältnisses von Individuum und „Kollektiv" vermag die Neuere Biografieforschung wichtiges beizutragen: Hier geht es darum, struktur- und biografiegeschichtliche Ansätze produktiv miteinander zu verbinden und dabei auch kulturgeschichtliche Fragestellungen zu berücksichtigen. Für die Untersuchung der DDR als unzweifelhaft politisch dominiertes Gesellschaftssystem ist somit ein moderner, avancierter politikgeschichtlicher Zugriff, auf den noch näher einzugehen sein wird, von hoher Bedeutung.

Darüber hinaus ist das komplizierte Wechselverhältnis von diktatorischem Herrschaftsanspruch und den darauf bezogenen gesellschaftlichen Reaktionsmustern erst für einige Bereiche ausgelotet.[25] Ziel einer Sozialgeschichte von Herrschaft muss es sein, die Eigendynamik gesellschaftlichen Handelns jenseits von Anpassung und Widerstand zu analysieren,[26] ohne dass dabei der Stellenwert von Gewalt und Repression aus dem Blickfeld gerät.[27] Zum

25 Vgl. dazu beispielsweise Arnd Bauerkämper, Ländliche Gesellschaft in der kommunistischen Diktatur. Zwangsmodernisierung und Tradition in Brandenburg 1945–1963, Köln u. a. 2002; Michael Schwartz, Vertriebene und „Umsiedlerpolitik". Integrationskonflikte in den deutschen Nachkriegs-Gesellschaften und die Assimilationsstrategien in der SBZ/DDR 1945 bis 1961, München 2004; Peter Skyba, Vom Hoffnungsträger zum Sicherheitsrisiko. Jugend in der DDR und Jugendpolitik der SED 1949–1961, Köln u. a. 2000.

26 Vgl. Thomas Lindenberger (Hrsg.), Herrschaft und Eigen-Sinn in der Diktatur. Studien zur Gesellschaftsgeschichte der DDR, Köln u. a. 1999; ders., Volkspolizei. Herrschaftspraxis und öffentliche Ordnung im SED-Staat 1952–1968, Köln u. a. 2003.

27 Vgl. Hermann Wentker, Justiz in der SBZ/DDR 1945–1953. Transformation und Rolle ihrer zentralen Institutionen, München 2001; Jens Gieseke, Die hauptamtlichen Mitarbeiter der Staatssicherheit. Personalstruktur und Lebenswelt 1950–1989/90, Berlin 2000.

Komplex Resistenz-Opposition-Widerstand ist in den vergangenen Jahren eine Vielzahl von Publikationen erschienen, ohne dass sich auf diesem Feld ein tragfähiges und differenziertes Konzept herauskristallisiert hätte,[28] das vergleichbar wäre mit den Ansätzen der regionalgeschichtlich ausgerichteten Forschungsprojekte zur NS-Zeit (z. B. Bayern-Projekt,[29] Saarland,[30] Westfalen[31]). Außerdem besitzen sozialgeschichtliche Untersuchungen zu einzelnen Bevölkerungsschichten oder Berufsgruppen immer noch Seltenheitswert. Hier hat sich der Kenntnisstand bis auf wenige zum Teil verdienstvolle Ausnahmen[32] nicht übermäßig vergrößert. Differenzierte Untersuchungen zur Entwicklung der ostdeutschen Arbeiterschaft,[33] der Staatsangestellten oder der Nomenklatur in Staat und Partei müssten weiter vorangetrieben werden. Völlig unterbelichtet sind der Gender-Aspekt sowie mentalitäts- und erfahrungsgeschichtliche Ansätze, obwohl sie ihren heuristischen Wert für die historische DDR-Frauenforschung bereits unter Beweis gestellt haben.[34]

Seit einiger Zeit wird gefordert, nicht so sehr die Krisenhaftigkeit, sondern vor allem die „relative Stabilität" und das „lange Überleben" der DDR zu

28 Jüngster Versuch: Eisenfeld/Kowalczuk/Neubert, Verdrängte Revolution.

29 Vgl. Martin Broszat u. a. (Hrsg.), Bayern in der NS-Zeit, 6 Bde., München/Wien 1977–1983.

30 Vgl. Klaus-Michael Mallmann/Gerhard Paul, Widerstand und Verweigerung im Saarland 1935–1945, 3 Bde., Bonn 1989–1995.

31 Vgl. Rudolf Schlögl/Hans-Ulrich Thamer (Hrsg.), Zwischen Loyalität und Resistenz. Soziale Konflikte und politische Repression während der NS-Herrschaft in Westfalen, Münster 1996.

32 Vgl. Gunilla-Friederike Budde, Frauen der Intelligenz. Akademikerinnen in der DDR 1945 bis 1975, Göttingen 2003; Ralph Jessen, Akademische Elite und kommunistische Diktatur. Die ostdeutsche Hochschullehrerschaft in der Ulbricht-Ära, Göttingen 1999; Anna-Sabine Ernst, „Die beste Prophylaxe ist der Sozialismus". Ärzte und medizinische Hochschullehrer in der SBZ/DDR 1945–1961, Münster u. a. 1997.

33 Vgl. Peter Hübner/Klaus Tenfelde (Hrsg.), Arbeiter in der SBZ/DDR, Essen 1999.

34 Vgl. etwa Heike Trappe, Emanzipation oder Zwang? Frauen in der DDR zwischen Beruf, Familie und Sozialpolitik, Berlin 1995; Dorothee Wierling, Geboren im Jahr Eins. Der Jahrgang 1949 in der DDR und seine historischen Erfahrungen, Berlin 2002; Budde, Frauen der Intelligenz; Michael Schwartz, Emanzipation zur sozialen Nützlichkeit. Bedingungen und Grenzen von Frauenpolitik in der DDR, in: Dierk Hoffmann/Michael Schwartz (Hrsg.), Sozialstaatlichkeit in der DDR. Sozialpolitische Entwicklungen im Spannungsfeld von Staat und Gesellschaft 1945/49–1989, München 2005, S. 47–87.

erklären.[35] Auf der Suche nach systemstabilisierenden Momenten *innerhalb* der ostdeutschen Gesellschaft wird freilich zum einen oft übersehen, dass die DDR ohne den Kalten Krieg undenkbar war: Erst die Konfrontation der Blöcke führte zur Bereitschaft der Sowjetunion, die Existenz des ostdeutschen Staates zu garantieren, sowie zur Abschließung der DDR vom Westen durch eine seit 1961 fast unüberwindbare Grenze. Zum anderen wurde die DDR von ihrem Anfang bis zu ihrem Ende von einem sich ständig verfeinernden Repressionsapparat am Leben erhalten.[36] Die Bereitschaft zu dessen Einsatz schwankte indes im Verlauf der Geschichte, und andere Mittel zur Stabilisierung der Machtstrukturen gewannen zeitweise die Oberhand. Daher muss beispielsweise die Erforschung der DDR-Sozialpolitik[37] intensiviert werden. Die tiefgreifende gesellschaftsverändernde Prägekraft der Sozialpolitik gegenüber sozialen Strukturen und kulturellen Werthaltungen sowie deren langfristige Nachwirkungen widersprechen der allzu schablonenhaften Einschätzung von der DDR als „gescheitertem Sozialstaat". Kaum untersucht ist ferner das Wechselverhältnis von Wirtschafts-, Sozial- und Konsumpolitik in der Planwirtschaft. Desiderata bestehen auch in den Bereichen Wirtschafts- und Konsumgeschichte[38] der DDR. Über die Entwicklung der Zentralverwaltungswirtschaft im „real existierenden Sozialismus" der Ära Honecker[39] sowie einzelner Wirtschaftsbranchen und -zweige sind wir bisher nur zum

35 Vgl. u. a. Mary Fulbrook, Anatomy of a Dictatorship. Inside the GDR 1949–1989, Oxford 1995.

36 Vgl. u. a. Jens Gieseke, Mielke-Konzern. Die Geschichte der Stasi 1945–1990, Stuttgart 2001; Falco Werkentin, Politische Strafjustiz in der Ära Ulbricht, Berlin 1995.

37 Vgl. Dierk Hoffmann/Michael Schwartz (Hrsg.), Geschichte der Sozialpolitik in Deutschland nach 1945, Bd. 8: Deutsche Demokratische Republik 1949–1961: Im Zeichen des Aufbaus des Sozialismus, Baden-Baden 2004. Zur Honecker-Ära Peter Skyba, Die Sozialpolitik der Ära Honecker aus institutionentheoretischer Perspektive, in: Christoph Boyer/Peter Skyba, Repression und Wohlstandsversprechen. Zur Stabilisierung von Parteiherrschaft in der DDR und der CSSR, Dresden 1999, S. 49–62; Hoffmann/Schwartz (Hrsg.), Sozialstaatlichkeit in der DDR.

38 Vgl. neuerdings Philipp Heldmann, Herrschaft, Wirtschaft, Anoraks. Konsumpolitik in der DDR der Sechzigerjahre, Göttingen 2004.

39 Vgl. zu den 50er-Jahren Dierk Hoffmann, Aufbau und Krise der Planwirtschaft. Die Arbeitskräftelenkung in der SBZ/DDR 1945 bis 1963, München 2002, zu den 60er-Jahren André Steiner, Die DDR-Wirtschaftsreform der sechziger Jahre. Konflikt zwischen Effizienz- und Machtkalkül, Berlin 1999.

Teil informiert.[40] Überhaupt fehlt eine umfassend angelegte Wirtschaftsgeschichte der DDR, die nicht nur auf die makroökonomische Ebene und die zentralgeleitete Industrie fokussiert ist.[41] Sektorale Überblicksdarstellungen liegen erst vereinzelt vor,[42] harren aber noch der Einbettung in eine differenzierte Gesamtdarstellung. Die Liste dieser grundlegenden Forschungsdesiderate, die sich noch erweitern ließe, verdeutlicht, dass spezifische Forschungen zur DDR-Geschichte auch weiterhin notwendig sind. Dabei geht es nicht primär darum, auch noch die letzten „weißen Flecken" auf der Landkarte zu kolorieren, sondern um die Schaffung unerlässlicher Voraussetzungen, um DDR-Forschung anschlussfähig für größere Zusammenhänge in der Zeitgeschichte zu machen.

Die DDR im Kontext der deutschen Geschichte

Die DDR ist in erster Linie Teil der deutschen Geschichte. Gerade angesichts der insistierenden Vorschläge, sie vor allem von der europäischen Warte aus zu betrachten, muss dieser Sachverhalt unterstrichen werden. Diese Perspektive bietet Erkenntnischancen sowohl für den Gegenstand selbst als auch für die deutsche Geschichte seit dem Kaiserreich. Hier verschränkt sich die Auseinandersetzung zwischen Demokratie und Diktatur zur Signatur des 20. Jahrhunderts.

Dabei geht es nicht um eine neue, auf 1989 zulaufende Meistererzählung, in der beide deutsche Nachkriegsgeschichten aufgehoben sind, sondern um eine Historisierung der DDR. Ansatzweise ist dies bereits geschehen. Neben Gesamtdarstellungen der doppelstaatlichen Geschichte nach 1945[43] wurde

40 Vgl. Lothar Baar/Dietmar Petzina, Deutsch-Deutsche Wirtschaft 1945 bis 1990. Strukturveränderungen, Innovationen und regionaler Wandel. Ein Vergleich, St. Katharinen 1999.

41 Auf diese Bereiche konzentriert sich André Steiner, Von Plan zu Plan. Eine Wirtschaftsgeschichte der DDR, München 2004.

42 Vgl. Günther Heydemann, Die Innenpolitik der DDR, München 2003; Dierk Hoffmann, Die DDR unter Ulbricht. Gewaltsame Neuordnung und gescheiterte Modernisierung, Zürich 2003; Joachim Scholtyseck, Die Außenpolitik der DDR, München 2003; Arnd Bauerkämper, Sozialgeschichte der DDR, München 2005; Steiner, Von Plan zu Plan.

43 Vgl. beispielsweise Christoph Kleßmann, Die doppelte Staatsgründung. Deutsche Geschichte 1945–1955, Göttingen 1982; ders., Zwei Staaten, eine Nation. Deutsche Geschichte 1955–1970, Göttingen 1988; Gerhard A. Ritter, Über Deutschland. Die Bundesrepublik in der deutschen Geschichte, München 1998; Peter Graf Kielmannsegg, Nach der Katastrophe. Eine Geschichte des geteilten Deutschland, Berlin 2000.

vor allem versucht, ausgewählte Felder und Prozesse in DDR und Bundesrepublik vergleichend zu analysieren und dabei die gemeinsame „Vorgeschichte“ seit 1918 zu berücksichtigen.[44] Allerdings ist das Potenzial einer analytischen Kontextualisierung der DDR bei weitem noch nicht ausgeschöpft. Zwei Zugänge scheinen besonders vielversprechend zu sein: Zum einen die Einbettung der DDR in Längsschnittanalysen, zum anderen ihre Verortung in einer Abgrenzungs-, Beziehungs- und Kontrastgeschichte mit der Bundesrepublik. Damit rücken stärker als bisher wesentliche Determinanten ins Blickfeld, deren spannungsreiches Mischungsverhältnis die Entwicklung der SED-Diktatur wesentlich prägte: etwa das sowjetische Modell, Perzeptionen und Traditionen der kommunistischen Arbeiterbewegung im ersten Drittel des 20. Jahrhunderts, ältere strukturelle und gesellschaftliche Traditionsüberhänge oder die prekäre Wirkung des westlichen Konkurrenz- und Referenzstaates.[45]

Längsschnittuntersuchungen liegen quer zu der neuerdings vorgeschlagenen, nicht unproblematischen Segmentierung der Forschungen zum 20. Jahrhundert in „ältere“ Zeitgeschichte vor 1945, „neuere“ Zeitgeschichte 1945–1989 und „neueste“ Zeitgeschichte nach 1989.[46] Sie hinterfragen die Tiefenwirkung solcher Zäsuren und beugen dem Risiko vor, Kontinuitätsstränge zu unterschätzen. Zugleich bietet sich ein weiterer Vorteil: Genetisch angelegte Darstellungen sind zumindest implizit stets auch vergleichende Analysen von NS- und SED-Diktatur. Sie erlauben es, „analoge Fragestellungen auf einen Teilaspekt der deutschen Diktaturen anzuwenden“ und „diese Phänomene in ihrer historischen Bedingtheit und Dynamik zu fassen“.[47] Nachdem sich das Potenzial systematischer, an Totalitarismustheoremen orientierter Vergleiche als begrenzt herausgestellt hat, erscheint dieser Zugriff mit komparativen Elementen fruchtbarer. Es ist übrigens überhaupt nicht

44 Vgl. Hans Günter Hockerts, Zeitgeschichte in Deutschland. Begriff, Methoden, Themenfelder, in: Aus Politik und Zeitgeschichte, B 29–30/1993, S. 3–19.

45 Vgl. Gerhard A. Ritter, Die DDR in der deutschen Geschichte, in: VfZ 50 (2002), S. 171–200, insbesondere S. 171 f.; Detlef Schmiechen-Ackermann, Diktaturen im Vergleich, Darmstadt 2002, S. 150.

46 Vgl. Hans-Peter Schwarz, Die neueste Zeitgeschichte. Muss der Begriff Zeitgeschichte neu definiert werden?, in: VfZ 51 (2003), S. 5–28, insbesondere S. 25, und Editorial der Herausgeber und der Redaktion in: Zeithistorische Forschungen 1 (2004), S. 4 ff.

47 Thomas Schaarschmidt, Regionalkultur und Diktatur. Sächsische Heimatbewegung und Heimat-Propaganda im Dritten Reich und in der SBZ/DDR, Köln/Weimar/Wien 2004, S. 22.

zwingend, sondern in vielen Fällen eher erkenntnisbegrenzend, derartige Längsschnitte auf den Nationalsozialismus und die DDR zu beschränken. Gerade die Einbeziehung der Weimarer Republik erweitert den Fragehorizont, und nicht nur um den Aspekt, welche Phänomene diktaturtypisch oder systemübergreifend sind. Forschungspraktische Gesichtspunkte legen es vielmehr nahe, derartige Studien mit sehr langem Untersuchungszeitraum thematisch zu konzentrieren auf „einzelne Segmente von Politik, Wirtschaft und Gesellschaft oder das spezifische Verhalten von Institutionen, sozialen Schichten und Berufsgruppen in ihrer jeweiligen Lebens- und Alltagswelt".[48] Der Betrieb,[49] die Region,[50] die Kommune, die Schicht und das Milieu[51] sind beispielsweise geeignete, aber bisher nur wenig beleuchtete Felder, auf denen der Doppelfrage nach Kontinuität und Wandel sowie nach Überformung durch zwei Diktaturen nachgegangen werden kann. Eine Untersuchung etwa der Wohnungsbewirtschaftung und des Wohnungsbaus kleinerer Kommunen von den frühen 20er-Jahren bis in die späte DDR demonstriert weit mehr als der Blick auf die Zentralebene, wie stark die Wohnungspolitik der SED begrifflich und instrumentell in Weimar wurzelte. Und sie fördert vordergründig Paradoxes zu Tage: Bei Fortbestehen oft drückender Wohnungsnot wurden die kommunalen Institutionen der Zwangswirtschaft vielfach als Elemente der Kontinuität zwischen Weimar und SBZ/DDR interpretiert, die in der individuellen Wahrnehmung die politische Zäsur des Jahres 1945 relativierten. Gleichzeitig verschaffte die Wohnungspolitik dem neuen Regime einen Startbonus, weil sie aus Sicht relativ unterprivilegierter Teile der Stadtbevölkerung versprach, gesellschaftliche Schichtungen zu ihren Gunsten einzuebnen. Denn der sich nach 1945 auf alle Bereiche des Wohnungsbestandes erstreckende Verfügungs- und Kontrollanspruch verhieß, Trennlinien, die zwischen Mietern und Hausbesitzern verlaufen

48 Günther Heydemann/Detlef Schmiechen-Ackermann, Zur Theorie und Methodologie vergleichender Diktaturforschung, in: Günther Heydemann/Heinrich Oberreuter (Hrsg.), Diktaturen in Deutschland – Vergleichsaspekte. Strukturen, Institutionen und Verhaltensweisen, Bonn 2003, S. 9–54, hier S. 34.

49 Vgl. z. B. Oliver Werner, Ein Betrieb in zwei Diktaturen. Von der Bleichert Transportanlagen GmbH zum VEB VTA Leipzig 1932 bis 1963, Stuttgart 2004.

50 Vgl. z. B. Schaarschmidt, Regionalkultur.

51 Vgl. z. B. Helge Matthiesen, Greifswald in Vorpommern. Konservatives Milieu im Kaiserreich, in Demokratie und Diktatur 1900–1990, Düsseldorf 2000.

waren und die sich über weite Strecken mit politischen Konfliktlinien der Weimarer Republik deckten, zu entschärfen.[52]

Auch die Frage nach dem Verhältnis von Herrschaft und Gesellschaft lässt sich im Längsschnitt gewinnbringend diskutieren. Die Feststellung, dass sich die Pfade der Bundesrepublik und der DDR insofern wesentlich unterschieden, als im Westen der Nationalsozialismus die zwölfjährige Unterbrechung einer Demokratiegeschichte markierte, während er im Osten den Auftakt einer fast 60 Jahre währenden diktatorischen Entwicklung bedeutete, klingt zunächst banal. Was aber bedeutete dies im Verlauf des 20. Jahrhunderts für das Verhältnis von Gesellschaft und Staatsmacht oder für das Verhältnis von Individuum und Verwaltung? Scheint die Frage hinsichtlich der Organisationsmöglichkeiten und der politischen Partizipationschancen noch einfach zu beantworten, so tut sich dann ein produktives Untersuchungsfeld auf, wenn man sich von der Denkfigur der einfachen, politisch-diktatorischen Steuerbarkeit sozialer Prozesse löst und stärker das Fortbestehen vielfältiger gesellschaftlicher Interessengegensätze und deren Einwirkung auf das Verhältnis von Gesellschaft und Politik in Augenschein nimmt. Aufs Ganze gesehen finden wir eine stetige und in der DDR eutrophe Zunahme obrigkeitsstaatlicher Regulierungsansprüche gegenüber sozialen Prozessen und die Zurückdrängung gesellschaftlicher Selbstorganisation. Wenn auch in unterschiedlichem Maß, so versuchten doch beide Diktaturen im Unterschied zur Weimarer Republik, „mittels ‚sozialer Sicherheit' politische Partizipationsansprüche stillzustellen".[53] Gerade auf der mittleren Ebene, der Schnittstelle zwischen System und Gesellschaft, auf der die Bürokratien der Diktatur mit Gesellschaft und mit sozialen Problemen konfrontiert wurden, zeigt sich ein Konfliktfeld, auf dem diese Ansprüche nicht völlig ignoriert oder unterdrückt werden konnten, sondern als fundamentale Interessengegensätze

52 Im Rahmen des mehrteiligen DFG-Projekts „Mecklenburg-Vorpommern im 20. Jahrhundert" untersucht Peter Skyba in der Berliner Abteilung des Instituts für Zeitgeschichte am Beispiel Stralsund das Wechselverhältnis von „Politik" und „Gesellschaft" im Stadtraum. Die beiden anderen Teilprojekte untersuchen dieses Wechselverhältnis an Hand der Küstenfischerei an der Ostseeküste bzw. zweier höherer Schulen in Schwerin und Rostock.

53 Hans Günter Hockerts, Einführung, in: ders. (Hrsg.), Drei Wege deutscher Sozialstaatlichkeit. NS-Diktatur, Bundesrepublik und DDR im Vergleich, München 1998, S. 7–25, hier S. 14.

auch politisch zu verarbeiten waren. So resultierten beispielsweise öffentliche Rücktrittsforderungen gegenüber der städtischen Obrigkeit nicht aus der Parole vom „Aufbau des Sozialismus", sondern aus den Defiziten der Wohnungsversorgung.

Dass die Existenz der Bundesrepublik ein wichtiger Bedingungsfaktor der Entwicklung in der DDR war, ist eine zwar häufig wiederholte, in der Forschungspraxis aber wenig berücksichtigte Aussage. In jüngster Zeit stellt sich die Historiografie verstärkt der Frage, unter welchen Koordinaten die deutsche Nachkriegsgeschichte im Spannungsfeld von teilstaatlicher Abgrenzung und deutscher Einheit zu vermessen sein könnte. Aufbauend auf älteren Ansätzen werden vergleichende Untersuchungen von Bundesrepublik und DDR sowie die Analyse von innerdeutschen Transfers und der wechselseitigen Perzeptionen vorgeschlagen.[54] „Synthesekerne" vor allem komparativer Zugriffe können säkulare Prozesse wie etwa die sozioökonomische Krise der Industriegesellschaften seit Mitte der 60er-Jahre sein, denen beide Gesellschaften unterlagen. Mit dem Theorem der „reflexiven Modernisierung" (Ulrich Beck) lassen sich z. B. Phänomene wie Unterbeschäftigung oder Umweltproblematik vergleichend analysieren. Aber auch Paradigmen wie das der „Wissensgesellschaft" verdienen es, auf ihre Tragfähigkeit im deutsch-deutschen Zusammenhang geprüft zu werden.[55]

Innovationspotenzial hat schließlich auch der Blick auf das vielschichtige Beziehungsgeflecht zwischen beiden deutschen Staaten. Die Anregung, Bundesrepublik und DDR in ihrem Verhältnis von „Verflechtung und Abgrenzung" zu analysieren,[56] wurde allerdings bisher selten aufgenommen. Vermutungen über die besondere Ausprägung des westdeutschen Sozialstaates

54 Vgl. Etienne François, „Conflits et Partages." Die Dialektik der geteilten Vergangenheit als historiographische Herausforderung, in: Hans Günter Hockerts (Hrsg.), Koordinaten deutscher Geschichte in der Epoche des Ost-West-Konflikts, München 2004, S. 325–336.

55 Vgl. Hans Günter Hockerts, Einführung, in: ders. (Hrsg.), Koordinaten, S. VII–XV; Margit Szöllösi-Janze, Wissensgesellschaft – ein neues Konzept zur Erschließung der deutsch-deutschen Zeitgeschichte, in: Hockerts (Hrsg.), Koordinaten, S. 277–304, sowie Hermann Wentker, Zwischen Abgrenzung und Verflechtung: deutsch-deutsche Geschichte nach 1945, in: Aus Politik und Zeitgeschichte, B 1–2/2005, S. 10–17.

56 Christoph Kleßmann, Verflechtung und Abgrenzung. Aspekte der geteilten und zusammengehörigen deutschen Nachkriegsgeschichte, in: ebenda, B 29–30/1993, S. 30–41. Problemaufriss mit dem Versuch, beide deutsche Nachkriegsgeschichten zu integrieren, bei Jarausch, Teile als Ganzes, hier S. 15–21.

unter dem Druck der DDR-Variante von sozialer Sicherheit fehlt daher ebenso die Evidenz wie der zwar nahe liegenden, aber eben noch nicht untermauerten These von den handlungsbeschränkenden Wirkungen des westdeutschen Konsummodells auf die Sozial- und Wirtschaftspolitik der DDR. Beziehungsgeschichtliche Aspekte haben nur selten so deutlichen Niederschlag in den jeweiligen Akten gefunden wie etwa im Bereich des Sports.[57] Bekannt ist die regelmäßige Nutzung westlicher Medien vom Politbüromitglied bis zum Arbeiter. Was aber bedeutete diese Präsenz des Westens für die SED-Diktatur, deren Informationspolitik sogar stillschweigend darauf baute, dass die Adressaten über viele Sachverhalte von RIAS und Tagesschau informiert waren?[58] Generell ist bei der Untersuchung DDR-spezifischer Themen westlichen Einflüssen größere Beachtung zu schenken. Zugleich aber lohnt es sich, darüber nachzudenken, welche Aspekte der Parallel-, Kontrast- und Verflechtungsgeschichte beider Staaten jenseits konkreter Kontakte, Verhandlungen und Beziehungen als Gegenstand eigener Untersuchungen geeignet sind. Einen Zugang eröffnet die Analyse der wechselseitigen Wahrnehmung oder auch Nichtwahrnehmung von politischen Entscheidungen, Programmen und Ideen sowie von verschiedenen gesellschaftlichen und politischen Prozessen in den jeweiligen Teilstaaten. Keineswegs ausgelotet ist etwa die Fixierung der obersten Etagen der DDR-Wirtschaftsverwaltung auf die ökonomische und soziale Entwicklung in der Bundesrepublik und deren Folgen – übrigens ein Phänomen, das im Westen keine gleichrangige Entsprechung hatte. Es geht nicht darum, die deutschen Nachkriegsentwicklungen ausschließlich damit zu erklären, dass beide Staaten stets aufeinander bezogen gewesen seien. Vielmehr sind aus der deutsch-deutschen Sondersituation resultierende Faktoren zu identifizieren, die die jeweilige Entwicklung mit prägten. Da die deutsch-deutsche Beziehungsgeschichte nicht in ihrer Gesamtheit in den Blick genommen werden kann, bietet sich ein differenziertes Vorgehen an, das zeitliche und sektorale Unterschiede berücksichtigt. So stellt sich etwa die Frage, inwieweit sich beide Staaten in ihren jeweiligen Bildungsreformen

57 Vgl. Jutta Braun, Klassenkampf nach Kalenderplan. Das Sportprotokoll vom 8. Mai 1974, in: DA 37 (2004), S. 405–414.

58 Vgl. Gunter Holzweißig, Medien und Medienlenkung, in: Eberhard Kuhrt (Hrsg.), Am Ende des realen Sozialismus. Beiträge zu einer Bestandsaufnahme der DDR-Wirklichkeit in den achtziger Jahren: Die SED-Herrschaft und ihr Zusammenbruch, Bd. 1, Opladen 1996, S. 51–81.

in den 60er-Jahren wechselseitig beeinflussten und die Bildungsexpansion in Ost und West auch Ergebnis dieses Prozesses war. Auffallend ist darüber hinaus die Parallele in der Diskussion über den Schwangerschaftsabbruch Ende der 60er-/Anfang der 70er-Jahre, die in der DDR 1972 zur Einführung der Fristenregelung führte. Zu fragen wäre beispielsweise, welche Auswirkungen die Stellungnahmen und die Gesetzgebung der DDR in der Bundesrepublik besaßen, aber auch, inwieweit die Reformdiskussion in der Bundesrepublik den Gesetzgebungsprozess in der DDR vorantrieb. Des Weiteren wäre die Transformation der Jugendkultur seit den späten 50er-Jahren ein lohnendes Thema: Erste Ergebnisse, denen zufolge westliche Trends sich trotz staatlicher Repressionsversuche auch in der DDR-Gesellschaft stark verbreiteten, liegen dazu bereits vor.[59] Eine weitere Arbeit, die sich mit einer solchen auf wechselseitigen Perzeptionen beruhenden Beziehungsgeschichte befasst, behandelt die Verfolgung von NS-Tätern in beiden deutschen Staaten.[60]

Die DDR in europäischer Perspektive

Dass „eine vergleichende europäische Geschichte" zu „den wichtigsten Desideraten auch der Zeitgeschichte" gehöre, wird mittlerweile ohne weitere Begründung oder Einschränkung verkündet.[61] Doch gerade Historiker, die einer nationalistischen Sinnstiftungs-Funktion von Geschichtsschreibung zu Recht ideologiekritisch gegenüberstehen, sollten die Gefahr entsprechender Funktionalisierung der modischen europäischen Perspektive nicht übersehen. Sie sollten sehr sorgfältig „mit der Treitschke-Versuchung umgehen", die Integrationsprozesse der EU schlicht „durch die Konstruktion einer europäischen Meistererzählung" ideologisch zu unterfüttern.[62] Allein mit einer

59 Vgl. Uta Poiger, Jazz, Rock and Rebels. Cold War Politics and American Culture in a Divided Germany, Berkley 2000; Michael Rauhut, Rock in der DDR, Bonn 2002.

60 Vgl. z. B. Annette Weinke, Die Verfolgung von NS-Tätern im geteilten Deutschland. Vergangenheitsbewältigungen 1949–1969 oder: Eine deutsch-deutsche Beziehungsgeschichte im Kalten Krieg, Paderborn 2002.

61 Jost Dülffer, Europäische Zeitgeschichte – Narrative und historiographische Perspektiven, in: Zeithistorische Forschungen 1 (2004), S. 51–71, hier S. 63.

62 Vgl. den zwischen Treitschke-Versuchung und -Kritik schwankenden Konrad H. Jarausch, Zeitgeschichte zwischen Nation und Europa. Eine transnationale Herausforderung, in: Aus Politik und Zeitgeschichte, B 39/2004, S. 3–10, hier S. 3 f.

„kritischen Europageschichte", die deren „negative Aspekte" „genauso ernst" nehmen will „wie positive Seiten von Transaktionen und Integrationsprozessen",[63] entrinnt man einer problematischen Erfolgsgeschichte Europas jedenfalls nicht. Denn trotz aller vorangegangenen Barbarei-Kapitel gipfeln solche Erzählungen pünktlich zur Wende zum 21. Jahrhundert meist in einer Apotheose der „Wiederherstellung Europas".[64]

Methodisch mag es in mancher Hinsicht reizvoll sein, die DDR aus einer europäischen Perspektive zu betrachten. Jedoch sollte man sich hüten, solche „Europäisierung" als neuen „Königsweg" zu verkaufen. Um die Frage nach dem inhaltlichen Erkenntnisgewinn einer „Europäisierung der Zeitgeschichte" nüchtern zu prüfen, dürfen jedenfalls „Verinselung" und „Europäisierung" nicht als Gegensätze konstruiert werden.[65] Schließlich könnte „Europäisierung", wenn sie zu weit getrieben wird, nur die *neueste* Form von „Verinselung" sein. Verfechter einer „DDR-Zeitgeschichte in europäischer Absicht" versuchen sich wortgewaltig an der Umdeutung ausgerechnet des über Jahrzehnte eingemauerten SED-Staates „zum idealen Forschungsfeld einer vielfältigen histoire croisée internationaler Verflechtungen, Kooperationen und Konkurrenzen". Sobald es aber konkret werden soll, präsentieren dieselben Enthusiasten überwiegend Beispiele, die sich allein auf den sowjetischen Ostblock oder ganz auf das deutsch-deutsche Binnenverhältnis beziehen. Dass sich „die DDR" in diesem Zusammenhang „als Untersuchungsobjekt für transnationale Perspektiven geradezu auf[dränge]", sollte daher nicht länger behauptet werden.[66]

Eine strikt auf „Europa" bezogene Einbettung der DDR-Forschung erscheint deshalb artifiziell, wenn nicht gar fragwürdig. Dies gilt für die verkürzende Deutung des sowjetischen „Ostblocks" als spezifisch europäische „Ost-Integration" (parallel zur westeuropäischen Integration)[67] ebenso wie für die Charakterisierung der massenhaften Vertreibungsvorgänge zwischen 1914 und 1950 als bloß „europäisches Ereignis".[68] Denn weder das

63 Ebenda, S. 8.

64 Harold James, Geschichte Europas im 20. Jahrhundert. Fall und Aufstieg 1914–2001, München 2004, S. 407.

65 Vgl. jedoch Lindenberger/Sabrow, Verinselung.

66 Vgl. die kritisierte Position in ebenda, S. 126 f.

67 Vgl. Dülffer, Europäische Zeitgeschichte.

68 Vgl. Karl Schlögel, Tragödie der Vertreibungen. Über das Erfordernis, ein europäisches Ereignis neu zu erzählen, in: Lettre International Nr. 60, I/03, S. 78–83. Norman M.

kommunistische Herrschaftssystem noch die vielen „ethnischen Säuberungen" des 20. Jahrhunderts waren auf Europa begrenzt, sondern sind nur als *globale* Erscheinungen zu verstehen und zu untersuchen.[69]

Ist daher vor einer Überschätzung der „Europäisierbarkeit" der DDR dringend zu warnen, sollte man freilich auch nicht in das andere Extrem verfallen. Das Grundproblem vieler neuerer Betrachtungen zur europäischen Zeitgeschichte besteht leider darin, nicht allein die DDR, sondern ganz Osteuropa nahezu auszublenden. Manche Gesamtdarstellung zur „Geschichte Europas" scheint ihre kritische Feststellung, die Geschichte Ostmittel- und Osteuropas dringe „nur langsam" in „das historische Gedächtnis des Westens" ein, durch eigene Unterlassungssünden bestätigen zu wollen.[70] Nach wie vor bleiben Skizzen zur politischen, aber auch zur kulturellen Integration Europas nach 1945 fast völlig auf Westeuropa fokussiert, während eine parallele, aber anders geartete Integration Osteuropas kaum thematisiert wird.[71] Nirgends wird geklärt, inwieweit sich Integrationsmuster in Osteuropa von denen im Westen unterschieden, oder ob blockübergreifende gesamteuropäische Phänomene wirkten. Bis zu welchem Grade war zum Beispiel die im „Ostblock" so breitenwirksame Erfahrung sozialer Nivellierung und gleichzeitiger sozialpolitischer Grundsicherung mehr als eine einzelstaatlich-„nationale", nämlich eine „blockweite" Kollektiverfahrung? Für welche Personengruppen erzeugten jene bilateralen Abkommen zur Sozialpolitik im Ostblock, die um 1960 entstanden, eine staatenübergreifende Lebenswirklichkeit? Jedenfalls reicht es nicht aus, „Europa"-Konzepte im osteuropäischen Blocksystem allein auf die Fortexistenz teils nostalgischer, teils antisowjetischer Denktraditionen hin zu untersuchen, denn auch die allen Blockstaaten gemeinsame und dennoch stets unterschiedlich ausgeprägte Tendenz zur „Sowjetisierung" konnte großräumige „osteuropäische" Erfahrungen hervorrufen.

Naimark, Flammender Haß. Ethnische Säuberungen im 20. Jahrhundert, München 2004, S. 21, versucht sich „auf Europa zu beschränken", obwohl seine Fallbeispiele – wie er selbst einräumt – nur dann strikt „der europäischen Geschichte" zuzurechnen wären, wenn man Europa „einschließlich der Sowjetunion, des Osmanischen Reiches und der Türkei" definieren wollte.

69 Vgl. zur Globalität ethnischer „Säuberungen" Michael Mann, The Dark Side of Democracy. Explaining Ethnic Cleansing, Cambridge 2004; Andrew Bell-Fialkoff, Ethnic Cleansing, New York 1996.

70 Wolfgang Schmale, Geschichte Europas, Wien u. a. 2001, S. 285.

71 Vgl. etwa ebenda, S. 225–228 u. S. 251 ff.; Gehler, Zeitgeschichte, S. 73–106.

Besonders die Analyse der transnationalen (freilich nicht auf Europa beschränkten) Kulturkontakte unter Intellektuellen und Künstlern,[72] wie sie sich über den ostblock-internen Kulturaustausch und die internationale Kulturpolitik sozialistischer Staaten[73] entwickelten, erscheint vielversprechend. Kulturpolitik war – neben den „harten" militärischen und ökonomischen Faktoren – für die schwierige Integration des sowjetisch beherrschten „Ostblocks" ein wichtiges Medium, das über symbolische Ereignisse (z. B. internationale Kultur- oder Sportveranstaltungen) transnationale Erfahrungsräume für bestimmte Personengruppen schuf. Weit davon entfernt, lediglich auf ökonomisches Integrationspotenzial zu setzen,[74] nutzte auch die DDR diese Chance zur blockinternen Integration und Akzeptanzsteigerung durch Kultur frühzeitig und gezielt.[75]

Im Bereich der Sozialpolitik im Ostblock sind nationale Pfadabhängigkeiten und unterschiedliche volkswirtschaftliche Rahmenbedingungen zwar hemmende Faktoren für die Bildung eines einheitlichen Rechtsraumes gewesen. Und doch lassen sich schon für die 50er-Jahre einzelne Beispiele für grenzüberschreitenden Wissenstransfer zwischen sozialpolitischen Experten aufzeigen. Solcher Wissenstransfer ergab sich aus transnationalen Gewerkschaftskontakten – etwa im Falle tschechoslowakischer Ratschläge an den FDGB zur Organisation eines Schwerbeschädigten-Verbandes in der DDR 1951; er resultierte aus organisierten Sozialpolitikvergleichen bei Besuchsreisen in „Bruderländer" – wie im Falle der Orientierung des DDR-Ministeriums für Gesundheitswesen an sowjetischen Vorbildern für Finanzbeihilfen

72 Vgl. Ernst Schumacher, Lotosblüten und Turbinen. China zwischen gestern und morgen, Düsseldorf 1958 bzw. Berlin [Ost] 1958; Renate Schumacher, Japan, Liebe auf den zweiten Blick. Mit zwei Essays von Ernst Schumacher, Berlin [Ost] 1989. Über den DDR-Theaterwissenschaftler Ernst Schumacher bereitet das IfZ München-Berlin eine Publikation vor.

73 Vgl. Martina Wobst, Die Kulturbeziehungen zwischen der DDR und der VR China 1949–1990. Kulturelle Diversität und politische Positionierung, Münster 2004, S. 233 u. 236.

74 So glauben Konrad H. Jarausch/Michael Geyer, Shattered Past. Reconstructing German Histories, Princeton/Oxford 2003, S. 185, irrtümlich, die Deutschen seien nach 1945 in Politik und Kultur derart diskreditiert gewesen, dass sie nur noch die ökonomische Karte für ihre internationale Re-Integration hätten spielen können.

75 Vgl. zur frühen DDR-Kulturpolitik den Überblick bei Dierk Hoffmann/Michael Schwartz, „Gesellschaftliche Strukturen und sozialpolitische Handlungsfelder", in: dies. (Hrsg.), Geschichte der Sozialpolitik in Deutschland nach 1945, Bd. 8, S. 75–157, insbesondere S. 108–120.

für Blinde 1959; und er war die notwendige Folge gewollter Strukturanpassungen – wie etwa im Sozialversicherungsrecht zur Erleichterung grenzüberschreitender Arbeitsmigration im Kontext der schon erwähnten bilateralen Sozialpolitik-Abkommen der DDR zwischen 1956 und 1960.[76]

Nicht nur in der Sozialpolitik war der Ostblock viel stärker durch Bilateralität als durch Supranationalität geprägt. Diese erst teilweise erforschten bilateralen Beziehungen zwischen der DDR und anderen „Ostblock"-Staaten[77] gehören allenfalls in das Vorfeld der hier diskutierten europäischen Dimension. Anders verhält sich dies mit der Integration der DDR in spezifisch internationale (und potenziell supranationale) „Ostblock"-Organisationen wie den Warschauer Pakt oder den „Rat für gegenseitige Wirtschaftshilfe" (RGW). Doch handelte es sich dabei wirklich um eine der westeuropäischen Integration vergleichbare „Ost-Integration" (Dülffer)?

Im Unterschied zur westeuropäischen „Europäischen Wirtschaftsgemeinschaft" (EWG), aus der die „Europäische Union" (EU) hervorging, war der 1949 gegründete RGW „eher zufällig ein europäisches Projekt", denn er zielte prinzipiell auf (sozialistische) Globalität, hatte daher auch außereuropäische Mitglieder und war folglich eine geografisch „beliebig erweiterbare Wirtschaftsorganisation".[78] Weitere Unterschiede zur EWG waren die Dominanz einer einzigen Hegemonialmacht sowie die begrenzte supranationale Integrationskraft des RGW.[79] Diese Organisation als Beleg dafür zu nehmen, dass im „Ostblock" gar „keine supranationale politische Integration

76 Vgl. Michael Schwartz, Ausgleich von Kriegs- und Diktaturfolgen/Soziales Entschädigungsrecht: 1. Vertriebene, Evakuierte, Bombengeschädigte, Kriegsheimkehrer sowie Kriegsbeschädigte und Kriegshinterbliebene, in: Hoffmann/Schwartz (Hrsg.), Geschichte der Sozialpolitik in Deutschland nach 1945, Bd. 8, S. 592–641, hier S. 599 u. 639, sowie Peter A. Köhler, Internationale Sozialpolitik, in: ebenda, S. 775–797.

77 Vgl. etwa Beate Ihme-Tuchel, Das „nördliche Dreieck". Die Beziehungen zwischen der DDR, der Tschechoslowakei und Polen in den Jahren 1954 bis 1962, Köln 1994; Basil Kerski u. a. (Hrsg.), Zwangsverordnete Freundschaft? Die Beziehungen zwischen der DDR und Polen 1949–1990, Osnabrück 2003; Wolfgang Schwarz, Brüderlich entzweit. Die Beziehungen zwischen der DDR und der CSSR (1961–1968), München 2004.

78 Vgl. Gregor Thum, „Europa" im Ostblock. Weiße Flecken in der Geschichte der europäischen Integration, in: Zeithistorische Forschungen 1 (2004), S. 379–395, hier S. 384; auch bei der EWG ist eine gewisse (postkolonialistisch bedingte und dadurch begrenzte) außereuropäische Maßstabserweiterung zu beachten.

79 Vgl. Randall W. Stone, Satellites and Comissars. Strategy and conflict in the politics of Soviet-bloc trade, Princeton/NJ. 1996.

angestrebt"[80] worden sei, wäre zu weitgehend. Zumindest aber wurde echte Supranationalität im RGW niemals erreicht. Zu klären bleibt, weshalb es trotz aller Verflechtungsansätze im Unterschied zu Westeuropa nicht gelang, die von nationalen Interessen diktierte Abschottung der Volkswirtschaften zu überwinden und eine vertiefte Wirtschaftsintegration zu erreichen. Über die Rolle der DDR im RGW liegen lediglich für den Zeitraum zwischen 1963 und 1976 umfassendere Ergebnisse vor, die darauf schließen lassen, dass die begrenzte Integrationsfähigkeit des RGW weniger auf unterschiedliche nationale Interessen als auf verschiedenartige Wirtschaftsstrukturen, Entwicklungskonzepte und Innovationsdefizite zurückging.[81] Auch wenn die wirtschaftliche Ost-Integration der DDR eine rasche Einschränkung traditioneller Wirtschaftsverbindungen zum Westen befördert zu haben scheint,[82] resultierte doch aus der grundsätzlich fortbestehenden Parallelität von RGW-Integration und gesamtdeutsch bedingtem Zugang zum EWG-Markt eine interessante Sondersituation für die DDR.[83]

Noch größere Forschungslücken klaffen hinsichtlich der militärischen Zwangsintegration des „Ostblocks" und damit auch der DDR im „Warschauer Pakt" ab 1955.[84] Bis heute gibt es keine wissenschaftliche Monografie über die DDR und ihr Zusammenwirken mit den Koalitionspartnern im östlichen Militärbündnis.[85] Daher erscheint die DDR zuweilen als Staat,

80 Vgl. Jürgen Osterhammel, Geschichtswissenschaft jenseits des Nationalstaats. Studien zu Beziehungsgeschichte und Zivilisationsvergleich, Göttingen 2001, S. 333.

81 Vgl. Ralf Ahrens, Gegenseitige Wirtschaftshilfe? Die DDR im RGW – Strukturen und handelspolitische Strategien, Köln u. a. 2000, der vergleichende Länderstudien zum RGW anmahnt, um die DDR in einen größeren Rahmen einordnen zu können.

82 Vgl. Christoph Buchheim, Wirtschaftliche Folgen der Integration der DDR in den RGW, in: ders. (Hrsg.), Wirtschaftliche Folgelasten des Krieges in der SBZ/DDR, Baden-Baden 1995, S. 341–362; Ludolf Herbst, Die DDR und die wirtschaftliche Integration des Ostblocks in den sechziger Jahren, in: ebenda, S. 363–382.

83 Vgl. Jana Wüstenhagen, „Blick durch den Vorhang". Die SBZ/DDR und die Integration Westeuropas (1946–1972), Baden-Baden 2001, S. 328 u. S. 175–179.

84 Vgl. Anatoli Gribkow, Der Warschauer Pakt. Geschichte und Hintergründe des östlichen Militärbündnisses, Berlin 1995; Armin Wagner, Walter Ulbricht und die geheime Sicherheitspolitik der SED. Der Nationale Verteidigungsrat der DDR und seine Vorgeschichte 1953–1971, Berlin 2002.

85 Das Thema wird lediglich gestreift bei Otto Wenzel, Kriegsbereit. Der Nationale Verteidigungsrat der DDR 1960 bis 1989, Köln 1995, S. 190–200; Rüdiger Wenzke, Die NVA

dessen „Verteidigungsausgaben [...] auch innerhalb des Warschauer Paktes unerreicht" gewesen seien und der „in einem Grade militarisiert war, der in Friedenszeiten in Europa kein ähnliches Beispiel kennt".[86] Dass eine derartige Pauschalthese die Realitäten im östlichen Bündnis völlig verkennt,[87] könnte durch einen vergleichenden Blick auf andere Ostblockstaaten demonstriert werden. Nur durch intensive Kooperation zwischen Wissenschaftlern aus allen ehemaligen Bündnisländern wird zu klären sein, welche Handlungsspielräume die Einzelstaaten im Warschauer Pakt besaßen und inwiefern diese zum Aufbau wirklicher Koalitionsstrukturen genutzt wurden. Diese Spielräume fanden ihre Grenzen an der geringen Bereitschaft der Sowjetunion, Entscheidungskompetenzen abzugeben. Bilaterale Versuche der nichtsowjetischen Bündnispartner, bestimmte Probleme vorab zu klären, wurden argwöhnisch beobachtet und wenn möglich unterbunden.[88] Überraschender dürfte das tiefe Misstrauen sein, das Teile der sowjetischen Führung selbst gegen partielle osteuropäische Integrationsbestrebungen im Verteidigungsbündnis hegten. So widersetzten sich der militärisch-industriell-akademische Komplex und die Führung des Verteidigungsministeriums der UdSSR erfolgreich einer angestrebten verbesserten wehrwirtschaftlichen Zusammenarbeit, um selbst gegenüber den Verbündeten „die strengste Geheimhaltung der Arbeiten zur Verteidigungsthematik sicherzustellen".[89]

Darüber hinaus muss nach den unterschiedlichen Graden internationaler Kooperation bestimmter Funktionseliten gefragt werden – weniger im Bereich der Sozial- oder Wirtschaftspolitik, wo sich die nationalen Netzwerke

und der Prager Frühling 1968. Die Rolle Ulbrichts und der DDR-Streitkräfte bei der Niederschlagung der tschechoslowakischen Reformbewegung, Berlin 1995, S. 29–40.

86 Ilko-Sascha Kowalczuk/Stefan Wolle, Roter Stern über Deutschland. Sowjetische Truppen in der DDR, Berlin 2001, S. 114.

87 Die DDR hatte 1961 mit 15 Rubeln die niedrigsten Pro-Kopf-Aufwendungen für Militärausgaben im Warschauer Pakt, während Polen 31, die UdSSR 44 und die CSSR 55 Rubel ausgaben; vgl. Auskunftsschreiben über das rüstungswirtschaftliche Potenzial des Warschauer Paktes, 21. 3. 1961, in: Rossijskij gosudarstvennyj archiv ėkonomiki – Russisches Staatsarchiv für Wirtschaft (künftig: RGAE), 4372/79/792, Bl. 131.

88 Vgl. Schreiben von Malinovskij und Grečko an das ZK der KPdSU, 14. 3. 1966, in: Rossijskij gosudarstvennyj archiv novejšej istorii – Russisches Staatsarchiv für Zeitgeschichte, 5/30/490, Bl. 85.

89 Schreiben von Ustinov, Malinovskij, Chruničev, Sidorovič, Ivašutin und Zacharov an das ZK der KPdSU, 1. 10. 1960, in: RGAE, 4372/79/261, Bl. 125.

über vier Jahrzehnte insgesamt eher durch Abschottung oder Konfrontation denn durch Kooperation auszeichneten, als im militärischen Sektor, wo kooperative und integrative Tendenzen offenbar ausgeprägter waren. Die Kooperation der Militäreliten im Warschauer Pakt könnte zu länderübergreifenden Netzwerkstrukturen geführt haben, mit entsprechenden Folgewirkungen für die parallele Militarisierung der sozialistischen Gesellschaften in Osteuropa. Alle genannten Forschungsfelder sind wichtig, bleiben jedoch stets auf bestimmte Segmente der DDR-Gesellschaft begrenzt und geben folglich nur geringen Anlass für zu viel „Europäisierungs"-Euphorie.

Ein europäischer Forschungsansatz darf also keinesfalls den Blick dafür trüben, dass der institutionelle Daseinszweck des Warschauer Paktes weniger die osteuropäische Integration als die Sicherung der sowjetischen Hegemonie über Osteuropa gewesen ist. Bemühungen um eine stärkere Integration gab es durchaus, sie wurden aber nicht nur von Moskau unterbunden, sondern immer wieder, wie vor allem das Beispiel Rumänien zeigt, auch durch nationale Alleingänge unterlaufen. Dass jeder Mitgliedsstaat eifersüchtig über seine „nationalen" Kompetenzen wachte, führte neben der sowjetischen Vorherrschaft (und ihrer Ablehnung) letztlich dazu, dass der Warschauer Vertrag als integratives Militärbündnis stets ein Torso blieb.

Eine über die Systemgrenzen des „Ostblocks" hinausgreifende „Europapolitik" des SED-Staates[90] wurde bislang kaum zusammenhängend untersucht. Dies findet seine Erklärung teilweise in der Tatsache, dass für die DDR der Stellenwert „Europas" deutlich niedriger war als für die Bundesrepublik. Dennoch: Auch wenn „Europapolitik für die SED in erster Linie die Ausrichtung auf Ost- und Südosteuropa bedeutete",[91] so erschöpfte sie sich doch nicht in dieser „Ostblock"-Fixierung. Eine darüber hinausgehende Europapolitik zielte nicht nur auf die propagandistische „Verteufelung der europäischen Integration" (in Form der EWG) in Westdeutschland,[92] sondern – namentlich über das Werben für „kollektive Sicherheit" – zunehmend auch auf andere nord- und westeuropäische Staaten. Die bemerkenswerteste

90 Vgl. diesen schon in der zeitgenössischen DDR-Publizistik propagierten Terminus etwa bei Siegfried Bock, Für kollektive Sicherheit in Europa. Die Europa-Politik der DDR, Dresden 1968.

91 Wüstenhagen, „Blick durch den Vorhang", S. 327.

92 Thum, „Europa" im Ostblock, S. 391; vgl. auch Klaus-Peter Schmidt, Die Europäische Gemeinschaft aus der Sicht der DDR (1957–1989), Hamburg 1991.

Variante dieser Europapolitik war das Bemühen um die kultur- und sicherheitspolitisch begründete Einbeziehung der teils neutralen, teils zur NATO zählenden Staaten Skandinaviens in eine blockübergreifende „Ostsee"-Identität.[93] Grundsätzlich jedoch blieb diese auf Gesamt-Europa bezogene „Europapolitik" der DDR – im Gegensatz zur entsprechend bezeichneten Politik der Bundesrepublik – durch ihre primär propagandistische Zielsetzung beschränkt. So wurde auch das „Ostsee"-Experiment Mitte der 70er-Jahre weitgehend wieder abgebrochen, sobald sich der DDR andere, vermeintlich bessere Foren zur internationalen Selbstdarstellung boten.

Faktischer Höhepunkt der DDR-Europapolitik war die Beteiligung des SED-Staates an der „Konferenz über Sicherheit und Zusammenarbeit in Europa" (KSZE), einem großangelegten Verhandlungsmarathon, der – bezeichnend für die Relativität des Bezugsraumes Europa – mit den USA, Kanada und der Sowjetunion deutlich darüber hinausreichende Mächte involvierte. Bedeutete für die SED-Führung die KSZE vor allem das Eintrittsbillett zur internationalen Gipfeldiplomatie, so ließen deren innenpolitische Rückwirkungen diese Konferenz in gesamteuropäischer Dimension brisant werden: Die Bestimmungen der Schlussakte von Helsinki über Meinungs- und Informationsfreiheit lösten in der DDR wie auch in anderen Ostblockstaaten regimekritische Debatten aus, die zugleich dem „Westen" rechtlich legitimierte Möglichkeiten zur Einmischung boten.[94] Transnationale Wechselwirkungen – etwa der Einfluss der tschechoslowakischen Dissidentenbewegung „Charta 77" auf DDR-interne Entwicklungen – wären hier ebenfalls zu prüfen,[95]

93 Vgl. Michael F. Scholz, Die Ostsee muß ein Meer des Friedens sein. Die Rostocker Ostseewochen in der Außenpolitik der DDR (1958–1975), Diss. A, Greifswald 1990; Peter Lübbe, Kulturelle Auslandsbeziehungen der DDR. Das Beispiel Finnland, Bonn 1981; Dörte Putensen, Im Konfliktfeld zwischen Ost und West. Finnland, der Kalte Krieg und die deutsche Frage (1947–1973), Berlin 2000.

94 Vgl. Gerhard Wettig, Argumentationslinien der UdSSR und der DDR im Blick auf die Verwirklichung ihrer KSZE-Verpflichtungen, Köln 1977; Sylvia Rohde-Liebenau, Menschenrechte und internationaler Wandel. Der Einfluß des KSZE-Menschenrechtsregimes auf den Wandel des internationalen Systems in Europa, Baden-Baden 1996; Peter Schlotter, Die KSZE im Ost-West-Konflikt. Wirkung einer internationalen Institution, Frankfurt a. M./New York 1998.

95 Etwa die Entstehungsbedingungen des „Querfurter Papiers" eines ökumenischen Arbeitskreises in der DDR. Vgl. Lothar Tautz, Die Bedeutung der kirchlichen Friedensbewegung für die Entwicklung von Dissidenz und Opposition in der DDR, in: DA 37 (2004), S. 801–809, hier S. 804.

wie denn überhaupt die Rückwirkungen der zunehmenden Interdependenz im internationalen System auf die DDR – namentlich in Form wachsender Rechtsbindung – längst nicht zufriedenstellend untersucht sind. Es ist eine offene Frage, inwiefern neben einer solchen Rechtsgrundlage auch ideengeschichtliche Europa-Konzepte (wie z. B. „Mitteleuropa") ein Motiv oder Instrument der entstehenden Bürgerrechtsbewegung darstellten.

Die DDR und die außereuropäische Welt

Dass der Nutzen der Europa-Perspektive für die DDR-Forschung überschätzt wird, zeigt erst recht der unverzichtbare Blick auf jene *internationalen* Bezüge der DDR, die eine rein Europa-bezogene Betrachtung zwangsläufig völlig ausblendet: Gemeint sind die Bezüge der DDR zur außereuropäischen Welt, insbesondere zur „Dritten Welt", aber auch ihre übereuropäischen internationalen Beziehungen, wobei vor allem die Handlungsebene der Vereinten Nationen (UNO) herausragt. Die UNO-Politik der DDR verfolgte zwischen 1949 und 1973 als einziges Ziel die internationale Anerkennung.[96] Gerade darin zeigt sich die hilflose Heteronomie des SED-Staates gegenüber einflussreicheren Akteuren wie der Sowjetunion, aber auch der Bundesrepublik, denn erst die bilateralen Abmachungen zwischen Moskau und Bonn eröffneten den Weg zur gleichzeitigen Aufnahme beider deutscher Staaten in die UNO.[97] Seit ihrer Gründung hatte die DDR die Vereinten Nationen als internationales Legitimationsforum zu instrumentalisieren versucht, wobei die „antifaschistische" und friedensstiftende Ausrichtung des eigenen Staates herausgestellt wurde. Propagandistische Elemente dominierten auch nach der Aufnahme in die Vereinten Nationen die UNO-Politik der DDR[98] und deren Engagement in internationalen Nichtregierungs-Organisationen (NGO), etwa der Olympischen Bewegung oder dem Internationalen Roten Kreuz.

Die außereuropäische Politik der DDR konzentrierte sich zunächst auf die Staaten des kommunistischen Blocks, wobei man speziell mit der ebenfalls 1949 gegründeten Volksrepublik China eine „entente fraternelle" etablierte;

96 Vgl. Wilhelm Bruns, Die UNO-Politik der DDR, 3. Aufl., Stuttgart 1980.

97 Manfred Görtemaker, Geschichte der Bundesrepublik Deutschland. Von der Gründung bis zur Gegenwart, München 1999, S. 539.

98 Vgl. Bruns, UNO-Politik der DDR.

doch wurde seit der zweiten Hälfte der 50er-Jahre die sich entkolonialisierende „Dritte Welt" – namentlich Indochina, der Nahe Osten und Afrika – von der DDR-Politik als breiteres Handlungsfeld entdeckt.[99] Während der auch auf dem Felde der „DDR-Südpolitik" geführte „Kampf gegen die Alleinvertretungsanmaßung" der Bundesrepublik bis 1972 nahezu erfolglos blieb,[100] boten sich dem SED-Staat in der zweiten Hälfte der 70er-Jahre in der südlichen Hemisphäre weit „günstigere Bedingungen und mehr Möglichkeiten für eine aktive Außenpolitik" als irgendwo sonst.[101] Daraus resultierte ein sehr weitgehendes Engagement in der Dritten Welt. Gewiss wird die DDR „für eine neue Globalisierungsgeschichte" dadurch nicht gleich ein „zentraler Bezugspunkt",[102] doch als wichtiger Akteur in der zweiten Reihe internationaler kommunistischer Militär- und Entwicklungspolitik muss sie in den letzten fünfzehn Jahren ihrer Existenz durchaus ernstgenommen werden. Zwar lässt sich der militärische Anteil der ostdeutschen Dritte-Welt-Politik im Verhältnis zu wirtschafts- und entwicklungspolitischen Anteilen noch nicht exakt bestimmen,[103] doch darf die prinzipielle Ausrichtung am aggressiven Ziel der Ausbreitung des Sozialismus sowjetischen Typs ebenso wenig unterschätzt werden wie die hohe Relevanz des militär- und repressionspolitischen DDR-Wissenstransfers für zahlreiche verbündete diktatorische

99 Claudie Gardet, Les relations de la République populaire de China et de la République démocratique allemande (1949–1989), Bern 2000, S. 23; Harald Möller, DDR und Dritte Welt. Die Beziehungen der DDR mit Entwicklungsländern. Ein neues theoretisches Konzept, dargestellt anhand der Beispiele China und Äthiopien sowie Irak/Iran, Berlin 2004, S. 15 ff. u. 99–159; Wobst, Kulturbeziehungen, S. 234 f.; Hans-Joachim Döring, „Es geht um unsere Existenz". Die Politik der DDR gegenüber der Dritten Welt am Beispiel von Mosambik und Äthiopien, Berlin 1999; Haile Gabriel Dagne, Das entwicklungspolitische Engagement der DDR in Äthiopien. Eine Studie auf der Basis äthiopischer Quellen, Münster 2004.

100 Hans-Joachim Spanger/Lothar Brock, Die beiden deutschen Staaten in der Dritten Welt. Die Entwicklungspolitik der DDR – eine Herausforderung für die Bundesrepublik Deutschland?, Opladen 1987, S. 161–168 u. 175.

101 Benno-Eide Siebs, Die Außenpolitik der DDR 1976–1989. Strategien und Grenzen, Paderborn u. a. 1999, S. 190.

102 Vgl. Jarausch, Zukunft, in: Hüttmann/Mählert/Pasternack (Hrsg.), DDR-Geschichte vermitteln, S. 92 f.

103 Vgl. die divergierenden Einschätzungen bei Möller, DDR und Dritte Welt, S. 285, Spanger/Brock, Die beiden deutschen Staaten in der Dritten Welt, S. 199, und Siebs, Außenpolitik der DDR, S. 289.

Regierungen oder „Befreiungsbewegungen" in der Dritten Welt.[104] Bei alledem erscheint das Verhältnis dieser „Süd-Politik" zur sowjetischen Außenpolitik ambivalent: Ging es der DDR grundsätzlich darum, Moskau ihren hohen Nutzwert als weltpolitische Hilfskraft zu demonstrieren, so organisierte das SED-Regime gelegentlich durchaus eigenwillig – wie etwa in den 50er-Jahren mit China gegen Chruschtschows Reformpolitik – auch eine blockinterne Fronde.[105]

In der Außenpolitik zeigte sich der SED-Staat gerade in der Dritten Welt ganz und gar „nicht isolationistisch".[106] Beim Umgang mit „Fremden" aus Dritte-Welt-Staaten innerhalb der DDR setzte er hingegen dezidiert auf Abgrenzung. „Völkerfreundschaft" blieb zumindest für die große Mehrheit der Bevölkerung eine politische Parole ohne lebensweltliche Folgen.[107] Freilich verdient hier die kirchliche Arbeit im Bereich von Jugendbegegnungen oder Gemeindepatenschaften größere Aufmerksamkeit,[108] und ähnliches gilt für den kulturellen Sektor von der Wissenschaft bis zu Theater und Ballett, in dem zumindest ein Stück „Weltoffenheit" anzutreffen war. Überhaupt ist das sich verändernde Spektrum der Bilder vom Fremden und namentlich von der „Dritten Welt" in der DDR-Gesellschaft klärungsbedürftig: So wies die frühe DDR-Publizistik zu Afrika einen Unterton begeisterter „weißer" Entdecker-Literatur auf, den man aus früheren Epochen kennt,[109] bevor

104 Vgl. Mike Dennis, The Stasi. Myth and reality, Harlow/London 2003, S. 206; Siebs, Außenpolitik der DDR, S. 190; Möller, DDR und Dritte Welt, S. 322–325; Heinrich Engelhardt, Unterstützung befreundeter Staaten und progressiver nationaler Befreiungsbewegungen durch die NVA, in: Klaus Naumann (Hrsg.), NVA: Anspruch und Wirklichkeit. Nach ausgewählten Dokumenten, 2. Aufl., Hamburg u. a. 1996, S. 317–329; Hans-Georg Schleicher/Ulf Engel, DDR-Geheimdienst und Afrika-Politik, in: Außenpolitik. Zeitschrift für Internationale Fragen 47 (1996), S. 399–409.

105 Vgl. Möller, DDR und Dritte Welt, S. 7 ff., 298 f., 318 u. 322.

106 Siebs, Außenpolitik der DDR, S. 199.

107 Vgl. Jan C. Behrends u. a. (Hrsg.), Fremde und Fremd-Sein in der DDR. Zu historischen Ursachen der Fremdenfeindlichkeit in Ostdeutschland, Berlin 2003.

108 Vgl. Sylvia Wolff, „Völkerfreundschaft". Ein Vergleich interkultureller Sozialisation in der Jugendarbeit der FDJ und der Kirchen in der SBZ/DDR 1945–1990, Neu Zittau 1997; Christfried Berger u. a., Lernerfahrungen in der einen Welt. Partnerschaften von Gemeinden in der DDR nach den Niederlanden, Polen und Mosambique, Rothenburg 2000.

109 Vgl. Gerhard Lerch/Klaus Schlegel/Günter Hoth/Heinz Liebetanz, Schwarze Sterne – weiße Stadien. Mit DDR-Sportlern in Afrika und im Vorderen Orient, Berlin [Ost] 1961; Fritz Rudolph/Percy Stulz, Jambo, Afrika! DDR-Afrika-Expedition zwischen Kongo und Sansibar, Leipzig 1970.

die offiziösen Afrika-Vorstellungen der DDR stärker politisiert wurden.[110] Die Wahrnehmungen des Fremden wurden zudem durch interkulturelle Begegnungen beeinflusst: Ausländer füllten in der DDR ganz unterschiedliche soziale Rollen als Asylanten, Studenten, Künstler oder Vertragsarbeiter. Umgekehrt entsandte die DDR „Auslandskader“ für Beratertätigkeiten oder „wissenschaftlich-technische Zusammenarbeit“ in die „Dritte Welt“, über deren Erfahrungen man bis jetzt ebenso wenig weiß wie über jene der von der FDJ organisierten „Brigaden der Freundschaft“. Die daraus resultierende Vielschichtigkeit der Bilder von der „fremden Welt“ in Politik, Öffentlichkeit und Bevölkerung der DDR ist bisher kaum untersucht. Ihre Erforschung ist allerdings auch ohne „transnationales“ Überbau-Vokabular möglich.

Angesichts der Vielzahl unterschiedlicher Bezugsräume und daran anknüpfender Forschungsperspektiven lässt sich eine historische Einordnung der DDR, die über eine nationalgeschichtliche Verortung hinaus will, keineswegs auf die modische, aber ebenfalls zu enge Ebene der „Europäischen Geschichte“ beschränken. Letztlich wird jeder verabsolutierte „Königsweg“ zur Sackgasse. Geeigneter erscheinen methodische Theoreme, die einem modernen politik- oder kulturgeschichtlichen Ansatz mit internationaler Ausrichtung den Vorzug geben.

Fazit

Bei der Diskussion der unterschiedlichen Ansätze zur Erforschung der DDR-Geschichte ist die besondere Rolle des Politischen, also von Herrschafts- und Machtverhältnissen, deutlich geworden. Gleichgültig, ob die DDR in den Gesamtverlauf der deutschen Geschichte des 20. Jahrhunderts, in die deutsche Teilungsgeschichte nach 1945, in den (ost-)europäischen oder internationalen Zusammenhang eingeordnet wird – die zentralen Akteure finden sich im Herrschaftsapparat. Die gesellschaftlichen Subsysteme hingegen entwickelten nie die Autonomie, die ihnen in pluralistisch-demokratischen Systemen zukommt. Dies beeinträchtigte auch transnationale Beziehungen im Sinne gesellschaftlicher Kontakte und interkulturellen Austauschs. Die hohe Relevanz des

110 Vgl. Jan-Peter Behrendt, Zwischen proletarischem Internationalismus und Sicherheitsdenken. Afrikabilder in den Lehrplänen und Schulbüchern der DDR, Hamburg 2004.

Politischen bedeutet aber nicht, dass DDR-Geschichte primär unter Zugrundelegung von Modellen linearer oder totalitärer Herrschaft erforscht werden sollte. Deren begrenzter Ertrag liegt klar vor Augen. Nicht nur in der „Gesellschaft", sondern auch in den Apparaten herrschten weitaus komplexere Verhältnisse, als durch die Vorstellung von diktatorischer Herrschaft und einfacher Steuerung suggeriert wird. Die Forschungen der letzten Jahre haben gerade hier eine Vielzahl von Widersprüchen, Spannungsfeldern und -linien identifiziert.

Hier weiterzuarbeiten ist eine Herausforderung, zugleich aber auch eine Chance für eine integrative Politikgeschichte. Die diktaturbedingte Dominanz des Politischen in der DDR erfordert einen avancierten politikgeschichtlichen Untersuchungsansatz in weitaus größerem Maße als die Analyse demokratischer Gesellschaften. Das Politische in der DDR beschränkte sich freilich nicht auf das Politbüro. Für eine integrative politikgeschichtliche Analyse der DDR muss daher das Set potenzieller Akteure erweitert werden. Dabei ist vor allem an die bisher weitgehend unterbelichtete Rolle der Apparate und Verwaltungen im Verhältnis zur SED-Führung, aber auch an gegensätzliche Interessen gesellschaftlicher Gruppen oder an die Politik begrenzende Funktion von Traditionsbeständen zu denken. Des Weiteren gilt es, das Methodenarsenal zu erweitern. Dabei kann es nicht darum gehen, Modelle und Methoden, die zur Analyse westlich differenzierter Gesellschaften entwickelt wurden, ohne weiteres auf die DDR anzuwenden. Es kommt vielmehr darauf an, Politikgeschichte und Diktaturanalyse mit Methoden der Sozial-, Wirtschafts-, Gesellschafts- und Kulturgeschichte jeweils themenbezogen zu kombinieren.

Ein solcher integrativer politikgeschichtlicher Untersuchungsansatz erscheint nicht nur auf der (gesamtstaatlichen) Makroebene, sondern vor allem auf der mittleren, also auf der regionalen Ebene besonders ertragversprechend. Denn in einer Region ist die Verschränkung von Herrschaft und Gesellschaft meist sehr viel besser zu greifen als aus dem Blickwinkel der Zentrale, die den Staat oder die Gesellschaft als Ganzes zu steuern versucht. Hier kann am ehesten verdeutlicht werden, dass Herrschaft in der DDR zwar nicht auf Aushandlungsprozessen zwischen gleichen Akteuren, aber zumindest auf Interaktionen staatlicher und gesellschaftlicher Akteure basierte. Über diese „mittlere" Untersuchungsebene ist die DDR-Forschung auch besonders anschlussfähig an einige der dargestellten analytischen Ansätze. So können Längsschnittuntersuchungen, die über das Jahr 1945 hinausgehen, die Relevanz von politischen Zäsuren auch für die Lebenswelt der Menschen verdeutlichen. Des Weiteren sind derartige Forschungen geeignet, die Frage nach den Spezifika von ostdeutschen Entwicklungen in ihrem Verhältnis zur vorangegangenen gesamtdeutschen Geschichte zu beantworten. Schließlich ermöglicht diese Art von regionalgeschichtlicher Forschung auch interregionale Vergleiche, sei es auf deutsch-deutscher, sei es auf europäischer Ebene.

Auch zur Erhellung interner Strukturen politischer Herrschaft kann eine integrative Politikgeschichte wesentliches beitragen. Dies setzt eine Abkehr von undifferenzierten Kollektivsingularen wie „der SED" oder „den Sowjets" voraus; hinter die Fassaden des scheinbar monolithischen Herrschaftssystems kann man nur blicken, wenn Zusammensetzung und Aktivitäten der Herrschaftsträger untersucht und interne Akteurskonstellationen sowie ihre Interaktionen aufgedeckt werden. Wer Funktionen und Dysfunktionen des politischen Systems und dessen Veränderungen erklären will, muss das informelle Netzwerk-Handeln unterschiedlicher Funktionärsgruppen viel stärker als bisher berücksichtigen. Hier liegt auch die Bedeutung einer akteurszentrierten Erforschung von Politik, die sich sinnvoll mit den übergeordneten Perspektiven auf die DDR-Geschichte verknüpfen lässt. Denn die Einbindung der DDR in den Ostblock erfolgte nicht nur über Organisationen und formalisierte Verfahren, sondern auch über die bislang wenig beachteten transnationalen Funktionärsnetzwerke und Interessengruppen.

Die vorgeschlagene Einbindung der DDR-Vergangenheit in die deutsche Geschichte des 20. Jahrhunderts sowie ihre Einordnung in das „dynamische Mehrebenensystem" europäischer, internationaler und globaler Zusammenhänge eröffnen wichtige Perspektiven auf die ostdeutsche Vergangenheit. Aber eine solche Einordnung kann nur dann gelingen, wenn man die DDR zuallererst selbst ernst nimmt – und sie folglich auch in Zukunft ernsthaft untersucht, statt sie ins „kognitive Nirwana" zu entlassen.

Die Autoren

HENRIK BISPINCK, M. A. ist wissenschaftlicher Referent bei der Einrichtung „Gegen Vergessen – Für Demokratie e. V.". Schwerpunkt seiner Arbeit sind die Abwanderung aus der SBZ/DDR und die deutsche Bildungsgeschichte im 20. Jahrhundert. In diesem Zusammenhang erschienene Veröffentlichungen: Dissens, Widerstand und Repression. Die Schweriner Goethe-Oberschule im Spiegel von IM-Berichten der fünfziger Jahre, in: Jens Gieseke (Hrsg.), Staatssicherheit und Gesellschaft. Studien zum Herrschaftsalltag in der DDR, Göttingen 2007, S. 275–294; Die Zukunft der DDR-Geschichte. Potentiale und Probleme zeithistorischer Forschung, in: Vierteljahrshefte für Zeitgeschichte 53 (2005) 4, S. 547–570 (mit D. Hoffmann, M. Schwartz, P. Skyba, M. Uhl und H. Wentker); Damian van Melis/Henrik Bispinck (Hrsg.), „Republikflucht". Flucht und Auswanderung aus der SBZ/DDR 1945 bis 1961, München 2006.

PROF. DR. ANSELM DOERING-MANTEUFFEL ist Professor für Neuere Geschichte und Zeitgeschichte und Direktor des Seminars für Zeitgeschichte an der Eberhard-Karls-Universität Tübingen. Im Zentrum seiner Arbeit steht die Synthese der deutschen Geschichte des 20. Jahrhunderts. Zum behandelten Thema erschien von ihm zuletzt: Ordnung durch Terror. Gewaltexzesse und Vernichtung im nationalsozialistischen und im stalinistischen Imperium, Bonn 2006 (zus. mit Jörg Baberowski); Im Kampf um „Frieden" und „Freiheit". Über den Zusammenhang von Ideologie und Sozialkultur im Ost-West-Konflikt, in: Hans Günter Hockerts (Hrsg.), Koordinaten deutscher Geschichte in der Epoche des Ost-West-Konflikts, München 2004, S. 29–47; Wie westlich sind die Deutschen? Amerikanisierung und Westernisierung im 20. Jahrhundert, Göttingen 1999.

PROF. DR. BERND FAULENBACH lehrt Neuere Zeitgeschichte an der Ruhr-Universität Bochum und war bis 2007 stellvertretender Direktor des Forschungsinstituts Arbeit, Bildung, Partizipation (FIAB). 1991/92 war er Vorsitzender der Kommission „Brandenburgische Gedenkstätten"; seit 1993 Vorsitzender der Fachkommission der Stiftung Brandenburgische Gedenkstätten; von 1992 bis 1994 Sachverständiges Mitglied der Enquete-Kommission „Aufarbeitung von Geschichte und Folgen der SED-Diktatur" des Deutschen Bundestages und von 1995 bis 1998 der Enquete-Kommission „Überwindung der Folgen der SED-Diktatur im Prozeß der deutschen Einheit"; seit 1998 stellvertretender Vorsitzender der Bundesstiftung zur Aufarbeitung der SED-Diktatur. Zu dem behandelten Thema erschienen von ihm u. a.: „Transformationen" der Erinnerungskulturen in Europa nach 1989, Essen 2006 (Hrsg. mit Franz-Josef Jelich); Konkurrierende Vergangenheiten? Zu den aktuellen Auseinandersetzungen um die deutsche Erinnerungskultur, in: Deutschland Archiv 37 (2004), S. 648–659; Diktaturerfahrungen und demokratische Erinnerungskultur in Deutschland, in: Anne Kaminsky (Hrsg.), Orte des Erinnerns. Gedenkzeichen, Gedenkstätten und Museen zur Diktatur in SBZ und DDR, 2. Aufl., Berlin 2007, S. 15–24.

PROF. DR. NORBERT FREI ist Professor für Neuere und Neueste Geschichte an der Friedrich-Schiller-Universität Jena. Er leitet das *Jena Center Geschichte des 20. Jahrhunderts*. Zu dem behandelten Thema erschienen von ihm: Der Führerstaat. Nationalsozialistische Herrschaft 1933 bis 1945, München 2001; Vergangenheitspolitik. Die Anfänge der Bundesrepublik und die NS-Vergangenheit, München 1996, 2. Taschenbuchaufl. 2003; 1945 und wir. Das Dritte Reich im Bewusstsein der Deutschen, 2. Aufl., München 2005; (Hrsg. und Mitverf.) Hitlers Eliten nach 1945, Frankfurt a. M. 2001, 3. Taschenbuchaufl., München 2007.

PROF. DR. HANS GÜNTER HOCKERTS ist Professor für Neueste Geschichte und Zeitgeschichte an der Ludwig-Maximilians-Universität München. Sein Arbeitsschwerpunkt ist die Geschichte der Sozialpolitik. Zum behandelten Thema erschienen von ihm: (Hrsg.) Drei Wege deutscher Sozialstaatlichkeit. NS-Diktatur, Bundesrepublik und DDR im Vergleich, München 1998; (Hrsg.) Geschichte der Sozialpolitik in Deutschland seit 1945, Band 5: Bundesrepublik Deutschland 1966–1974, Baden-Baden 2006; Vom Problemlöser zum Problemerzeuger? Der Sozialstaat im 20. Jahrhundert, in: Archiv für Sozialgeschichte 47 (2007), S. 3–29.

DR. DIERK HOFFMANN ist wissenschaftlicher Mitarbeiter am Institut für Zeitgeschichte, Abteilung Berlin. Forschungsschwerpunkte sind die Wirtschafts- und Sozialgeschichte der DDR und die Verfassungs- und Institutionengeschichte der BRD. Zuletzt sind von ihm erschienen: Aufbau und Krise der Planwirtschaft. Die Arbeitskräftelenkung in der SBZ/DDR 1945 bis 1963, München 2002; Die DDR unter Ulbricht. Gewaltsame Neuordnung und gescheiterte Modernisierung, Zürich 2003; Sozialstaatlichkeit in der DDR. Sozialpolitische Entwicklungen im Spannungsfeld von Diktatur und Gesellschaft 1945/49–1989, hrsg. von Dierk Hoffmann/Michael Schwartz, München 2005

PROF. DR. RALPH JESSEN ist Professor für Neuere Geschichte am Historischen Seminar der Universität zu Köln. Der Schwerpunkt seiner Arbeit liegt auf der Zeitgeschichte nach 1945 mit einem Akzent auf der Geschichte der DDR aus sozialhistorischer Perspektive. Zu dem behandelten Thema erschienen von ihm: Die Grenzen der Diktatur. Staat und Gesellschaft in der DDR, Göttingen 1996 (Hrsg. mit Richard Bessel); Akademische Elite und kommunistische Diktatur. Die ostdeutsche Hochschullehrerschaft in der Ulbricht-Ära, Göttingen 1999; Wissenschaft und Universitäten im geteilten Deutschland der 1960er Jahre (= Jahrbuch für Universitätsgeschichte, Bd. 8), Stuttgart 2005 (Hrsg. mit Jürgen John).

PROF. DR. JÜRGEN KOCKA ist Professor für Geschichte der industriellen Welt an der FU Berlin und Forschungsprofessor für Historische Sozialwissenschaften am Wissenschaftszentrum Berlin für Sozialforschung (WZB), das er von 2001–2007 als Präsident leitete. Er ist Vizepräsident der Berlin-Brandenburgischen Akademie der Wissenschaften und Mitherausgeber von Geschichte und Gesellschaft. Zeitschrift für Historische Sozialwissenschaft und Neue Gesellschaft/Frankfurter Hefte. Forschungsschwerpunkte sind die Geschichte der Arbeiterbewegung, Sozial- und Kulturgeschichte des Bürgertums und die Geschichte der Industrialisierung. Zuletzt erschienen u. a.: Die Grenzen Europas. Ein Essay aus historischer Perspektive, in: Gunnar Folke Schuppert u. a. (Hrsg.), Europawissenschaft, Baden-Baden 2005, S. 275–286; Zukunftsfähigkeit Deutschlands. Sozialwissenschaftliche Essays (= WZB Jahrbuch 2006), Berlin 2007; Bewegung in der Geschichtswissenschaft, in: Merkur 705 (2008), S. 142–146;

DR. THOMAS LINDENBERGER ist stellvertretender Direktor am Zentrum für Zeithistorische Forschung Potsdam und lehrt als Privatdozent an der Universität Potsdam. Sein Arbeitsgebiet ist die Sozialgeschichte Deutschlands und Europas im 20. Jahrhundert mit Schwerpunkt auf der Geschichte von Polizei und Gewalt, der Sozial- und Alltagsgeschichte der DDR, der Mediengeschichte und theoretischen Fragen der Alltagsgeschichte. Zuletzt erschien (Hrsg. mit Konrad H. Jarausch), Conflicted Memories. Europeanizing Contemporary Histories, New York/Oxford 2007.

DR. ULRICH MÄHLERT ist Zeithistoriker und Mitarbeiter der Bundesstiftung zur Aufarbeitung der SED-Diktatur, wo er für den Bereich Wissenschaft verantwortlich ist. Er ist Autor und Herausgeber zahlreicher Publikationen zum Thema (unter anderem seit 2007 leitender Herausgeber des Jahrbuchs für Historische Kommunismusforschung). Zuletzt erschienen, gemeinsam mit Hermann Weber (Hrsg.), Verbrechen im Namen der Idee, Berlin 2007; gemeinsam mit Hans-Joachim Veen und Peter März (Hrsg.), Wechselwirkungen Ost-West, Köln 2007.

FRANK MÖLLER, M. A. arbeitet freiberuflich für verschiedene Medien, entwickelt Ausstellungen und berät Institutionen. Zu seinen Arbeitsschwerpunkten zählen Themen der Zeitgeschichte, der Erinnerungspolitik und des Kalten Krieges. Derzeit erforscht er die Lebensgeschichte des Verlegers Joseph Caspar Witsch und die Frühgeschichte des Verlages Kiepenheuer & Witsch. Zuletzt erschien von ihm: (Hrsg. zus. mit Karola Fings) Zukunftsprojekt Westwall. Wege zu einem verantwortungsbewussten Umgang mit den Überresten der NS-Anlage, Weilerswist 2008.

PROF. DR. MARTIN SABROW ist Professor für Neueste und Zeitgeschichte an der Universität Potsdam und Direktor des Zentrums für Zeithistorische Forschung Potsdam. Zuletzt sind u. a. erschienen: (Mitherausgeber) Wohin treibt die DDR-Erinnerung? Dokumentation einer Debatte, Göttingen 2007; (zusammen mit Jürgen Danyel und Jan-Holger Kirsch) 50 Klassiker der Zeitgeschichte, Göttingen 2007.

PROF. DR. MICHAEL SCHWARTZ ist apl. Professor für Neuere und Neueste Geschichte an der Westfälischen Wilhelms-Universität und wissenschaftlicher Mitarbeiter am Institut für Zeitgeschichte, Abteilung Berlin. Schwerpunkte seiner Arbeit sind die Geschichte der Eugenik, Resistenz im NS-Staat und die Vertriebenenpolitik in der SBZ/DDR. Zuletzt sind erschienen: Vertriebene und „Umsiedlerpolitik". Integrationskonflikte in den deutschen Nachkriegs-Gesellschaften und die Assimilationsstrategien in der SBZ/DDR 1945–1961, München 2004; Ernst Schumacher – ein bayerischer Kommunist im doppelten Deutschland. Aufzeichnungen des Brechtforschers und Theaterkritikers in der DDR 1945–1991, München 2007.

DR. PETER SKYBA war wissenschaftlicher Mitarbeiter am Institut für Zeitgeschichte, Abteilung Berlin. Schwerpunkte seiner Arbeit sind die Jugend- und Sozialpolitik der DDR. Zu den Themen sind u. a. zuletzt erschienen: Vom Hoffnungsträger zum Sicherheitsrisiko. Jugend in der DDR und Jugendpolitik der SED 1949–1961, Köln/Weimar/Wien 2000; Repression und Wohlstandsversprechen. Zur Stabilisierung von Parteiherrschaft in der DDR und der ČSSR, Dresden 1999 (Mitherausgeber).

DR. MATTHIAS UHL ist wissenschaftlicher Mitarbeiter am DHI Moskau. Schwerpunkt seiner Arbeit sind die sowjetische Militär- und Sicherheitspolitik, Rüstungs-, Technologie- und Reparationspolitik der UdSSR, die DDR im östlichen Militärbündnis und sowjetische Geheim- und Nachrichtendienste im Kalten Krieg. Veröffentlichungen u. a.: Krieg um Berlin? Die sowjetische Militär- und Sicherheitspolitik in der zweiten Berlin-Krise 1958 bis 1962, München 2008; (mit Armin Wagner) BND contra Sowjetarmee: Westdeutsche Militärspionage in der DDR, Berlin 2007.

PROF. DR. HERMANN WENTKER ist apl. Professor für Neuere und Neueste Geschichte an der Universität Leipzig und Leiter der Abteilung Berlin des Instituts für Zeitgeschichte. Seine Forschungsschwerpunkte sind die Geschichte der britischen Außenpolitik im 19. Jahrhundert, Staat und Kirche in der DDR sowie die Geschichte der Ost-CDU, die Geschichte der Justiz in der Sowjetischen Besatzungszone und der DDR und die Außenpolitik der DDR. In diesem Zusammenhang sind erschienen: Justiz in der SBZ/DDR 1945–1953. Transformation und Rolle ihrer zentralen Institutionen, München 2001; Vor dem Mauerbau. Politik und

Gesellschaft in der DDR der fünfziger Jahre (Mitherausgeber), München 2003; Aufstände im Ostblock. Zur Krisengeschichte des realen Sozialismus (Mitherausgeber), Berlin 2004; Außenpolitik in engen Grenzen. Die DDR im internationalen System 1949–1989, München 2007.

PROF. DR. MANFRED WILKE ist Professor für Soziologie. Er war 1992 Mitbegründer des Forschungsverbundes SED-Staat an der FU Berlin, 1992 bis 1994 Sachverständiges Mitglied der Enquete-Kommission „Aufarbeitung von Geschichte und Folgen der SED-Diktatur in Deutschland" und der Nachfolge-Kommission „Überwindung der Folgen der SED-Diktatur im Prozeß der deutschen Einheit"; weitere Funktionen u. a.: Mitglied im Beirat bei der Bundesbeauftragten für die Unterlagen des Staatssicherheitsdienstes der ehemaligen DDR (BStU), Mitglied im Stiftungsrat der Bundesstiftung zur Aufarbeitung der SED-Diktatur. Zuletzt ist erschienen: Der SED-Staat. Geschichte und Nachwirkungen, Weimar 2006.

PROF. DR. ANDREAS WIRSCHING ist Professor für Neuere und Neueste Geschichte an der Universität Augsburg. Zu dem behandelten Thema erschienen von ihm: Abschied vom Provisorium. Geschichte der Bundesrepublik Deutschland 1982–1990, München 2006; Die Mauer fällt. Das Ende des doppelten Deutschland, in: Udo Wengst/Hermann Wentker (Hrsg.), Das doppelte Deutschland. 40 Jahre Systemkonkurrenz, Berlin 2008, S. 357–374.

PROF. DR. EDGAR WOLFRUM ist Professor für Zeitgeschichte an der Ruprecht-Karls-Universität Heidelberg. Zu dem behandelten Thema erschienen von ihm: Die geglückte Demokratie. Geschichte der Bundesrepublik Deutschland von ihren Anfängen bis zur Gegenwart, Stuttgart 2006, 2. Aufl. 2007; Visuelle Zeitgeschichte. Deutschland im Fokus, 6 Bde., Darmstadt 2006–2008.